KB071682

마인드버그

마인드 버그

공정한 판단을 방해하는
내 안의 숨겨진
편향들

앤서니 G. 그린월드 · 마자린 R. 바나지 지음

박인균 옮김

Ć
추수밭

인간 사고의 맹점을 밝혀낸

바스카와 진에게 이 책을 바칩니다.

선원은 북극을 볼 수 없지만,

나침반이 볼 수 있다는 것은 안다.

— 에밀리 디킨슨Emily Dickinson,

자신의 재능에 대한 솔직한 평가를 구하며

멘토인 T. W. 히긴슨에게 쓴 편지 중(1862)

차례

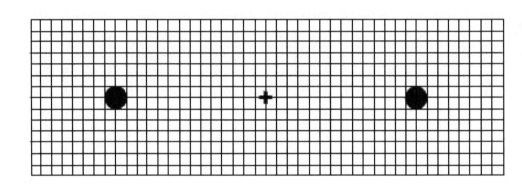

판단을 내리기 전, 당신이 한 번 더 생각해야 하는 이유

모든 척추동물이 그렇듯이, 사람도 양쪽 눈의 망막에 사각지대가 있다. 암점scotoma('어둠'을 의미하는 그리스어에서 옴)이라고 하는 이 부위에는 빛을 감지하는 세포가 없어서, 이 지점에 도달하는 빛이 뇌의 시각 영역에 닿을 수 없다.

역설적이게도 이 맹점blind spot은 '볼' 수 있다. 왼쪽 페이지의 직사각형 중앙에 있는 더하기 기호(+)를 한쪽 눈으로 바라보라. 한 손으로 한쪽 눈을 가리고 다른 손으로 책을 들고 팔을 뻗는다. 시선을 더하기 기호에 계속 고정한 채 직사각형을 천천히 몸 쪽으로 가져온다. 직사각형이 15센티미터 정도 지점에 이르면 뜬 눈과 같은 쪽에 있는 검정 원형이 사라진다. 그리고 직사각형을 더 가까이 가져오면 검정 원형이 다시 나타난다. 검정 원형이 사라지는 순간이 바로 뜬 눈의 맹점에 빛이 도달하는 때다. 여기서 보너스. 뜬 눈의 시선을 아직 눈에 보이는 반대쪽 원형으로 옮겨 가면 더하기 기호가 사라진다!

사라진 원형의 위치에서 뭔가 이상한 점을 눈치챘을 것이다. 원형이 사라질 때 그 자리에 빈 공간이 생기지 않는다. 모눈 배경에 구멍이 생기지 않는 것이다. 모눈은 끊김 없이 그대로 이어진다. 여기서 우리의 뇌는 기가 막힌 일을 해낸다. 뇌는 맹점을 납득할 만한 무엇인가를 그 자리에 채운다. 그래서 사각형의 나머지 부분에서 보이는 모눈이 원형이 있던 자리에 연장되어 나타나는 것이다.

뇌의 시각피질 손상을 포함하는 '맹시blindsight'라는 병리학적 조건에서는 방금 경험한 것보다 훨씬 더 극적인 형태의 맹목blindness이 나타난다. 시각피질이 손상된 환자들은 앞에 놓인 사물을 정확하게 손을 뻗어 잡으면서도 그 사물에 대한 의식적 시각 경험을 갖지 못하는 독특한 행동을 한다. 환자 앞에 망치를 놓고 "앞에 놓인 물건이 보이세요?"라고 물으면 환자는 "아니요, 안 보입니다"라고 대답한다. 하지만 환자에게 망치를 들어 보라고 하면 조금 전까지 망치가 보이지 않는다던 환자는 정확하게 앞에 놓인 망치를 들어 올린다. 이 같은 기이한 현상이 발생하는 이유는, 맹시라는 조건이 망치를 의식적으로 보게 하지는 못하지만 시각적 경험을 전달하는 피질 하부 망막과 뇌의 통로를 손상시키지는 않기 때문이다.

이 책에서는 맹점이 시지각에 미치는 영향보다는 또 다른 유형의 맹점, 다시 말해 많은 편향을 숨기고 있는 맹점을 중점적으로 다룬다. 이 숨은 편향으로 인한 맹점은 방금 전 모눈과 원형의 이미지를 통해 경험했던 맹점과 공통된 특징이 있다. 바로 양쪽 눈의 망막에 존재하는 암점을 인식하지 못하는, 같은 방식으로 숨은 편향을 인식하지 못할 수 있다는 것이다. 이 맹점은 또한 극적이고 병리학적인 맹시라는 현상과도 특징을 공유한다. 망치를 '보지' 못하면서도 망치가 눈에 보이는 것과 같이 행동하는 환자들처럼, 우리는 숨은 편향의 역할을 인식하지 못한 채 그러한 편향이 이끄는 대로 따라갈 수 있다.

이 책의 부제에도 쓰인 숨은 편향(원서의 부제는 '좋은 사람들의 숨은 편향 Hidden Biases of Good People'이다 — 옮긴이)이란 무엇일까? 그나마 고민해서 고른 표현을 쓰자면, 그것은 사회 집단에 대한 '지식 조각들'이다. 이 지식 조각들은 뇌에 저장된다. 왜냐하면 우리는 문화적 환경 속에서 너무나 자주 이러한 지식 조각들과 마주치기 때문이다. 숨은 편향이 일단 정신 속에 자리를 잡으면 특정 사회 집단의 구성원을 향한 우리의 행동에 영향을 미칠 수 있지만 우리는 그 영향을 전혀 모른다. 또한 다른 사람들과 숨은 편향에 대해 이야기를 나누어 보니, 자신도 인식하지 못하는 머릿속의 어떤 내용물에 의해 행동이 영향을 받는다는 점을 대부분의 사람들이 믿지 못하고 있었다.

이 책은 우리 자신을 포함해 많은 과학자들이 숨은 편향으로 인한 맹점은 분명히 존재한다고 결론 내릴 과학적 증거가 충분하다는 사실만 가지고도 편향으로 인한 맹점을 믿을 만한 것이라고 보는 이유를 분명히 밝히려는 데 목적이 있다. 하지만 독자들에게 이것을 납득시키기란 간단한 일이 아니다. 우리의 머릿속에 우리가 전혀 인식하지 못하는 무엇인가가 존재한다는 점을 어떻게 보여 줄 수 있겠는가?

몇 년 전 우리는 숨은 편향이 있음을 밝혀낼 수 있는 검사 방법을 사람들에게 제시했다. 그것은 미국의 대표적인 문화 아이콘인 오프라 윈프리 Oprah Winfrey와 마사 스튜어트Martha Stewart에 대한 상대적 선호도를 측정하는 검사였다. 맹점에 숨은 정보가 행동에 영향을 미칠 수 있다는 생각이 얼마나 믿기 어려운 것인가 하는 내용의 이메일이 우리에게 전달되었다. 이메일 내용은 이러했다. "하버드 관계자 여러분 안녕하세요. 오프라 윈프리보다 마사 스튜어트를 선호한다는 것은 말이 안 됩니다. 검사를 수정해 주십시오. 감사합니다. 프랭크 드림." 유쾌하면서도 완벽한 사례였다.

우리는 프랭크가 무슨 말을 하는지 안다. 프랭크도 오프라를 좋아하는 마음이 마사를 좋아하는 마음보다 크다는 것을 안다('안다'라는 표현의 일반적 이해에 근거할 때). 게다가 그가 보낸 이메일에 잘 나타나 있듯이, 프랭크는 의식적으로 알지 못하는 또 다른 선호 성향이 자신의 머릿속에 있다는 것은 말도 안 된다고 생각한다. 그러므로 검사를 수정해야 한다는 것이다.

프랭크가 오류라고 생각한 이 테스트가 바로 IAT Implicit Association Test, 내재적 연관 검사이다. 1995년 이후 우리를 비롯한 많은 사람들이 연구하고 있다. 검정 원형이 있는 사각형을 통해 다른 상황이었다면 보이지 않았을 망막의 맹점을 확인할 수 있었던 것처럼, IAT를 통해 숨은 편향으로 인한 맹점의 내용을 밝힐 수 있다. 망막에 맹점이 있다는 것이 입증되면서 시각적 맹점이 존재한다는 사실을 알게 되었듯이, IAT를 통해 숨은 편향으로 인한 맹점을 들여다보고 그 안에 무엇이 있는지 발견할 수 있다.

우리 두 사람은 1980년 오하이오 주 콜럼버스에서 만났다. 그때 박사 과정에 있던 마자린은 오하이오 주립 대학교에서 토니(앤서니의 애칭—옮긴이)와 함께 연구를 진행하려고 인도에서 왔다. 1980년대는 우리가 연구하는 심리학 분과에 상당한 변화가 있었다. 내성법으로는 접근이 어려운 강력한 정신적 내용물과 그 과정의 비밀을 밝힐 새로운 방법으로 무장한 심리학이 30년이 지난 지금 혁명으로 인정받을 만한 일을 벌이려는 찰나였다. 우리 둘은 사회적 행동에 영향을 미치는 이 같은 보이지 않는 작용을 밝히고 설명할 수 있을 정도의 수준까지 그 새로운 방법을 개발할 수 있을지 알아보고 싶었다. 오늘에야 뒤돌아보니, 그 같은 혁명의 소용돌이에 휩쓸릴 수 있었던 것은 정말 행운이었다.

그 어느 때보다 활발하게 진행되는 무의식적 정신 기능에 대한 연구는 이미 인간 행동에 대한 이해 방식을 극적으로 바꾸어 놓았다. 25년 전, 대부분의 심리학자들은 인간의 행동이 주로 의식적인 사고와 감정에 따라 나타난다고 믿었다. 오늘날에는 인간의 판단과 행동 대부분이 의식적 사고가 거의 일어나지 않을 때 이루어진다는 데 많은 심리학자들이 기꺼이 동의할 것이다.

25년 전 우리가 읽고 연구 논문을 게재하는 과학 잡지에는, 20세기 초 심리학계의 눈 밖에 난 '무의식'이라는 단어가 거의 등장하지 않았다. 요즘에는 1990년대에 '암묵적 인지implicit cognition'라는 관련 용어에 추월당했지만, '무의식적 인지'라는 용어가 자주 등장한다. 25년 전 심리학자들이 정신을 이해하는 방법은 사람들에게 정신 상태와 생각에 대해 알려 달라고 요청하는 방식이 대부분이었다. 요즘에는 연구 방법이 훨씬 다양해져 연구에 참여한 사람들의 답변에만 의지해 정신의 내용이나 행동의 원인을 파악하지 않는다.

후주endnote를 관심 있게 보는 독자들은 우리가 지난 80년 동안 활동했던 과학자들에 의지해 그들의 발자취를 따라왔음을 알 것이다. 이들 과학자 가운데 둘은 우리를 포함해 수많은 후학을 감싸 안을 만큼 넓은 어깨를 가진 거인 같은 인물이다. 군나르 뮈르달Gunnar Myrdal은 수년에 걸친 공동 연구를 이끌면서 1944년 《미국의 딜레마An American Dilemma》를 탄생시켰다. 여기에 다른 힘들이 더해져 미국의 인종 차별이 국가 의제로 상정되었고, 이것은 아직까지 그대로 남아 있다. 고든 올포트Gordon Allport는 1954년 《편견의 본질The Nature of Prejudice》을 쓰면서 편견에 대한 과학적 연구의 기반과 체계를 다졌고, 이것이 21세기에도 계속해서 새로운 과학적 연구에 영감을 불어넣고 있다.

지금은 고인이 된 미국 상원의원 대니얼 패트릭 모이니헌Daniel Patrick Moynihan처럼 사람들은 자신의 의견에 대한 권리를 가지고 있다고 믿으면서도 자신의 사실에 대한 권리는 믿지 않는 것 같다. 말은 쉽지만 이것을 행동으로 옮기기는 쉽지 않다. 왜냐하면 사실을 구성하는 것은 불분명하고, 심지어 논란의 여지가 많기 때문이다. 정치 풍자가 스티븐 콜버트Steven Colbert는 사람들이 사실 여부를 검증하는 일반적인 기준을 무시한 채 진실이었으면 하는 일을 진실로 받아들이려는 경향을 정의하고자 '진실감truthiness'이라는 용어를 만들었다.

진짜 사실보다는 사실로 믿고 싶은 마음에 더 끌리는 진실감을 조롱하면서 가짜 보수파 콜버트는 이렇게 빈정거렸다. "나는 책을 믿지 않습니다. 책에는 온통 사실뿐이고 마음이 없습니다." 우리는 각자의 진실감에

탐닉하지 않기 위해 증거, 특히 전문가들 사이에서 널리 공유되는 합의가 반영된 결론을 도출한 실험만 연구 대상으로 삼았다. 다시 말해 지속적이고 의식적으로 사실은 늘리고 마음은 줄이는 쪽을 택한 것이다.

다른 과학자들처럼 우리 역시 진실하고 유효해 보이는 것이 늘 그렇게 보이리라고 믿는 사치는 부리지 않는다. 미래의 지식은 분명 현재의 이해를 넘어서고 대체할 것이다. 하지만 우리가 목표한 일을 그런대로 잘 해냈다면 이 책에서 도달한 결론에 그런 일이 일어나는 데는 몇십 년이 걸릴 수 있다. 숨은 편향으로 인한 맹점은 너무나 널리 퍼져 있어 아무리 좋은 사람도 대부분 가지고 있다는 생각도 그러한 결론 중 하나다.

이 책의 부제에 '좋은 사람들'이라는 표현을 쓰면서 조금은 걱정이 앞섰다. 우리에게는 누가 좋은 사람이고 누가 나쁜 사람인지 판단할 만한 특별한 능력이 없다(도덕적 권위는 말할 것도 없다). '좋은 사람들'이란 우리 자신을 포함해 좋은 의도를 가지고 그 의도에 맞게 행동하려고 노력하는 사람들이다. 이 책의 최고 목표는 이 좋은 사람들이 의도와 행동을 좀 더 잘 일치시키도록 과학을 충분히 설명하는 것이다.

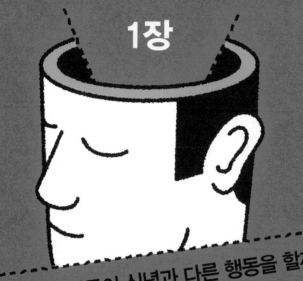

1장

왜 착한 사람들이 신념과 다른 행동을 할까

마인드버그의 정체

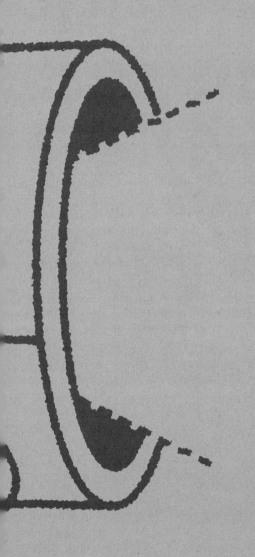

Blindspot : Hidden Biases of Good People

빤히 보고 있으면서도 도저히 믿기지 않는 현상들

대학 교정은 여느 때와 다름없는 모습이다. 실험심리학과 학생과 교수들이 저명한 객원 교수로부터 우리의 정신이 어떻게 물리적 세계를 인지하는지 들으려고 강의실로 줄지어 모여들었다. 트위드 재킷과 헝클어진 머리카락으로는 그가 어떤 이야기를 들려줄지 전혀 짐작할 수 없었다.

강의가 시작되고 몇 분 지났을 때, 교수는 누구나 다 아는 사실이라는 투로 이렇게 말한다. "보시다시피 여기 있는 두 개의 테이블 윗면은 모양과 크기가 정확하게 일치합니다."

웅성거리는 소리가 들리더니 몇 명은 인상을 찌푸리기도 하고 또 몇 명은 어이가 없다는 듯 코웃음을 친다. 그도 그럴 것이 누가 봐도 교수의 말은 확실하게 틀리기 때문이다. 관점을 달리하면 도움이 될까 싶어 고개를 이쪽저쪽으로 갸우뚱거리는 사람들도 있다. 본격적인 강의가 시작되기도 전에 말도 안 되는 소리나 늘어놓는 교수의 이야기를 굳이 더 듣고 있어

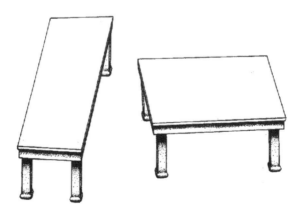

야 하나 의심하는 사람도 있다.

그러나 교수가 자신의 뻔뻔스러운 주장의 진실을 보여 주자, 그때까지 교수의 이야기를 믿지 않던 사람들은 당황한다. 교수는 머리 위의 프로젝터를 켜고 붉은 평행사변형 하나가 그려진 투명한 플라스틱 용지를 왼쪽 테이블 위에 놓는다. 테이블과 평행사변형은 꼭 들어맞는다. 그런 다음 플라스틱 용지를 시계 방향으로 회전해 오른쪽에 있는 테이블 위에 놓는다. 이번에도 꼭 들어맞는다. 교수가 빨간 틀을 이리저리 옮기는 동안 강의실 여기저기서 탄성이 터져 나온다. 그러더니 결국 강의실은 웃음바다가 된다. 교수는 보일 듯 말 듯 한 미소를 짓더니 우리의 눈과 뇌와 정신이 어떤 방식으로 시각 정보를 해석하는지에 대한 강의를 이어 나간다.

믿기지 않으면 직접 실험해 보아도 좋다. 반투명한 얇은 종이를 한 테이블 위에 놓고 윗면의 외곽선을 따라 그린 뒤 그 종이를 다른 테이블 위에 놓아 보라. 첫 번째 테이블의 윗면이 두 번째 테이블의 윗면과 정확하게 일치하지 않는다면 이유는 한 가지뿐이다. 테이블 윗면의 외곽선을 제대로 베끼지 못한 것이다. 왜냐하면 두 테이블은 실제로 동일하기 때문이다.

어떻게 그럴 수 있을까?

당신 역시 다른 대부분의 사람들과 마찬가지로 한 쌍의 사물을 실제 모습 그대로 인식하는 정신적 능력에 오류를 일으키는 유명한 착시 효과에 속은 것이다. 뿌리 깊이 박힌 사고 습관이 사물을 인식하고 기억하고 추론하고 결정하는 과정에서 오류를 일으킨다는 의미로, 앞으로 이 같은 오류를 '마인드버그mindbug'라고 부르겠다.[1]

'테이블 돌리기Turning the Tables'라고 불리는 이 착시를 만든 이는 사람들

을 혼란스럽게 만드는 일을 즐기는 천재 심리학자 로저 셰퍼드^{Roger Shepard}

이다. 두 테이블 윗면을 바라볼 때 우리의 망막은 두 테이블 윗면의 모양과 크기를 실제 그대로 받아들인다. 다시 말해 망막은 테이블 윗면을 꽤 정확하게 '본다'. 그러나 눈이 깊이를 인지하는 뇌의 시각피질로 이 정보를 전달할 때 문제가 시작된다.

두 테이블 윗면의 모양이 서로 다르다는 잘못된 인지는 자연스럽게 이루어진다. 자연계에서는 모든 사물이 3차원으로 존재해야 하므로 뇌가 책장과 망막에 그려진 2차원 이미지를 자동으로 3차원으로 해석하기 때문이다. 말하자면 뇌의 자동 처리 과정이 깊이라는 3차원을 이런 장면으로 만들어 내는 것이다. 의식적이고 반성적인 정신 과정은 착각을 의심하지 않고 받아들인다. 그렇기 때문에 테이블 윗면의 윤곽선이 정확하게 일치한다는 교수의 단언에도 의식적 정신의 첫 번째 반응은 전혀 말도 안 된다고 생각하는 것이다.

자연 선택은 인간을 비롯한 다른 대동물의 정신이 3차원 세계에서 성공적으로 작동할 수 있는 능력을 부여했다. 우리의 뇌는 3차원 이외의 세계를 경험한 적이 없기에 인지되는 테이블 모양을 의식적으로 수정하여 우리에게 익숙한 3차원 세계에서 보일 법한 모양으로 만들어 낸다.[2]

흔히 생각하는 것과 달리 이 오류는 적응에 실패했다기보다 오히려 성공했다는 표시로 볼 수 있다. 셰퍼드의 테이블 윗면 착시는 눈 안의 2차원적 망막과 눈 밖의 3차원적 세계의 조합에 시각계가 효과적으로 적응했음을 잘 보여 주기 때문이다. 정신은 자동으로 이해한 자료에 대해 너무나 확신하기 때문에 셰퍼드의 말처럼 "착시라는 현상을 지식으로 알고 있거나 이해한다고 해도 착시의 힘을 무력화하기에는 사실상 역부족이다".
다시 테이블을 보자. 이제 두 테이블의 윗면이 정확하게 일치한다는 지식을 갖게 되었지만 착시 효과는 사라지지 않는다.[3]

이 경험만큼이나 당혹스러운 것은 그것이 정신의 신호 전달 속성을 여실히 보여 준다는 사실이다. 말하자면 정신 작용의 거의 대부분은 자동으로, 무의식적으로, 무심결에 일어난다는 것이다. 정신의 무의식적 작용이라는 말에 시가를 물고 있는 수염 난 지그문트 프로이트Sigmund Freud의 모습을 떠올리는 사람도 있을지 모르겠다. '무의식'이라는 단어를 일상에서 사용하게 된 것은 모두 그의 덕이라고 해도 과언이 아니다.

그러나 정신의 무의식적 작용에 대한 이해는 프로이트의 선구적 주장이 있은 뒤 크게 바뀌어 왔다. 프로이트는 꿈에서 기억, 광기, 그리고 궁극적으로는 문명 자체에 이르는 복잡한 동기를 가진 전지적 무의식이 인간의 정신과 행동의 중요한 측면을 규정짓는다고 설명했다. 하지만 오늘날 프로이트의 주장은 과학적 검증과 분리된 채 무의식적 정신생활을 과학적으로 이해하는 데 큰 영향을 미치지 못하고 있다.

오히려 무의식적 정신에 대한 현대적 개념은 프로이트보다 훨씬 덜 알려진 또 다른 역사 속 인물의 공으로 돌려야 한다. 19세기 독일 물리학자이자 생리학자인 헤르만 폰 헬름홀츠Hermann von Helmholtz는 셰퍼드의 테이블 윗면 같은 착시가 어떻게 발생하는지 설명하기 위해 '무의식적 추론 unbewußter Schluß'이라는 개념을 제안했다.[4] 헬름홀츠는 정신이 물리적 데이터를 의식적으로 인지하여 일상적이고 주관적인 '본다'는 경험을 형성하는 과정이 어떤 방식으로 이루어지는지 설명하고자 했다.

우리의 시각계는 단순한 2차원 이미지에도 쉽게 속아 넘어갈 수 있다. 무의식적 정신 작용이 망막에 맺힌 2차원 형상이 제시한다고 여겨지는 사물을 추론하여 의식적으로 인지되는 3차원 형상으로 대체하기 때문이다.

실험을 하나 해 보자. 지금부터 최대한 집중해서 아래에 나오는 단어를 읽어 보자. 몇 페이지 뒤에 같은 단어들이 나올 때 알아볼 수 있을 만큼 집중해서 읽어야 한다.

개미

거미

더듬이

거미줄

파리

독

끈적이다

기다

꿀벌

날개

벌레

작다

물다

놀라다

말벌

오싹하다

한편 체커판과 원통을 이용하여 우리를 더욱 당혹하게 만드는 무의식적 추론의 놀라운 예가 하나 더 있다. A라고 표시된 사각형과 B라고 표시된 사각형의 색이 정확하게 동일하다고 말한다면 말도 안 된다며 믿지 못할 것이 분명하다. 하지만 아래 그림을 완전히 덮을 만한 크기의 불투명한 종이를 그림 위에 놓고 A와 B라고 표시된 사각형의 위치를 종이에 표시한 뒤 각각의 사각형보다 약간 작은 동그란 구멍을 내어 보라. 나머지 부분을 가린 채 이 구멍을 통해서만 사각형을 보면 두 사각형의 색깔이 정말로 똑같다는 것을 알 수 있다.

이번에도 이미지에 대해 자동으로 작업을 가하는 마인드버그, 즉 무의식적 추론이 그 범인이다. 이 믿기 힘든 인지 오류는 왜 일어나는 것일까? 이 체커판 이미지의 여러 특징과 관련이 있지만 여기서는 가장 분명한 특징에 집중해 보자.

먼저 B는 어두운 사각형으로 둘러싸여 있기 때문에 실제보다 더 밝아 보인다. 마찬가지로 A는 주변 사각형이 더 밝기 때문에 실제보다 더 어두워 보인다. 둘째, 원통이 드리우는 그림자에 주목하라. 원통은 B라고 표시된 사각형을 포함해 그림자 안에 놓인 사각형을 더 어둡게 만든다. 하지만 우리의 정신은 그림자를 고려해 실제보다 어두워 보이는 이 현상을 자동으로 무효화시키고 B에 대한 의식적 경험을 더 밝게 만든다.

테이블 착시와 마찬가지로, 이 착시를 만들어 내는 메커니즘 또한 우리

A 사각형과 B 사각형의 잿빛 음영이 동일하다는 것을 눈으로 확인할 수 있다.

가 세상을 성공적으로 보고 이해할 수 있게 해 준다. MIT의 시視과학자이자 이 체커판 이미지를 만들어 낸 장본인 테드 애덜슨Ted Adelson은 "소위 착시라 불리는 수많은 현상과 마찬가지로, 이 효과 역시 실제로는 시각계의 실패보다는 오히려 성공을 잘 보여 준다. 시각계는 물리적 노출계 자체의 기능을 잘 수행하지는 못하지만, 시각계의 목적은 그게 아니다"라고 썼다.[5] 이러한 예는 좀 더 일반적인 질문을 던지게 만든다. 도대체 우리의 정신은 어느 수준까지 효율적이고 정확한가? 맥락이 조금만 달라져도 너무나 비참하게 우리를 배신하는 이 시각계의 효율성과 정확성을 과연 어느 정도까지 믿을 수 있을까?

일어난 일보다 일어나지 않은 일을 더 잘 기억한다?

이제 아래에 나열한 단어들을 살펴보면서 앞에서 기억했던 단어들을 떠올려 보자. 앞 페이지로 돌아가서 확인하지 말고 아래의 단어들을 하나 씩 보면서 기억했던 단어에 포함되어 있던 것인지 기억해 보자. 본인의 대답에 대한 의심을 피하기 위해 종이와 연필을 준비해 앞에서 봤다고 기억되는 단어들을 모두 적는다. 앞에서 보지 못했다고 생각되는 단어들은 적지 않는다.

단풍나무 / 개미 / 독 / 파리 / 줄기 / 딸기 / 더듬이 / 끈적이다

자작나무 / 날개 / 나뭇잎 / 나무 / 뿌리 / 물다 / 거미줄 / 벌레 / 작다

오크 / 기다 / 도토리 / 말벌 / 나뭇가지 / 곤충 / 꿀벌 / 버드나무

놀라다 / 거미 / 소나무 / 오싹하다

정답은 '단풍나무'부터 '소나무'까지 나무와 관련된 열두 단어를 적지 않는 것이다. 이전 단어들 중에 나무를 가리키는 단어는 하나도 없었다. 또한 '곤충'이라는 단어 자체를 제외하고 곤충과 관련된 단어는 모두 적어야 한다. '곤충'이라는 단어는 원래 단어에 없었다. 만약 대부분의 사람들이 그렇듯이, '곤충'이라는 단어가 원래 단어 중에 있었다고 기억했다면, 이것은 잘못된 기억을 만들어 내는 강력하지만 너무나 흔한 마인드버그를 경험한 것이다.

돌이켜 생각해 보면, '곤충'이라는 단어를 봤다고 잘못 기억하는 근거

는 쉽게 알 수 있다. 정신은 자동 연상 장치와 같다. 단어, 그림, 심지어 복잡한 개념 같은 정보와 마주치면 관련 정보를 자동으로 떠올린다. 이 경우, 앞에서 본 단어들이 곤충이라는 공통된 주제를 가지고 있었다. 우리는 과거를 기억해 내려고 애쓰면서 이 공통된 주제를 무심결에 사용하고, 그 과정에서 '곤충'이라는 단어 자체를 만나면 쉽게 발을 헛디딘다. 이 같은 기억 오류를 '거짓 경보false alarm'라고 부른다. 실제로 일어나지도 않은 일을 일어났다고 잘못 기억하는 것이다.

워싱턴 대학교에서 실시한 한 연구에서도 82퍼센트의 학생이 앞선 경우의 '곤충'처럼 공통된 주제를 가진 단어들을 봤다고 기억했지만 실제로 그런 단어는 원래 단어들에 포함되어 있지 않았다. 이처럼 오류 비율이 높게 나타나는 것은 실제로 원래 단어에 포함되어 있던 단어들을 정확하게 기억한 비율인 75퍼센트와 비교하면 더욱 두드러진다. 말하자면 마인드버그는 실제로 일어난 일보다 일어나지 않은 일을 더 잘 기억해 낼 만큼 강력할 수 있다.[6]

지금까지 목격한 오류들이 끔찍한 결과를 가져오는 것 같지는 않다. 단어 하나를 잘못 기억했다고 무슨 큰 손해를 보겠는가. 하지만 범죄 현장을 목격한 뒤 용의자에 대한 취조를 받는다고 상상해 보라. 목격한 장면을 이야기하는 과정에서 거짓 기억 마인드버그가 정확성에 영향을 미칠 수 있을까? 용의자와 범죄자가 닮은 구석이 있다면, 예를 들어 비슷한 수염을 기르고 있다면, 용의자를 잘못 지목할 가능성도 있지 않을까? 그럴 경우 개연성은 얼마나 될까?

엘리자베스 로프터스Elizabeth Loftus는 심리학 분야에서 가장 실험적이고 창의적인 학자 중 하나다. 현재 어바인의 캘리포니아 대학교에 재직 중인 그녀는 절도, 교통사고 등 흔히 일어나는 사건, 사고 들을 시뮬레이션화하여 사람들에게 보여 주고 이에 대한 기억을 검사하는 방법으로 목격자의 기억 마인드버그를 연구하는 일을 평생의 과제로 삼았다. 그녀는 목격자의 기억 오류가 불안할 정도로 자주 발생할 뿐 아니라, 취조 중에 사고의 기억을 환기시키는 질문 방식을 조금만 바꾸어도, 목격자가 기억하는 내용이 달라질 수 있다는 것을 알아냈다.

한 유명한 연구에서 로프터스는 두 대의 차량이 서로 충돌했지만 사상자가 발생하지 않은 자동차 사고 현장을 목격자들에게 보여 주었다. 그런 다음 목격자 중 절반에게는 "이 차가 다른 차와 부딪쳤을 때 얼마나 빨리 달리고 있었는가?"라는 질문을 던지고, 나머지 절반에게는 "이 차가 다른 차로 돌진해 박살 났을 때 얼마나 빨리 달리고 있었는가?"라는 질문을 던졌다. 그 결과 "돌진해 박살 났을 때"라는 질문을 받은 사람들이 "부딪쳤을 때"라는 질문을 받은 사람들보다 차량의 속도를 더 높게 추정했다. 그뿐 아니라 "돌진해 박살 났을 때"라는 질문을 받은 사람들은 사고 현장에 부서진 유리 조각이 있었다는 잘못된 기억을 끼워 넣기도 했다. 실제로 본 사고 현장에는 유리 조각이 없었는데 말이다.[7]

심리학자들은 이 마인드버그를 '소급적 간섭retroactive interference'이라고 부른다. 쉽게 말하면 경험 후 정보가 기억에 영향을 미치는 것이다. 로프터스는 이것을 '오정보 효과misinformation effect'라는 좀 더 기억할 만한 이름으로 불렀다. 요점은 언어에 조금만 변화를 줘도 기억되는 내용이 크게 달라질 수 있으며, 경우에 따라서는 목격자가 잘못된 정보에 의존해 잘못된 증언을 할 수도 있다는 것이다.

최근 몇 년 사이 목격자의 잘못된 증언 때문에 부당한 유죄 판결을 받은 일이 상당한 수준에 이르는 것으로 확인됐다.[8] 부당하게 유죄 판결을 받은 사람들이 DNA 검사를 통해 무죄를 입증할 수 있도록 돕는 이노센스 프로젝트Innocence Project의 노력으로, 지금까지 250명의 사람들이 결백 주장과 일치하는 결정적 검사 결과로 무죄를 입증받았다. 물론 이 중에서 190건은 잘못된 목격자 증언으로 판결이 내려진 사건이었다. 다시 말해 부당한 유죄 판결 사건의 약 75퍼센트에서, 범죄자가 처벌받지 않고 법정을 유유히 빠져나가는 비극의 원인이 목격자의 잘못된 기억이었다는 것이다(목격자 입장에서 부당하게 유죄 판결을 받게 하려는 악의가 없다는 가정에서 말이다).

두 가지 유명한 마인드버그 이야기

"매년 미국에서는 (a) 때문에 사망하는 사람이 많은가, 아니면 (b) 때문에 사망하는 사람이 많은가?"라는 질문에 아래 세 개의 단어 쌍을 대입한다고 할 때 각 질문의 정답을 골라 보라.

1. (a) 살인 (b) 당뇨병
2. (a) 살인 (b) 자살
3. (a) 교통사고 (b) 복부암

대부분의 사람들은 질문 1의 경우에는 (b)를, 질문 2와 3의 경우에는 (a)를 고른다. 질문 2와 3의 정답은 사실 (b)다. 다시 말해 첫 번째 질문에는 정답을 맞히면서도 두 번째와 세 번째 질문에는 정답을 맞히지 못한다. 심리학자 대니얼 카너먼Daniel Kahneman과 에이머스 트버스키Amos Tversky는 이 마인드버그의 일반적인 버전을 '가용성 휴리스틱availability heuristic'이라는 개념으로 설명했다.

특정한 유형의 사건이 다른 유형의 사건보다 더 쉽게 떠오르면(그러니까 살인에 의한 죽음이 자살에 의한 죽음보다 더 쉽게 떠오르면) 실제 세계에서도 첫 번째 사건이 더 자주 일어난다고 가정하는 경향이 있다.

자살이라는 오명이 가족의 범위를 벗어나면 잘 다뤄지지 않는다는 점은 말할 것도 없고, 살인은 자살보다 미디어의 관심을 더 많이 받는다. 교통사고도 마찬가지로 그 충격적인 특성으로 인해 더 자주 언급되는 반면, 복부암은 수많은 종류의 암 중 하나일 뿐이고 흔한 사망 원인이다. 살인과 교통사고는 머릿속에 더 쉽게 떠오르기 때문에 더 자주 발생하는 것으로 잘못 추정하는 것이다.

또한 이것은 교통사고로 인한 죽음을 과대평가하는 결과로 이어질 수 있다. 마음속에 더 쉽게 떠오르는 일이 실제 세상에서 더 자주 일어나는 것은 아니다. 이 같은 종류의 실수는 일상에서 늘 일어나며 종종 엄청난 결정 비용을 수반하기도 한다.[9]

행동경제학자 댄 애리얼리Dan Ariely는 한 실험에서 MIT 학생들에게 종이에 각자의 사회 보장 번호 끝자리 두 개를 적으라고 했다. 그런 다음 키보드, 트랙볼, 디자인 책 등 MIT 학생들에게 익숙한 품목들의 가격을 추정해 보게 했다. 애리얼리는 각 학생의 사회 보장 번호 두 자리와 추정 가격 사이에 설정될 수 있는 관계를 보기 위해서 두 자리 숫자를 모아 상관관계를 분석했다. 물론 논리적으로는 두 숫자들 사이에 아무 관계가 없으므로 상관관계는 0이거나 0에 가까워야 한다.

그런데 계산 결과 두 숫자 사이에는 상당한 상관관계가 있는 것으로 나타났다. 사회 보장 번호의 끝 두 자리가 00에서 19 사이인 학생들은 트랙볼의 평균 가격이 8.62달러일 것이라고 예상한 반면, 끝 두 자리가 20에서 39 사이인 학생들은 그보다 더 높은 11.82달러를 낼 의향이 있다고 말했고, 40에서 59 사이인 학생들은 한층 더 높은 13.45달러를 제안했으며, 60에서 79 사이인 학생들과 80에서 99 사이인 학생들은 각각 21.18달러와 26.18달러를 내겠다고 말했다. 똑같은 트랙볼인데 말이다.[10]

두 가지 유명한 마인드버그 중 두 번째인 이것은 심리학자 카너먼과 트버스키가 발견했다. 정신은 진공에서 정보를 찾는 게 아니라는 개념을 표현하고자 두 사람은 이것을 '닻 내리기anchoring'라고 불렀다.[11] 오히려 정신은 당장 이용 가능한 정보를 기준점, 즉 '닻'으로 사용한 뒤 필요에 따라 정보를 적절하게 조정한다. 위의 예에서 본 임의의 숫자 닻의 경우에는 그 결과가 지나치게 많은 금액을 지불할 수 있는 잠재적 불이익으로 나타났다.

가용성과 닻 내리기 휴리스틱의 희생양이 되는 사람들은 다른 사람들보다 의지가 박약하거나 잘 속는 게 아니다. 우리 중 누구라도 희생양이 될 수 있다. 자산의 가치는 실제 가격보다 높이거나 낮춰 조작된 가격 닻으로 인해 변경될 수 있다. 주식 평가 역시 실제 가치보다는 제안된 시장 가격에 더 많은 영향을 받을 수 있다. 어쩌면 이것이 꺼지지 않는 금융 거품의 설명이 될지도 모른다.[12]

'그'보다는 그의 '소속'이 중요한 이유

인간은 무엇보다 사회적 동물이다. 이 물리적 세상에서는 경쟁 상대가 거의 없다는 점에서, 우리 종족의 다른 구성원은 의미가 크다. 어쩌면 이런 이유 때문에 영장류의 뇌는 같은 종의 다른 이들에게 특별한 주의를 기울이도록 진화했는지도 모른다. 다른 사람의 머릿속에 어떤 생각이 들어 있는지 예측하려는 행동도 그 진화의 일환일 것이다.

최근 떠오른 연구는, 우리가 다른 사람의 생각을 상상할 때(저 사람은 구세주 그리스도를 만나?) 그리고 다른 사람의 행동을 예측하려고 할 때(그 사람은 우리의 사원을 안전하게 보호해 줄까?) 특정 뇌 영역이 활성화된다는 것을 보여 준다.[13]

그런데 이 동일한 뇌 영역이 다른 사람의 키, 몸무게, 눈동자 색깔 같은 신체적 측면을 생각할 때는 크게 관여하지 않는 듯 보이는 것으로 미루어, 뇌는 사회적 사고 및 감정이라는 과제를 도와주는 특정 영역을 진화시킨 것이라고 생각할 수 있다. 쉽게 말해 신경망의 특정 영역이 사회적 의미를 부여할 목적이 있을 때만 관여하도록 진화할 만큼 다른 사람의 생각은 우리에게 중요하다는 것이다.

스탠퍼드 대학교의 인지심리학자 고든 바우어Gordon Bower는 사람들에 대한 중요한 결정을 내릴 때 기억이 어떤 역할을 하는지 알아보려고 모의 재판 배심원단으로 참여할 사람들을 초대했다.[14] 피고인 샌더스 씨는 정지 신호를 무시하고 차를 몰다가 쓰레기 청소차와 충돌하는 사고를 냈다. 사고 당시 피고의 혈중 알코올 농도는 측정되지 않았지만 술에 취해 운전했을 것이라는 증거에 따라 재판에 회부된 것이다. 두 집단의 피험자 배심원단에게는 각각 사고가 일어나기 전 샌더스 씨가 한 파티에서 보인 다음과 같은 행동에 대한 설명이 증언으로 제시되었다.

(1) 샌더스는 밖으로 나가는 길에 음식 테이블 앞에서 비틀거리다가 접시를 바닥에 떨어뜨렸다.
(2) 샌더스가 밖으로 나가는 길에 음식 테이블 앞에서 비틀거리다가 과카몰리 소스 접시를 바닥에 떨어뜨려, 붉은 소스가 흰색 섀기카펫 위에 쏟아졌다.

샌더스 씨의 유죄 또는 무죄에 대한 판단을 내릴 때 이 짤막한 두 증언의 차이가 영향을 미쳐야 할까? 절대 그래서는 안 된다. 음식의 색깔과 흰색 카펫에 쏟아진 모습에 대한 정보는 샌더스의 음주 가능성과는 논리적으로 아무런 관련이 없다. 그런데도 과카몰리(아보카도를 으깬 것에 양파, 토마토, 고추 등을 섞어서 만든 멕시코 요리—옮긴이)에 대한 정보가 더해진 증언을 들은 배심원단은 샌더스가 유죄라고 믿는 경향이 더 강했다.

여기서는 어떤 사건이 기억 속에 선명하게 박혀 있다는 점이 문제다. 기억 속의 어떤 정보가 선명할수록 그 정보를 더 쉽게 이용할 수 있다(가용성 편향을 기억하는가?). 바우어의 실험이 보여 주는 것은 선명한 표현으로 인한 가용성의 증가가 배심원단의 평결을 왜곡하는 데 어떤 역할을 한다는 것이다. 짐작건대 배심원들은 머릿속에서 이런 일이 일어난다는 인식조차 하지 못할 것이다.

무엇보다 이것이 유난히 취약한 일부 사람들에게만 영향을 미치는 희귀하고 특이한 사례가 아니라는 점이 충격적이다. 오히려 흔하고 평범하다는 점이 이 같은 현상에 주목하지 않을 수 없는 이유다.

샌더스 씨 같은 타인에게 해를 입히는 오류에 대해서는 거의 생각하지 않으면서 정작 우리가 해를 입을 상황에서는 깊이 따지고 드는 이유는 쉽게 알 수 있다. 자신의 이해관계가 얽혀 있을 때 더 주의를 기울여 마인드버그를 피하는 것 아닐까?

여섯 명의 친구와 이런 실험을 한다고 치자. (여섯 명 중 무작위로 고른) 세 명에게는 각자의 애인을 사랑하는 세 가지 이유를 말해 보라고 하고, 나머지 세 명에게는 아홉 가지 이유를 말해 보라고 한다. 그런 다음 두 그룹에게 다음과 같은 질문을 던진다. "지금 관계에 얼마나 만족하는가?" 놀랍게도 아홉 가지 이유를 적은 친구들보다 세 가지 이유만 적은 친구들이 애인에게 더 큰 행복감을 느꼈다.

이 같은 편향은 직관에는 어긋나지만 매우 간단하게 설명할 수 있다. 애인의 좋은 점을 '아홉 가지'나 쉽게 말할 수 있는 사람이 얼마나 될까? 시성식에서도 두 가지 기적만 말하면 되는데 말이다. 아홉 가지 이유를 제시한 친구들은 이유를 생각해 내는 과정에서 이런 생각을 했을 수 있다. '흠, 어렵군. 지금 애인이 내가 생각했던 것만큼 좋은 사람이 아닌가?'

미시간 대학교의 노르베르트 슈바르츠Norbert Schwarz는 이것을 테스트한

실험에서 중요하고 익숙한 애정 관계도 가용성 편향에 민감하게 반응할 수 있다는 점을 알아냈다.[15]

우리는 사람들의 성격을 판단할 때 우리의 평가가 얼마나 '옳다'고 느껴지는지 거의 인지하지 못한다. 그 판단의 근거가 수박 겉핥기식 정보에 불과한데도 말이다. 낯선 두 사람의 사진을 보면서 스스로에게 물어보라.

둘 중 누구에게 더 신뢰감이 가는가?

누가 더 업무 능력이 뛰어날까?

누가 다른 사람에 대한 지배력이 더 강할까?

밝혀진 바와 같이 우리는 종이 한 장에 지나지 않는 사진을 보고도 너무나 쉽게('정확하게'가 아니다) 판단을 내린다. 사실 그러한 판단을 '피하려는' 데는 그러한 판단을 내릴 때보다 훨씬 더 많은 노력이 필요할 수 있다. 문제는, 당연한 얘기지만 이러한 판단이 아주 잘못된 것일 수 있다는 점이다.

입사 지원자를 채용하기로 결정할 때나 투표할 후보를 선택할 때 자신의 얼굴과 비슷한 특징을 가진 얼굴은 신뢰감을 불러일으킬 수 있다. 그리고 특정 안면 구조는 누구에게나 그 사람을 신뢰해도 좋다는 믿음을 줄 수 있다. 예를 들어 어린아이 같은 얼굴을 한 사람들 말이다.

프린스턴 대학교의 알렉스 토도로프 Alex Todorov는 얼굴의 양 눈 사이가 가까울수록 능력이 부족해 보인다는 점을 알아냈다.[16] 이 같은 실험은 다른 사람에 대한 중요한 결정을 내릴 때 어떤 방식을 사용하는지, 그리고 자신의 이해관계에서 그러한 결정이 어느 정도 공평한지 충분히 시간을 갖고 거듭 생각해야 한다는 것을 시사한다. 다른 사람과 상호 작용하기 위해서는, 일상에서 늘 그들에 대한 판단을 내려야 할 뿐 아니라, 그들에 대해 완벽하게 알지 못하는 상황에서 그러한 판단을 내려야 한다.

술집에서 일어난 소동의 책임이 샤킬에게 있는지 스탠리에게 있는지는 분명하지 않다. 신흥 시장에서 팀을 성공적으로 이끌어 갈 사람이 조앤일지 조일지는 누구도 쉽게 알 수 없다. 교통안전관리국 검문소 경비 요원으로서 필요한 기술을 가진 사람이 마누엘일지 모하메드일지는 쉽게 알 수 없다.

이처럼 명확한 판단이 어려운 상황에서 우리는 성공적인 결정을 예측하기 위한 기준으로 그 사람이 속한 사회 집단을 따진다. '그 같은 사람들을 믿을 만한가? 그녀가 속한 집단의 사람들은 똑똑한가 어리석은가? 그와 같은 부류의 사람들은 폭력적인가, 평화적인가?'[17]

사실은 동일한 두 테이블을 다르게 보았던 그 마음이 여기서도 작용한다. 다만 이번에는 테이블 다리가 아닌 소속된 사회 집단을 문맥적 단서로 사용해 무의식적·사회적 간섭을 일으킨다. 다양한 실험에서 사람들에게 얼굴이 찍힌 사진 한 장만 달랑 주고 사진 속 인물이 스키를 즐길지, 독서를 즐길지, 휴일에 가족과 함께 시간을 보낼지, 신발 쇼핑을 귀찮아할지 등을 물었다.[18] 놀랍게도, "그건 알 수 없지요"라고 말한 사람은 한 명도 없었다.

사람들은 아무리 하찮은 정보라도 무엇이든 사용해 몇 초 만에 순간적으로 판단을 내리고, 그러면서도 눈에 띄는 불편함 같은 것은 표시하지 않았다. 직접적인 정보라고는 전혀 없는 상황에서, 때로는 2차원으로 표현된 얼굴만 가지고 다른 사람에 대해 '믿을 만하다' 또는 '능력 있다'는 식의 판단을 내리면서도 불편함을 느끼지 못하는 이 같은 마음은 그 자체로 생각해 볼 여지가 있다.

사회적 마인드버그는 신뢰해서는 안 되는 사람에 대해 잘못된 신뢰감을 심어 줄 수도 있고, 그 반대로 신뢰해야 할 사람에 대해 불신감을 심어 줄 수도 있다. 미국 역사상 가장 큰 규모의 투자 사기를 저지른 버나드 매도프Bernard Madoff를 예로 들어 보자. 상당히 다양한 민족적 배경을 가진 사람들이 매도프의 희생자가 되었는데, 인정 많은 유대인 조직이 특히 많았다는 점에서, 종교에 근거한 집단적 정체성을 공유한 매도프를 어리석게도 더 신뢰했다는 것을 알 수 있다.[19]

이와 정반대로, 부적절한 불신으로 인해 잘못된 판단을 한 사례도 있다. 2009년 5월 28일, 아침에 집을 나선 오마르 에드워즈Omar Edwards는 집으로 돌아오지 못하리라고 예측할 만한 눈곱만큼의 이유도 가지고 있지 않았다. 그러나 흑인 경찰이었던 에드워즈는 할렘에서 자신을 용의자로 오인한 동료 경찰의 총에 맞아 사망했다.[20] 이러한 비극적 행동은 우리가 개인을 개인으로 인지하지 못한다는 점을 말해 준다. 개인을 특정 사회 집단을 대표하는 사람으로 보는 것이다.[21] 부적절한 신뢰에서 비롯되는 비극과 부적절한 불신에서 비롯되는 비극 모두 소속 집단에 근거해 자동으로 결정을 내린 데서 빚어진 일이다.

경제학자, 사회학자, 심리학자 들은 개인이 소속된 사회 집단이 그 사람이 받는 대우의 확정적 원인이 된다는 점을 거듭 확인했다. 우리는 연구를 통해 미소 또는 의심스러운 표정, 은행 대출의 승인 또는 거절, 중단 또는 수색 결정, 추진 또는 포기 결정, 추가 의학 실험을 통한 조사 결정 등의 일상적인 개별 사례들에 대해 생각하게 되었다. 각각의 개별 행동은 우리의 마음이 다른 결정에 대해 내리는 또 하나의 결정에 지나지 않지만 바로 여기서 마인드버그를 찾아야 한다.

사회적 마인드버그는 인종이나 민족에 근거한 판단에만 국한되지 않는다. 사회적 마인드버그는 심리적·사회적으로 의미 있는 모든 종류의 인간 집단에서 파생된다. 나이, 성별, 종교, 계층, 성적 취향, 장애, 외모, 직업, 성격은 몇 가지 예에 지나지 않는다.

우리는 어떤 행동에 대해 해명할 때 그 원인으로 특정 집단을 다른 집단보다 더 내세우는 경향이 있다. 장 폴 사르트르Jean-Paul Sartre의 유명한 말처럼, 특정 모피상과의 관계에 어려움이 있는 한 여성은 그 원인을 모피상이 유대인이라는 점으로 설명했다. 그 남자가 싫은 이유는 유대인이라는 점 때문이 아니라 모피상들이 지닌 어떤 특성 때문이어야 하는 것 아니냐고 사르트르는 물었다. 그러한 좋고 싫음, 심지어 강한 열정도 그 밑바닥에는 마인드버그가 존재한다. 소속 집단은 그 사람이 누구이고, 어떤 일을 하고, 심지어 앞으로 어떤 일을 할 것인지에 대한 강력한 이유로 작용해 결과적으로 그를 향한 행동을 정당화하는 도구로 사용되는 것 같다.

신기하게도 사회적 마인드버그는 다른 사람에 대한 판단뿐 아니라 자기 자신에 대한 판단에도 영향을 미친다. 베카 레비Becca Levy는 예일 대학교의 공중위생학과에서 실시한 한 연구에서 놀라운 상관관계를 보여 주었다. 레비는 젊었을 때 나이 든 사람에 대해 부정적 믿음을 가지고 있던 사람은 나이가 더 들었을 때 심장병에 취약할 수 있다는 점을 알아냈다.[22] 이 결과는 심지어 우울증, 흡연, 가족력 등의 다른 요소들을 통제한 후에 얻은 것이었다.

우리는 이 같은 증거가 고정관념이 우리가 평가하고 비난하는 다른 사람뿐 아니라 우리 자신에게도 해로울 수 있다는 점을 시사한다고 본다. 마인드버그를 이해할 때 이것을 진지하게 고려해야 하는 설득력 있는 이유는 개인의 이익이 관여하기 때문이다. 고정관념은 자기 자신을 향한 행동에도 부정적인 영향을 미칠 수 있다.

생각과 행동의 차이를 만드는 마인드버그의 힘

정신 능력 연구의 선구자인 허버트 사이먼Herbert Simon은 사람들이 주어진 다양한 선택 사항의 실제 가치를 분별 있게 분석한 뒤 이것을 근거로 판단을 내린다는 주장을 비웃었다. 사이먼은, 인간은 "사실적이고 일관된 가치 구조는 물론, 마음대로 사용할 수 있는 분별력도 없어" 주관적 기대 효용에 따라 판단을 내릴 수 없다면서, 주관적 기대 효용이야말로 "플라톤의 이데아계에 확실한 자리를 차지할 만하지만 … 인간의 실제 판단 과정에서 사실상 그 어떤 방법으로도 … 이용할 수 없는 아름다운 대상"이라고 주장했다.[23]

사람들에게 10달러짜리 지폐와 20달러짜리 지폐를 마음대로 가져갈 수 있는 선택권을 준다고 하자. 합리적인 사람이라면 20달러를 가져갈 것이다. 하지만 상황이 조금 더 복잡해지거나 불확실해지면 사람들은 '효용 극대화'라는 경제학자의 기대에서 멀어지기 시작한다. 우리는 이제 페퍼로니를 먹을 것인지 양송이를 먹을 것인지, 발리에 갈 것인지 바르셀로나에 갈 것인지, 투자 은행에서 경력을 쌓을 것인지 목수로서 경력을 쌓을 것인지 등 일상적인 선택을 하는 순간, 항상 행복과 안녕을 극대화하는 쪽으로만 행동하지는 않는다는 것을 안다.

20세기 후반의 증거를 보면, 인간의 이성은 극도로 제한되어 있다는 주장이 점점 설득력을 얻고 있다. 이 책에서 우리의 과제는 이성의 한계라는 이 개념을 자기 자신, 다른 개인, 우리와 그들이 소속된 사회 집단을 판단하는 방식을 살펴볼 수 있는 곳까지 가져가는 것이다.

이 분석의 배경으로 우리는, 인류가 과거 오랜 진화를 거치면서 오늘날과 같은 사회적 특성을 지니게 되었다는 사실을 염두에 둘 것이다. 우리의 선조는 비교적 작은 동질 집단 속에서 끊임없는 물리적 위험에 둘러싸여 살았다. 그러한 환경적 압박에 대응하는 과정에서 그저 생존을 위해 사회적 선택이 중요하게 작용하는 기제를 발전시켰다. 앞서 설명한 몇 가지 마인드버그가 이러한 진화적 승리의 결과다.

그러나 우리가 살고 있는 현대 사회를 선조들은 알아보지 못하리라는 점도 우리는 알고 있다. 우리의 머릿속에 들어 있는 사회적 내용들, 다른 사람과의 관계, 심지어 자신과 너무 다른 타인과의 관계 속에서 옳고 그름에 대해 생각하는 방식이 그들에게는 이해가 되지 않을 것이다. 지난 몇 세대만 봐도 인간의 가치와 염원은 급진적으로 변해 왔다. 현대 민주

정치 제도의 필수적인 가치로 자리 잡은 동등한 권리와 평등한 대우의 원칙은 기껏해야 수 세기 전에 등장했다.

과거 생존을 위해 부담해야 했던 요구들은 오늘날 잘살기 위해 부담해야 하는 요구들과 같지 않다. 한 가지 예를 들면, 한때는 나와 다르거나 낯선 사람을 멀리하는 것이 안전한 전략이었지만, 이제는 나와 다른 사람을 피하려는 성향 때문에 기업이 다른 나라에 투자하기를 꺼리고 다른 언어를 사용하는 노동 시장에 뛰어들기를 꺼린다면 많은 비용 손실이 발생할 수 있다.

얼마 전까지만 해도, 예를 들어 우리 연구에 자금을 지원하는 정부 관계자에게 커피를 사는 행동 등을 감시하는 규정을 신설해야 한다는 것은 생각조차 할 수 없었다. 힘에 대한 우리의 개념이 얼마나 다른지 생각해 보라. 부모가 자녀를 통제하는 지극히 자연스러워 보이는 힘에 대한 시각은 물론, 적군 전투 대원의 권리와 고문을 바라보는 시각도 많이 달라졌다. 이러한 변화는 우리의 의식적이고 반성적인 정신에 뿌리를 두고 있다. 이 정신이 정당하고 공정한 것에 대한 의식과 사회적 존재로서 바르게 살아가는 방식에 대한 우리의 인식을 바꾸어 놓은 것이다.

우리가 변한 이유는, 마인드버그가 보고 기억하고 사고하고 판단하는 방식을 바꿀 정도로 우리 안의 어떤 격차를 드러내기 때문이다. 그 격차는 이쪽에 있는 나의 의도와 이상이 저쪽에 있는 나의 행동 및 행위와 달라서 발생한다.

정신과학은 이 격차가 자기 인식을 약화시키고 행동을 의식적으로 통제하는 능력에 위협을 가하며 오랜 염원이던 자기 결정이라는 이상을 흐

릿하게 만든다는 것을 보여 주었다. 마인드버그가 이성적 사고의 해안선을 침식하고 더 나아가 정당하고 생산적인 사회의 가능성을 침식하는 과정을 이해하기 위해서는 내적 정신과 외적 행동에 격차가 발생하는 근원에 자리 잡은 마인드버그를 이해해야 한다.

2장

왜 착한 사람들이 거짓말을 할까
마인드버그의 그림자

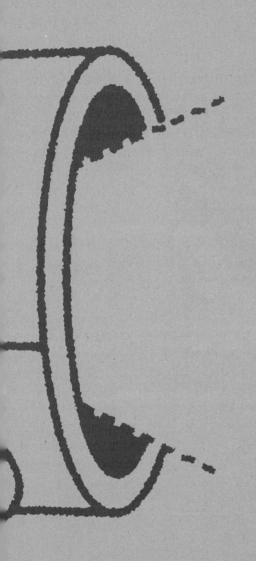

Blindspot : Hidden Biases of Good People

우리의 마음속에는 거짓을 말하게 하는 무언가가 있다

"질문을 받을 때 사실이 아닌 걸 알면서도 사실인 양 대답하는 일이 얼마나 자주 있는가?" 만일 "거의 없다" 또는 "절대 없다"라고 대답한다면, 이 대답 자체가 사실이 아님을 알고 있는 것이라고 말해 주고 싶다.

당신의 진실성을 문제 삼는 것이 아니다. 사실이 아님을 알면서도 질문에 대답하는 일은 거의 없다고 믿는다 해도 이해 못 할 일은 아니다. 당신은 스스로를 정직한 사람이라고 생각할 것이 거의 확실하니까. 대부분의 사람들이 그렇다.

어쩌면 다른 사람에게 손해가 가더라도 내가 이익을 보기 위해 의식적이고 고의적으로 거짓말을 한 경험을 물어보는 것 아닌가, 생각하는 사람도 있을 것이다. 하지만 우리는 그보다 훨씬 더 단순하면서도 악의가 전혀 없는 무엇인가에 관심이 있다. 바로 완전한 무의식과 부분적 무의식 사이 어디쯤에 있는 거짓, 사람들이 다른 사람에게뿐만 아니라 때로는 자기 자신에게도 말하는 거짓에 관심이 있다.

아마도 당신은 사실과 먼 대답을 하게 만드는 힘의 존재를 또렷이 의식하지는 못할 것이다. 이 힘에는 (역설적이게도) 정확하고 진실하고자 하는 바람을 포함한 다양한 동기들이 반영되어 있다. 여기서는 어느 정도까지 자신의 거짓말을 인식하지 못하는지, 그리고 그 원인은 무엇인지에 대해 알려 주려고 한다.

평범한 당신이 범하기 쉬운 오색 빛깔 거짓말

하얀 거짓말

지금부터 질문을 하나 살펴보자. 아마도 가장 자주 받는 질문이기도 하고, 대부분의 경우 곰곰이 생각해 보면 사실이 아님을 알면서도 사실이라고 대답하는 질문일 것이다.

질문 1. 오늘 어때?

허리가 왜 이렇게 아픈지, 방금 들은 친구의 비난으로 얼마나 기분이 나쁜지, 지난밤에 얼마나 잠을 설쳤는지 한참 생각하는데, 이런 질문이 불쑥 튀어나와도 "좋아"라고 대답하는 일이 얼마나 많은가?

다음은 체중이 많이 나가는 사람이 던질 법한 질문이다.

질문 2. 이 청바지 입으니까 뚱뚱해 보여?

질문 1과 질문 2에 사실대로 대답하느냐고 묻는 것은 당신이 인간이냐고 묻는 것과 별로 다르지 않다. 이러한 질문에 사실대로 대답하지 않는 것은 숭고한 동기가 있어서라며 스스로를 변호하는 사람도 있을 것이다. 그러한 대답은 질문을 던진 사람을 지루하게 하거나, 부담스럽게 하거나, 상처받게 하지 않기 위한 바람을 드러내는 것이라고 말이다. 더 나아가 이러한 질문에 사실대로 대답하지 않는다고 해를 입는 사람이 생기는 것도 아니라고, 오히려 그 반대라고 항변할 수도 있겠다. 더군다나 질문한 사람이 사실은 진실한 대답을 듣고자 하는 것이 아닐 수도 있다. 하지만 우리가 물은 것은 그러한 대답을 정당화할 수 있느냐가 아니라 사실이 아닌 것을 알면서도 사실인 양 대답한 적이 있느냐는 것이다.

질문 1과 질문 2 같은 질문에 거짓으로 대답하는 것을 '하얀 거짓말'이라고 부른다. 아마도 하얀색이 지닌 순수함과 결백함이 이러한 거짓말의 무해함을 잘 보여 준다고 여기기 때문이리라.

같은 맥락에서 우리는 적절한 상징적 의미를 드러내는 색의 이름을 따서 거짓말을 몇 가지 범주로 나누었다. 이러한 이름이 '하얀 거짓말'만큼 익숙하지는 않을 수 있지만 내용을 알고 나면 그 같은 이름을 붙인 이유를 쉽게 이해할 것이다.

회색 거짓말

질문 1과 질문 2에 거짓으로 대답했다는 사실을 직시한 당신은 이렇게 생각했을 것이다. "그래, 거짓말 맞아. 나도 가끔 하얀 거짓말을 하긴 하지만, 그 이상은 아니야. 다른 상황에서는 꽤 정직한 편이라고." 다음을 계속 읽어 보기 바란다.

질문 3. 무슨 꿈을 꾸었기에 잠꼬대까지 했어?
: 격정적인 사랑을 나누었던 과거 애인에 대한 꿈을 꾸었으면서 현재 애

인에게는 정신이 혼미한 듯 "기억이 안 나"라고 대답한다.

질문 4. 조금만 도와줄 수 있나요?

: 길을 가다가 구걸하는 노숙자를 만나면, 사실 푼돈 정도는 쉽게 내줄 만큼 충분한 돈을 가지고 있음에도 불구하고 "미안해요. 현금을 가진 게 없네요"라고 대답한다.

질문 5. 아무개 씨(전화를 받은 사람) 집에 있습니까?

: 아무개 씨는 전화를 건 텔레마케터에게 태연하게 "아니요, 없는데요"라고 대답한다.

이러한 거짓말은 하얀 거짓말보다 약간 더 어둡기 때문에 우리는 '회색 거짓말'이라고 부른다. 하얀 거짓말처럼 회색 거짓말도 불편한 상황을 모면하고자 하는 바람에서 사용한다. 하지만 이러한 질문에 대한 대답은 다른 사람의 불편한 감정을 덜어 주기 위해서라기보다 자신의 불편한 감정을 피하기 위한 경우가 더 많다.

질문 3(무슨 꿈을 꾸었기에 잠꼬대까지 했어?)의 경우 주된 동기는 당혹스러운 상황을 피하려는 것이지만, 현재 애인에게 상처를 주지 않기 위해서이기도 할 것이다. 질문 4(조금만 도와줄 수 있나요?)에 대한 대답에서 주된 목적은 구걸하는 사람에게 돈을 주지 않기 위해서지만, 적대감을 표시하지 않고 그 자리를 뜨기 위해서이기도 할 것이다. 질문 5(아무개 씨 집에 있습니까?)에서 아무개 씨는 자기 시간을 방해받고 싶지 않은 것이 가장 큰 이유지만, 텔레마케터 역시 돈을 받고 일하는 사람일 뿐임을 알기에 직접적인 대립을 피하고자 하는 마음이 있었을 것이다.

무색 거짓말

표도르 도스토옙스키Fyodor Dostoyevsky는 이렇게 썼다.

> 사람은 친구 외에는 그 누구에게도 말하지 않는 추억을 가지고 있다. 사람들은 친구에게조차 말 못 하고 오직 자신에게만 말할 수 있는 다른 문제도 마음속에 비밀리에 가지고 있다. 하지만 자신에게조차 말하기 두려운 다른 것도 가지고 있으니 제대로 된 사람이라면 누구나 마음속에 담아 두고 꺼내지 않는 그런 것이 수없이 많다.[1]

사람들이 자기 자신에게조차 숨기는 것을, 거짓말하는 사람에게조차 보이지 않는다는 의미에서 '색깔 없는 거짓말'이라고 부르겠다. 일상에서도 그대로 드러난 도스토옙스키의 시적 통찰력에 따라, 담배를 피우거나 술을 마시는 사람이 병원을 찾아 다음과 같은 질문을 받을 때 흔히 하는 대답을 생각해 보자.

질문 6. 하루에 담배를 몇 대나 피우십니까?
질문 7. 하루에 술을 몇 잔이나 마십니까?

질문 6과 질문 7에 대한 대답은 응답자가 그 대답을 완전히 사실이라고 여길 때도 사실에 한참 못 미칠 수 있다. 한 흡연자가 매일같이 담배가 한 갑씩 사라진다는 사실을 너무나 잘 알고 있으면서 "반 갑 정도 피웁니다"라고 대답한다고 하자. 이 대답 뒤에는 어쩌면 '하루에 한 갑을 사지만 매번 반도 못 태우고 버리니까 반 갑밖에 안 피운 게 맞지'라는 생각이 숨어 있을지도 모른다. 애주가 역시 의학계에서는 네 잔으로 볼 만한 양의 술을 마시면서 "두 잔 마십니다"라고 대답할 수 있다. 문제는 셈을 잘못했다는 게 아니다. 애주가는 하루에 홈바를 두 번씩 오가며 매번 표준 음주량의 두 배에 달하는 양으로 한 잔을 만들어 마신다는 사실을 편리하게 무시한 것일 수도 있다.[2]

이 같은 색깔 없는 거짓말은 거짓말하는 사람에게도 보이지 않기 때문에 다른 종류의 거짓말과는 다르다. 색깔 없는 거짓말은 거짓말을 듣는 상대방뿐만 아니라 거짓말을 하는 그 자신도 목표가 된다. 심리학자들이 이러한 거짓말을 가리킬 때 쓰는 용어가 어쩌면 더 익숙할지도 모르겠다. 바로 '자기기만self-deception'이다.

빨간 거짓말

앨프리드 로드 테니슨Alfred Lord Tennyson은 1850년 시 〈인 메모리엄In Memoriam A. H. H.〉에서 자연을 "붉게 물든 이빨과 발톱red in tooth and claw"으로 묘사했는데, 그 후 이 표현은 자연 도태라는 과정이 작용하고 있음을 간단히 이르는 말로 사용되어 왔다. 이에 우리는 거짓말을 하는 사람에게 생존과 번식 측면에서 유리한 위치를 부여할 수 있는 거짓말을 '빨간 거 짓말'이라고 부른다. 어쩌면 이러한 거짓말은 진화에서 비롯된 것일 수도 있다. 인간의 본성 중 하나로 진화했을 수도 있다는 얘기다.

일부 진화생물학자들은 호모사피엔스가 실제로 본능적으로 거짓말을 할 줄 알았다고 주장하기도 했다. 그들의 이론은 거짓말을 하는 사람들 이 실제로 일상 속에서 거짓말을 얼마나 많이 하는지 관찰한 결과에 일 부 근거를 두고 있다. 그러나 거짓말을 하는 행동이 선천적인 것이라고 믿 는 보다 설득력 있는 과학적 근거는 다른 많은 동물 종들이 생존율을 높 이기 위한 일종의 기만술을 가지고 있다는 것이다.

동물의 기만술은 자연 선택에 의해 진화되었고 그에 따라 유전적 근거 를 가지고 있다는 주장이 널리 받아들여지고 있다. 위장 나방, 멧노랑나 비, 초승달 나방 등은 나뭇잎과 자신의 모습이 구분되지 않도록 위장함으 로써 적을 피하는 방법을 진화시킨 수많은 종들 가운데 몇 가지 예일 뿐 이다. 흉내 내기를 통해 천적을 단념시키는 곤충도 있다. 독이 있거나 악 취가 나는 종의 모습을 흉내 내거나 그와 비슷한 행동을 해서 천적에게 잡아먹힐 위기에서 벗어나는 것이다.

수많은 동물 종의 기만술이 다윈의 자연 선택을 통해 진화되어 왔다는 명제에는 논란의 여지가 없지만, 이 결론을 우리 인간 종의 거짓말로 확 대 적용하기에는 무리가 있다. 진화의 시간을 볼 때 인간의 언어는 기껏해 야 10만 년 전쯤에 등장했다. 따라서 지구에서 인류가 살아온 시간(다양 한 주장이 있는데, 대체로 200만 년과 1200만 년 사이다)을 고려할 때 아주 최근 에 등장한 언어가 어떤 진화적 적응의 결과인지 따져 봐야 한다. 다시 말해 10만 년이라는 시간이 자연 선택을 통해 언어뿐만 아니라 기만적 언어까지 탄생할 수 있을 만큼 충분히 긴 시간인지 고민해 봐야 한다.

진화론자들은 이 선택적 압박이 짧게는 30세대에 걸쳐 의미 있는 유전적 변화를 가져올 수 있다고 믿는다. 우리 종에게 이것은 1,000년보다 짧은 시간이다. 거짓말이 자연 선택에서 이점을 제공해 거짓말하는 사람이 그렇지 않은 사람보다 더 오래 살고 더 많은 자손을 낳을 수 있다면 자연 선택이 거짓말을 하게 만드는 유전자를 활성화시킬 만큼 충분한 시간이 있었을 수도 있다.[3]

이러한 기술이 실제로 쓰이고 있음을 보여 주는 한 가지 예로, 잠재적 잠자리 상대에게 "사랑한다"는 거짓말을 함으로써 잠자리만 원한다고 말하는 사람보다 자신의 유전자를 더 성공적으로 퍼뜨리는 사람을 들 수 있다. 장차 아내 또는 남편이 될 가능성이 있는 사람에게 물질적 부에 대한 거짓 주장을 하고 화려한 거짓 아부를 떠는 것도 마찬가지로 종족 번식에 유리하게 작용하는 거짓말에 해당한다.

파란 거짓말

실제 사실보다 더 필연적으로 사실이라고 믿는다는 너무나 모순적인 이유로, 누구나 한 번쯤 사실이 아님을 알면서도 사실인 양 대답한 일이 있을 것이다. 실제 사실보다 더 필연적으로 사실이라고 믿는다는 너무나 모순적인 이유로, 누구나 한 번쯤 사실이 아님을 알면서도 사실인 양 대답한 일이 있을 것이다. true blue(문자 그대로의 의미는 '진짜 파란'이지만 '충실한, '보수적인'이라는 의미로 많이 쓰인다—옮긴이)라는 표현을 보면 이 같은 범주의 거짓말을 왜 '파란 거짓말'이라고 부르는지 알 수 있다.

질문 8. 지난 화요일 선거 때 투표하셨습니까?

: 설문 조사자가 유권자에게 질문하자 유권자는 지난 화요일에 투표하지 않고도 "사실을 말하자면" 자신이 "평소에 투표를 잘 하는 사람"이기 때문에 투표했다고 대답한다.[4]

질문 9. 지난 시험 때 읽어야 할 자료를 모두 읽었습니까?

: 시험 성적이 나쁘게 나온 학생에게 교수가 묻자 학생은 과제로 받은 텍스트를 읽지 않고도 읽었다고 대답한다.

질문 10. 즐겨 듣는 라디오 채널이 있습니까?

: 지식인들이 모인 저녁 식사 자리에서 한 손님에게 묻자, 손님은 차에 미리 설정해 놓은 토크 라디오(주로 인터뷰나 청취자와의 전화로 이루어지는 라디오 프로그램—옮긴이)와 대중음악 채널만 들으면서도 공공 라디오를 듣는다고 대답한다.

이 세 가지 질문에, 사실이 아닌 줄 알면서도 거짓으로 대답하는 이유는, 거짓 대답이 실제 사실보다 더 깊은 진실을 전달하리라고 생각하기 때문일 수 있다. 말하자면, '(지난 토요일에는 너무 바빠서 투표하지 못했지만) 나는 평상시에는 꼭 투표하는 사람이야' 또는 '(지난주에는 다른 수업에서 받은 과제가 너무 많아 이 수업 과제를 못 했지만) 나는 원래 과제 같은 건 빠뜨리지 않는 사람이야' 또는 '(공공 라디오는 다른 라디오의 프로그램이 지루할 때만 듣기는 하지만) 나도 공공 라디오와 연관된 문화적·정치적 가치를 존중하는 사람이야'와 같은 식으로 생각하는 것이다.

이러한 파란 거짓말은 우리가 보는 우리 자신의 모습을 다른 사람도 볼 수 있게 해 주려는 의도에서 비롯된 것이라고 정당화할 수 있다. 하지만 이것은 아주 너그러운 시각이다. 덜 너그러운 시각으로 보자면 이 같은 파란 거짓말은 다른 사람에게서 우호적인 평가를 이끌어 내기 위한 술책이다. 이 술책을 잘 아는 사회심리학자들은 이것을 '인상 관리impression management'라는 그럴듯한 이름으로 부른다.[5]

인상 관리는 해석의 여지가 그다지 많지 않은 질문에 대답할 때도 작동한다. 누군가 당신의 나이, 키, 몸무게를 알고 싶어 한다면 어떻게 말하겠는가? 많은 사람들이 정확하게 대답하지만, 연구 결과 설문 조사지에 이러한 기본적인 사실들을 적으라고 하면 상당수의 사람이 오류를 범하는 것으로 나타났다. 그런데 이 오류라는 것이 체계적이다. 어리고, 마르고, 키가 큰 사람들이 적어 내는 대답을 제외하고는, 모두가 출생증명서와 체중계와 신장계로 확인할 수 있는 것보다 더 어리고, 더 마르고, 더 키가 커 보이는 방향으로 오류를 범한다.[6]

인상 관리는 설문 조사의 문제점으로 잘 알려져 있다. 설문 조사 응답자들은 자신들의 답변이 컴퓨터에 입력되면 그 누구도 답변을 보거나 듣지 않는다는 사실을 알아도, 또는 답변이 기록된 뒤에는 그 누구도 답변한 사람이 누구인지 식별할 수 없다는 점을 재차 확인해 주어도, 사실에

못 미치는 답변을 내놓는 경우가 많다.

인상 관리에 의한 설문 조사 자료의 왜곡은 문제가 크기 때문에, 설문 조사자들은 호의적인 인상을 주려고 사실대로 응답하지 않는 설문 조사 응답자를 가려내 제거하는 전략을 고안했다. 바로 다음과 같은 참-거짓 유도 질문을 설문 조사에 끼워 넣는 것이다.

질문 11. 나는 의견이 다른 사람에게도 항상 예의를 갖춘다.

질문 12. 나는 실수를 하면 항상 다른 사람에게 사과한다.

질문 13. 나는 들킬 염려가 없을 때도 항상 모든 것을 세관에 신고한다.

이 질문들에 "참"이라고 대답하는 대부분의 사람들은 인상을 관리하는 것으로 추정한다. 왜냐하면 정말로 정직하다면 세 가지 질문 모두에 "거짓"이라고 대답해야 하기 때문이다. 어쨌거나 '항상' 예의를 갖추는 사람이나 '항상' 실수에 대해 사과하는 사람은 거의 없으며, 굳이 밝히지 않으면 세금을 내지 않아도 될 상황에서 고지식할 정도로 정직하게 세관에 신고하는 사람은 많지 않을 것이다. 사회과학자들이 세관에서의 거짓 신고를 인정하는 사람을 인정하지 않는 사람보다 더 솔직하다고 보다니, 설문 조사 방법의 데이터 왜곡을 방지하기 위한 노력이 눈물겹다.

질문 11, 12, 13 모두에 솔직하게 "참"이라고 대답할 수 있는 사람은 지구 상에서 진정으로 정직한 몇 안 되는 사람들 중 하나일 것이다. 물론 정직이 과대평가된 가치일 수도 있다. 자신의 결점을 하나도 남김 없이 친구들에게 이야기하고, 상대방의 결점에 대해 이야기할 때도 똑같은 기준을 적용하기로 했다면, 얼마 지나지 않아 주변에 친구들이 하나도 남지 않을 것이다.

이 말이 조금이라도 의심스럽다면 질문 2(이 청바지 입으니까 뚱뚱해 보여?)를 떠올려 보라. 질문 2에 대한 대답으로 자주 제시되는 하얀 거짓말을 파란 거짓말이 반영된 것으로 볼 수도 있다. 즉 질문하는 사람이 '너무 좋아서 믿어지지 않는' 자신의 인지(즉, "아주 괜찮아 보여")를 기꺼이 받아들일 수 있도록 거울이 되어 주는 것이다. 그런 자존감을 건드릴 때는 사이가 틀어질 것을 각오해야 한다.

사회적 상호 작용이라는 기어가 원활하게 작동할 수 있도록 일상적인 사회생활에서는 윤활유로서 어느 정도의 거짓이 반복적으로 요구되고, 대부분의 사람들은 이를 따른다. 안타깝게도 사회생활에는 아주 효과적인 것이 과학의 발전에는 도움이 되지 못한다.

우리는 서로의 진술을 어디까지 믿을 수 있나

우리는 제시된 질문에 사실이 아닌 대답을 할 수밖에 없는 다양한 상황에 대해 설명하면서 과학은 뒷전으로 미뤄 두었다. 그러나 이 힘이 과학적 연구에 참여한 사람들의 대답에 영향을 미치면 연구 결과의 정확성은 심각한 손상을 입을 것이다. 이것이 우리가 우려하는 바이다. 나이, 몸무게, 키 같은 있는 그대로의 사실을 묻는 질문에 대한 대답이 부정확할 수 있다면, 인종에 대한 태도나 다른 형태의 편향처럼 굉장히 민감한 사안을 가지고 설문 조사 방식의 연구를 진행할 경우 그 결과를 얼마나 믿을 수 있을까?

몸무게나 키에 대해 물을 때 체중계나 신장계처럼 대답의 정확성을 확인할 수 있는 믿을 만한 도구가 없다면, 응답자가 설문 조사에서 사실을 말하는지 평가하기가 매우 어려울 것이다. 정부 기관에서 기밀 또는 비밀 문서를 다루는 직업에 지원하는 사람들의 정직성을 평가할 때, 지원자에게 던진 질문에만 의존하지 않고 친구, 친척, 교사, 직장 동료, 이전 회사 사장 등의 의견까지 참고하는 이유가 여기에 있다.

하지만 이러한 방법 역시 불완전하다. 이유는 다양한 정보 제공자들이 질문을 받은 사람에 대해 완벽하고 정확한 지식을 갖고 있지 않기 때문이기도 하고, 자율 보고식 답변을 신뢰하지 못하게 만드는 똑같은 힘에 무릎을 꿇을 수 있기 때문이기도 하다(너무 관대한 평가를 내리거나 너무 가혹한 평가를 내릴 수 있다). 물론 대개는 겉으로 드러나지 않는 개인적 편향 같은 것을 평가할 때 다른 사람에게 물어보는 이 같은 방법이 거의 쓸모없기 때문이기도 하다.[7]

특정 인종 또는 민족 집단에 대한 태도를 주제로 한 최초의 과학적 연구는 1920년대와 1930년대에 실시되었다. 그때 이용 가능한 방법은 질문을 던지고 자율적으로 보고한 답변을 엮어서 편집하는 것뿐이었다.

이 장에서 우리가 설명한 것과 같은 정확성과의 편차를 심리학자들이 이해하고 마침내 문서화하기 시작한 것은 질문 기반 연구가 시작되고 40년이 흐른 뒤였다.

이제 인종 편견을 측정하는 데 오랫동안 사용되어 온 수많은 질문에 대해 사람들이 인상을 관리하느라 부정확하고 사실이 아닌 대답을 내놓는다는 데 이의를 제기하는 사람은 없다. 이 같은 효과를 잘 보여 주는 수많은 입증 사례 중 하나로, 1981년 연구를 소개한다. 이 연구에서 백인 대학생들에게 질문 14와 질문 15의 진술에 어느 정도("전혀 그렇지 않다"에서 "매우 그렇다"까지) 동의하는지 물었다.

질문 14. 흑인과 백인이 결혼하는 것은 나쁜 생각이다.
질문 15. 흑인은 대체로 백인만큼 똑똑하지 않다.

이 연구에 참가한 학생들 중 절반은 흑인 연구원에게서 질문을 받았고, 나머지 절반은 백인 연구원에게서 질문을 받았다. 연구원은 절대 학생들의 답변을 볼 수 없고, 학생들의 답변은 철저히 기밀로 취급될 것이라는 점을 모든 학생에게 주지시켰다. 그럼에도 불구하고 질문자가 백인일 때보다 흑인일 때 흑인에게 호의적인 답변들이 눈에 띄게 많았다. 이 인상 관리 효과는 질문지를 건넨 사람의 인종에 답변이 영향을 받았다는 사실을 학생들이 전혀 인식하지 못한 상황에서 발생한 게 분명했다.[8]

또한 앞서 설명했듯이 인상 관리는 몸무게가 얼마나 나가는지, 술을 얼마나 마시는지, 애인이 얼마나 뚱뚱한지, 흑인에 호의적인 시각을 가지고 있는지 등의 질문에 얼마나 솔직하게 답변할 수 있느냐에 영향을 미치는 다양한 힘 가운데 하나에 지나지 않는다.

진실을 가리는 그림자

이제 이 장을 열었던 질문으로 다시 돌아오자. "질문을 받을 때 사실이 아닌 걸 알면서도 사실인 양 대답하는 일이 얼마나 자주 있는가?" 처음에는 "거의 없다" 또는 "절대 없다"라고 대답했던 사람도 이제는 그것만으로는 충분하지 않다는 점을 인정할 것이다. 이것은 다시 다음과 같은 질문으로 이어진다. "다른 인종 또는 다른 민족의 사람에 대한 편향이 있다고 생각하는가?" 방금 전 정직함의 한계에 대해 알았다는 점을 감안하고 대답을 생각한다면 이렇게 묻고 싶을 것이다. "인종에 대한 시각과 태도에 대한 질문에 얼마나 솔직하게 대답할 수 있을까?" 왜곡의 원인이 무엇인지 알고 있다고 해도 진실을 가리는 그림자를 걷어 버리기는 쉽지 않을 것이다.

3장

내 안에 또 다른 내가 있다?
내 안에 숨겨진 마인드버그 찾기

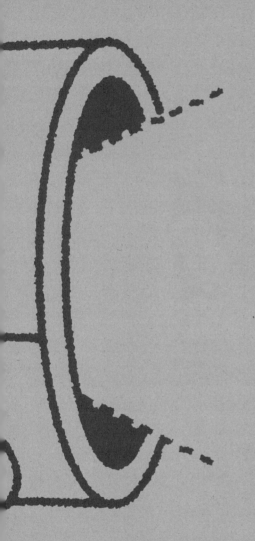

Blindspot : Hidden Biases of Good People

숨겨진 편향, 마인드버그를 찾아서

인종을 대하는 태도에 대한 심리학적 연구는 비교적 최근에 등장한 과학적 시도로, 역사가 100년도 채 되지 않았다. 1920년대와 1930년대의 선구자, 심리학자, 사회학자 들이 처음으로 특정 민족 집단과 인종 집단에 대한 미국인의 태도를 연구하기 시작했다. 그 당시 그들이 사용할 수 있었던 유일한 방법은 바로 질문하는 것이었다. 이 '자율 보고' 방법은 개인의 인종적 태도를 가장 잘 드러내는 것은 바로 그 자신이라는 생각에 기반을 둔다. 이전 장에서 설명한 질문하기 방법의 문제점에도 불구하고 자율 보고는 초기 편견 연구에서 매우 유용했다. 지금과 달리 20세기 초 미국인들은 인종적·민족적 태도를 공개적으로 드러내는 데 거리낌이 없었기 때문이기도 하다.

초기 과학자들이 수십여 개의 집단에 대한 편견을 드러내는 강력한 증거를 발견한 방법에 관한 이야기는 부록 1(미국은 인종 차별주의 국가인가?)에 나와 있다. 부록 1에서는 20세기 동안 연구 방법이 정교해지면서 더 이상 질문하기 방법에만 의존하지 않을 만큼 발전한 과정에 대해서도 자세히 설명하였다.

이 장에서는 1994년 토니가 고안한 방법을 설명한다. 이 방법은 질문하기 방법으로는 접근이 불가능한 정신 영역을 환히 들여다보게 해 준다.

새로운 방법이 어떤 식으로 작동하는지 대강 느낄 수 있도록 직접 다음 실험을 해 보기를 권한다. 가능하다면 52장의 카드가 들어 있는 일반적인 카드 한 벌과 초 단위로 시간을 잴 수 있는 시계를 준비하자.

카드와 시계가 준비되면, 먼저 카드를 여러 번 섞어서 앞면을 위로 향하게 놓는다. 지금부터 약간 다른 두 가지 분류 과제를 수행하면서 시간을 잴 것이다.

먼저 하트와 다이아몬드는 왼쪽에, 스페이드와 클럽은 오른쪽에 두는 방식으로 카드를 나눌 것이다. 두 번째 과제는 다이아몬드와 스페이드를 왼쪽에, 클럽과 하트를 오른쪽에 두는 방식으로 카드를 분류하는 것이다. 시작하기 전에 이 두 과제 중 어느 쪽이 더 쉬울지 생각해 보자.

둘 중 어느 과제가 더 쉬울지 굳이 생각하지 않더라도 카드와 시계만 있으면 테스트를 시작할 준비가 된 것이다. 가능한 한 빨리, 먼저 하트와 다이아몬드는 왼쪽으로, 스페이드와 클럽은 오른쪽으로 나눈다. 모든 카드를 둘로 나누는 데 걸린 시간을 초 단위로 기록한다. 그런 다음 카드를 다시 여러 번 섞은 뒤 같은 과정을 반복한다. 이번에는 다이아몬드와 스페이드를 왼쪽에, 클럽과 하트를 오른쪽에 둔다.

하나의 과제가 다른 과제보다 몇 초라도 더 빠르면 둘 중 더 빠른 쪽을 머릿속으로 기억한 뒤 다음 페이지로 넘어가 이것이 무엇을 의미하는지 살펴보자.

아마도 '빨강은 왼쪽에, 검정은 오른쪽에'라는 단순한 분류 규칙을 사용한 첫 번째 과제가 더 빨랐을 것이다. 두 번째 과제의 규칙은 그렇게 단순하지 않았다. 각각의 테스트를 두 차례씩 실시한 마자린과 토니는 첫 번째 과제(빨강 카드 대 검정 카드)는 평균 24초, 두 번째 과제(스페이드와 다이아몬드 대 하트와 클럽)는 평균 37초 걸린다는 것을 알았다. 두 번째 과제를 수행하는 데 1.5배나 더 시간이 걸린다는 것은 큰 차이다. 카드를 분류하는 중에 그 시간의 차이를 느낄 만큼 말이다.

최초의 편향 테스트, 꽃-곤충 IAT

이번에는 초를 잴 수 있는 시계와 볼펜이나 연필이 필요하다. 책에다 직접 표시하기를 원하지 않는다면 72~73쪽에 실린 꽃-곤충 IAT를 복사해서 사용하기를 권한다.

두 페이지로 된 꽃-곤충 테스트를 보면 각 페이지에 다양한 단어가 두 개의 열 가운데 나열된 모습이 보일 것이다. 각 단어의 왼쪽과 오른쪽에는 작은 동그라미가 있다. 지금부터 할 일은 각 단어의 왼쪽 또는 오른쪽 동그라미에 가능한 한 빠르게 표시를 하는 것이다.

다음과 같이 모두 네 개의 단어 집합이 있다.

꽃 이름: 난초, 수선화, 라일락, 장미, 튤립, 데이지, 백합

곤충 이름: 벼룩, 지네, 각다귀, 말벌, 바퀴벌레, 나방, 바구미

기분 좋은 단어: 부드러운, 천상의, 활기찬, 사랑, 기쁨, 행복, 친구

기분 나쁜 단어: 피해, 구토, 상처, 독, 악, 우울, 추악

뒤 페이지에 꽃-곤충 IAT의 첫 번째 테스트를 하는 방법과 바른 표기 사례가 제시되어 있다. 이 설명과 이어지는 제안 사항을 모두 읽으면 시작할 준비가 된 것이다.

곤충과 기분 좋은 단어의 경우 왼쪽 동그라미에 표시한다. 그 밖의 경우(즉, 꽃과 기분 나쁜 단어의 경우) 오른쪽 동그라미에 표시한다. 왼쪽 위에서부터 시작해 아래로 내려가면서 모든 단어를 순서대로 진행한 뒤 두 번째 열로 이동해 같은 방식으로 진행한다. 오른쪽 하단에 경과된 시간을 초 단위로 기록한다.

곤충 또는 기분 좋은 단어	꽃 또는 기분 나쁜 단어	곤충 또는 기분 좋은 단어	꽃 또는 기분 나쁜 단어
⊘ 말벌	◯	◯ 장미	◯
◯ 독	⊘	◯ 천국	◯
◯ 튤립	⊘	◯ 난초	◯
⊘ 기쁨	◯	◯ 부드러운	◯

테스트 A를 먼저 하라. 왼쪽 위에서 시작해 가능한 한 빠르게 표시해 내려간다. 왼쪽 열을 모두 마치면 곧바로 오른쪽 열로 이동해 같은 방식으로 표시한다. 단어마다 왼쪽 또는 오른쪽 동그라미에 표시를 한다. 다음과 같은 몇 가지 사항을 더 제안한다.

1. 표시는 한 번만 짧게 한다. 그래야 시간을 최대한 줄일 수 있다.

2. 모든 단어를 순서대로 한다. 단어를 건너뛰어서는 안 된다.

3. 중간에 멈추거나 뒤로 돌아가 표기를 수정해서는 안 된다. 그러면 결과의 정확성이 떨어진다.

4. 시계의 초침이 0에 왔을 때, 다시 말해 1분이 처음 시작될 때 테스트를 시작해야 시간을 재기 쉽다.

5. 테스트 A를 완료하는 데 걸린 시간(초)을 용지의 오른쪽 하단에 적는다.

6. 그런 다음 테스트 B를 한다. 테스트 B는 지시 사항이 다르고 두 열 위에 붙은 열 제목도 다르다. 변경된 지시 사항을 염두에 두고 테스트 B를 시작한다.

7. 테스트 B를 완료하는 데 걸린 시간(초)을 오른쪽 하단에 기록한다.

이 책에서 소개하는 모든 실습 가운데 이번 실습이 이 책의 핵심을 이해하는 데 가장 중요한 출발점이다. 이제 다음 두 페이지에 나오는 꽃-곤충 테스트를 시작하자. 온라인이나 모바일 기기에서 이 테스트를 진행하고 싶다면 bit.ly/T8h6uD를 이용하면 된다.

아직 꽃-곤충 테스트를 완료하지 않고 이 문장을 읽고 있다면 다음 페이지로 가서 테스트를 마친 뒤 계속 읽을 것을 권한다. 우리는 이 말을 책을 통틀어 딱 한 번만 하는데, 그 이유는 테스트를 직접 해 보고 느끼는 놀라움과 회의가 충분히 가치 있다는 것을 알기 때문이다.

꽃-곤충 테스트를 마치면 굳이 시간을 따져 보지 않아도 어느 쪽이 더 쉬운지 금방 알아차릴 것이다. 하지만 정확한 테스트 점수를 얻기 위해서는 다음과 같은 방법으로 계산해야 한다. 테스트 A와 테스트 B에서 각각 걸린 시간(s)을 오답 개수(e)에 더한다. 이제 테스트 A의 s + e 값에서 테스트 B의 s + e 값을 뺀다.

테스트 B보다 테스트 A가 더 빠르고 오답 개수도 더 적다면 꽃보다는 곤충에 자동 선호automatic preference 성향이 있는 것이다. 마찬가지로 테스트 B가 더 쉽다고 느꼈다면 곤충보다는 꽃에 자동 선호 성향이 있는 것

A 곤충과 기분 좋은 단어의 경우 왼쪽 동그라미에 표시한다. 그 밖의 경우(즉, 꽃과 기분 나쁜 단어의 경우) 오른쪽 동그라미에 표시한다. 왼쪽 위에서부터 시작해 아래로 내려가면서 모든 단어를 순서대로 진행한 뒤 두 번째 열로 이동해 같은 방식으로 진행한다. 오른쪽 하단에 경과된 시간을 초 단위로 기록한다.

곤충 또는 기분 좋은 단어	꽃 또는 기분 나쁜 단어		곤충 또는 기분 좋은 단어	꽃 또는 기분 나쁜 단어
◯ **난초** ◯			◯ **튤립** ◯	
◯ 부드러운 ◯			◯ 기쁨 ◯	
◯ **장미** ◯			◯ **말벌** ◯	
◯ 천국 ◯			◯ 독 ◯	
◯ **벼룩** ◯			◯ **바퀴벌레** ◯	
◯ 피해 ◯			◯ 사악한 ◯	
◯ **수선화** ◯			◯ **데이지** ◯	
◯ 활기찬 ◯			◯ 우울 ◯	
◯ **지네** ◯			◯ **나방** ◯	
◯ 구토 ◯			◯ 추한 ◯	
◯ **각다귀** ◯			◯ **바구미** ◯	
◯ 상처 ◯			◯ 행복한 ◯	
◯ **라일락** ◯			◯ **백합** ◯	
◯ 사랑 ◯			◯ 친구 ◯	

걸린 시간(초)	오답 개수

B

꽃과 기분 좋은 단어의 경우 왼쪽 동그라미에 표시한다. 그 밖의 경우(즉, 곤충과 기분 나쁜 단어의 경우) 오른쪽 동그라미에 표시한다. 왼쪽 위에서부터 시작해 아래로 내려가면서 모든 단어를 순서대로 진행한 뒤 두 번째 열로 이동해 같은 방식으로 진행한다. 오른쪽 하단에 경과된 시간을 초 단위로 기록한다.

꽃 또는 기분 좋은 단어	곤충 또는 기분 나쁜 단어		꽃 또는 기분 좋은 단어	곤충 또는 기분 나쁜 단어
◯ 벼룩 ◯			◯ 각다귀 ◯	
◯ 부드러운 ◯			◯ 기쁨 ◯	
◯ 난초 ◯			◯ 말벌 ◯	
◯ 사악한 ◯			◯ 독 ◯	
◯ 장미 ◯			◯ 바퀴벌레 ◯	
◯ 피해 ◯			◯ 천상의 ◯	
◯ 수선화 ◯			◯ 데이지 ◯	
◯ 활기찬 ◯			◯ 우울 ◯	
◯ 지네 ◯			◯ 백합 ◯	
◯ 구토 ◯			◯ 추한 ◯	
◯ 라일락 ◯			◯ 나방 ◯	
◯ 상처 ◯			◯ 행복한 ◯	
◯ 튤립 ◯			◯ 바구미 ◯	
◯ 사랑 ◯			◯ 친구 ◯	

걸린 시간(초)	오답 개수

이다. s+e 점수를 이용한 이 방법에서 A와 B의 차이가 18 이상이면 한쪽에 '강한' 자동 선호 성향이 있는 것이다. 차이가 12에서 17 사이면 '보통' 자동 선호 성향이, 차이가 6에서 11 사이면 '약한' 자동 선호 성향이 있는 것이다. s+e 차이가 6 미만이면 어느 한쪽을 선호한다고 명확하게 말하기 힘든 것으로 보아야 한다.

몇 년 전 특정한 전공의 박사 학위가 있는 38명을 대상으로 이 꽃-곤충 테스트를 실시한 적이 있다. 이들은 테스트 B보다 테스트 A를 완료하는 데 평균 16초가 더 걸렸다. 보통 사람이 100미터를 달리는 데 걸리는 시간이 박사 학위 소지자들이 테스트 A를 완료하는 데 걸린 초과 시간과 같다는 사실을 생각하면 이 차이가 얼마나 큰지 실감할 수 있을 것이다.

경험이 태도를 결정한다

당신은 방금 IAT의 첫 번째 버전을 완료했다. 이 테스트의 결과는 뇌가 수년에 걸쳐 저장한 경험들이 IAT의 분류 과제를 수행할 때 영향을 미친다는 사실을 보여 준다. 꽃과 곤충의 경우, 이 저장된 정신적 내용물이 꽃과 기분 좋은 단어는 함께 연상하도록 하지만 꽃과 기분 나쁜 단어를 연결하는 것은 방해할 가능성이 크다. 마찬가지로 곤충을 기분 나쁜 단어와 연결하는 것은 더 쉽고, 기분 좋은 단어와 연결하는 것은 더 어려울 것이다. 이것이 테스트 B의 과제가 테스트 A의 과제보다 더 쉽게 느껴지는 이유였을 것이다. 적어도 당신이 곤충학자이거나 열 살짜리 남자아이가 아니라면 말이다.

테스트 B를 수행하는 동안 꽃 이름과 기분 좋은 단어가 서로 다른 범주가 아닌 '좋은 것들'이라는 하나의 범주에 속한다는 느낌을 받았을 것이다. 곤충 이름과 기분 나쁜 단어도 마찬가지로 하나의 '나쁜 것들' 범주에 속하는 것처럼 느꼈을 것이다. 이런 식으로 생각하면, 색상이 일치하지 않는 카드보다는 색상이 같은 카드를 하나로 분류하는 과제가 떠오를 것이다.[1]

공통된 좋음 또는 나쁨을 통해 여러 범주를 서로 연결할 수 있을 때, 이 공통된 속성을 심리학자들은 '유의성valence', 다른 말로는 '감정 가치 emotional value'라고 부른다. 긍정적 유의성은 끌어당기고, 부정적 유의성은 밀어낸다. 꽃 이름과 기분 좋은 단어가 공통으로 가진 긍정적 유의성은 이러한 두 범주를 하나로 연결하는 정신적 접착제 역할을 할 수 있다. 꽃 이름을 기분 나쁜 단어와 함께 놓으려고 할 때 대부분의 사람들이 느끼는 것처럼, 공유하는 유의성이 없을 때는 두 범주 사이에 연결점을 찾기가 더 힘들다. 쉽게 말해 정신적 접착제를 사용할 수 없고, 이 때문에 IAT에서 테스트 A의 분류 과제가 훨씬 더 어려운 것이다.

두 개의 범주를 하나로 결합하게 해 주는 정신적 접착제는 오래된 심리학 개념인 '정신적 연상 관계mental association'에 해당한다. 하트와 다이아몬드는 빨강이라는 색상을 공유하기 때문에 정신적 연상 관계가 있다. 대부분의 사람들에게 꽃 이름과 기분 좋은 단어는 긍정적 유의성이라는 보다 추상적인 특질을 공유하기 때문에 정신적 연상 관계가 있다.[2]

1994년 6월, 토니는 IAT를 실시하기 위한 최초의 컴퓨터 프로그램을 개발했다. 방금 전 꽃-곤충 테스트에서 사용한 것과 동일한 범주의 꽃, 곤충, 기분 좋은 단어, 기분 나쁜 단어를 사용했다. 프로그램이 제대로 작동하는지 확인하면서 토니는 스스로 이 IAT의 첫 대상이 되었다. 나중에 토니는 최초의 컴퓨터 IAT를 치른 경험을 다음과 같이 회상했다.

나는 꽃과 기분 좋은 단어에 동일한 반응을 보이는 더 쉬운 과제를 먼저 제시하도록 프로그램을 짰다. 단어가 하나씩 화면에 나타날 때마다, 곤충 이름이나 기분 나쁜 단어인 경우에는 왼손으로 한 키를 누르고, 꽃 이름이나 기분 좋은 단어인 경우에는 오른손으로 다른 키를 눌렀다. 각각 스물다섯 개의 단어를 포함한 네 가지 범주에 대한 지시 사항을 놓치지 않고 따랐음에도 과제가 쉬워 별문제 없이 과제를 완료했다.

두 번째 과제의 경우, 꽃 이름이나 기분 나쁜 단어에는 왼쪽 키를, 곤충 이름이나 기분 좋은 단어에는 오른쪽 키를 눌렀다. 몇 초 지나지 않아 이번 과제가 어렵다는 것을 느낄 수 있었다. 50번이나 키를 눌러 (느리게) 과제를 완료한 뒤 이 과제를 몇 번 더 연습하면 곧 이 같은 어려움이 사라질 것이라고 생각했다. 하지만 틀렸다! 과제를 몇 번이나 되풀이했지만 속도는 전혀 빨라지지 않았다. 그리고 나서 나는 의식적으로 각 단어에 빠르게 반응하도록 스스로를 다그쳤지만, 결과는 절망적이었다. 실수를 연발하며 잘못된 키를 눌러 댔다. 곧 정확한 키를 누르기 위해서는 천천히 가는 수밖에 없다고 결론을 내렸다. 이 프로그램이 유용할 수도 있다는 것을 보여 주는 첫 번째 강력한 증거였다.

그 뒤 며칠 동안 워싱턴 대학교 심리학과 대학원생들에게 같은 과제를 냈다. 그들 역시 두 번째 과제를 어려워했다. 그다음에는 같은 대학교의 심리학 입문 과정을 듣는 학생들에게 같은 과제를 냈다. 결과를 보니 거의 모든 학생이 꽃 이름과 기분 나쁜 단어에 동일한 키를 눌러야 하는 과제에서 느린 반응을 보였다. 과제를 처음 수행하고 나중에 수행하고는 별로 중요하지 않았다.[3]

이 새로운 절차를 시도한 결과들은 굉장히 흥미로웠다. 왜냐하면 이것은 (그때는 이름이 없던) IAT가 심리학에서 오랜 시간 이론적으로만 존재해 왔던 다양한 개념 중 하나인 '태도'를 측정하는 유용한 방법이 될 수도 있다는 사실을 보여 주었기 때문이다. 심리학자들에게 태도는 일상 언어에서 태도가 의미하는 바와 비슷한 의미를 갖는다. 그것은 예를 들어 꽃을 좋아한다거나(긍정적 태도) 곤충을 싫어한다거나(부정적 태도) 하는, 무언가를 좋아하거나 싫어하는 것을 가리킨다. 좀 더 엄밀히 따지면, 태도는 대상(이 경우에는 꽃과 곤충)을 긍정적 또는 부정적 유의성과 연결하는 연상 작용이다.

태도는 시 구절을 포함한 다양한 방식으로 표현될 수 있다. "아직도 내 심장은 어린 시절 두 손을 가득 채운 처음 본 신선한 재스민[꽃]의 기억으로 향긋하다." 또는 "그것들[곤충들]은 나무를 다 먹어 치울 것이고 잔디밭에 큰 구멍을 내놓을 것이다. 보이는 족족 짓눌러 버릴 수도 있지만 그것들은 절대 사라지지 않을 것이다." IAT는 두 분류 과제를 완료하는 속도를 비교하는 방법을 통해 꽃과 곤충에 대한 태도를 훨씬 더 단순하게 파악한다.[4]

충격적인 인종 편향 테스트

두 번째 유형의 IAT가 곧 뒤따라 나왔다. 바로 최초의 인종 IAT였다. 절차상의 변화는 크지 않았다. 꽃과 곤충의 이름을 유명한 아프리카계 미국인과 유럽계 미국인의 이름으로 바꾼 정도였다. 사회에서 가장 의미가 크고 감정이 가득한 태도 중 하나인 인종 집단에 대한 태도의 측정 가능성을 새로운 IAT가 밝혀 줄 것으로 기대됐다.

새로운 IAT에 참가한 사람들에게서 흑인 인종 집단에 비해 백인 인종 집단을 선호하는 성향이 의미 있는 비율로 나타난다면, 인종적 태도를 측정하는 자율 보고 방법에서 중요한 간섭 원인으로 관찰되는 인상 관리 현상(2장 참조)을 이 테스트로 피해 갈 수 있으리라 생각됐다. IAT로 이것이 가능하다면 연구에 큰 도움이 될 수 있었다. 무엇보다 중요한 것은 우리를 비롯한 당시의 사회심리학자들이 막 이해하기 시작한 일종의 정신적 내용물을 드러내는 데, 다시 말해 정작 본인도 인식하지 못해 질문하는 방법으로는 건드릴 수도 없는 숨은 편향을 드러내는 데 IAT가 도움이 될 수 있다는 점이었다.

인종 IAT에서 기대하는 결과가 어떤 것인지 읽어 보기 전에 테스트를 직접 진행해 보고 싶은 사람도 있을 것이다. 웹 브라우저나 모바일 기기를 통해 인터넷에 접속할 수 있다면 bit.ly/TtkoCZ에서 인종 IAT를 찾을 수 있다.[5] 또는 종이와 연필을 준비해 다음 두 페이지에 나와 있는 인종 IAT를 해 봐도 좋다. 이번에도 연필이나 펜, 초를 잴 수 있는 시계만 있으면 된다. 다만 시작하기 전에 다음과 같이 질문에 어떤 결과가 나올지 예측해 보기 바란다.

- 흑인 얼굴을 기분 좋은 단어와 연결하는(즉, 같은 범주로 분류하는) 속도가 더 빠를까?
- 백인 얼굴을 기분 좋은 단어와 연결하는 속도가 더 빠를까?
- 두 경우 속도가 동일할까?

다음 두 페이지에 나온 인종 IAT도 이전에 진행한 꽃-곤충 IAT에서와 마찬가지로 가능한 한 빠르게 진행하도록 한다. 각 테스트를 마친 뒤에는 테스트를 완료하는 데 걸린 시간을 초 단위로 기록하고, 꽃-곤충 IAT와 동일한 점수 계산 방법을 사용해 둘 사이의 s+e 차이를 계산한다.

예상한 결과와 다른 결과가 나올 위험을 감수하고 싶지 않다면 이 IAT를 건너뛰는 게 좋을 수도 있다. 토니와 마자린을 포함해 이 테스트를 치른 사람의 절반가량이 예상과 다른 결과를 얻었다.

다음은 토니가 처음 인종 IAT를 치르고 난 뒤의 느낌을 적은 것이다.

꽃-곤충 IAT를 만든 지 몇 달 만에 첫 인종 IAT 프로그램을 만들었다. 이번에는 꽃 이름과 곤충 이름 대신 유명한 아프리카게 미국인 이름과 유럽계 미국인 이름을 사용했다. 프로그램이 준비되는 즉시 테스트에 들어갔다. 나는 특정 인종 집단을 선호하지 않기 때문에(혹은 그렇다고 생각하기 때문에) 백인 이름을 기분 좋은 단어와 함께 분류할 때나 흑인 이름을 기분 좋은 단어와 함께 분류할 때나 빠른 속도로 테스트를 완료

A 기분 좋은 단어와 아프리카계 미국인 어린이의 얼굴의 경우 왼쪽 동그라미에 표시한다. 그 밖의 경우(즉, 기분 나쁜 단어와 유럽계 미국인 어린이의 얼굴의 경우) 오른쪽 동그라미에 표시한다. 왼쪽 위에서부터 시작해 아래로 내려가면서 모든 단어를 순서대로 진행한 뒤 두 번째 열로 이동해 같은 방식으로 진행한다. 오른쪽 하단에 경과된 시간을 초 단위로 기록한다.

기분 좋은 단어 또는 아프리카계 미국인 얼굴		기분 나쁜 단어 또는 유럽계 미국인 얼굴	기분 좋은 단어 또는 아프리카계 미국인 얼굴		기분 나쁜 단어 또는 유럽계 미국인 얼굴
◯	재난	◯	◯	고통	◯
◯	😊	◯	◯	😊	◯
◯	증오	◯	◯	미소	◯
◯	😊	◯	◯	😊	◯
◯	정직한	◯	◯	진실한	◯
◯	😊	◯	◯	😊	◯
◯	슬픔	◯	◯	충돌	◯
◯	😊	◯	◯	😊	◯
◯	행운	◯	◯	다이아몬드	◯
◯	😊	◯	◯	😊	◯
◯	평화	◯	◯	달콤한	◯
◯	😊	◯	◯	😊	◯
◯	부패한	◯	◯	비극	◯
◯	😊	◯	◯	😊	◯

걸린 시간(초)	오답 개수

B

기분 나쁜 단어와 아프리카계 미국인 어린이의 얼굴의 경우 왼쪽 동그라미에 표시한다. 그 밖의 경우(즉, 기분 좋은 단어와 유럽계 미국인 어린이의 얼굴의 경우) 오른쪽 동그라미에 표시한다. 왼쪽 위에서부터 시작해 아래로 내려가면서 모든 단어를 순서대로 진행한 뒤 두 번째 열로 이동해 같은 방식으로 진행한다. 오른쪽 하단에 경과된 시간을 초 단위로 기록한다.

기분 나쁜 단어 또는 아프리카계 미국인 얼굴		기분 좋은 단어 또는 유럽계 미국인 얼굴	기분 나쁜 단어 또는 아프리카계 미국인 얼굴		기분 좋은 단어 또는 유럽계 미국인 얼굴
○	재난	○	○	고통	○
○		○	○		○
○	증오	○	○	미소	○
○		○	○		○
○	정직한	○	○	진실한	○
○		○	○		○
○	슬픔	○	○	충돌	○
○		○	○		○
○	행운	○	○	다이아몬드	○
○		○	○		○
○	평화	○	○	달콤한	○
○		○	○		○
○	부패한	○	○	비극	○
○		○	○		○

걸린 시간(초)	오답 개수

할 수 있으리라 기대했다.

테스트를 진행하는 중간에 새로운 방법이 중요할 수도 있겠구나 싶은, 벅찬 과학적 발견의 순간을 경험하는 것은 드문 일이었다. 그것은 흔들리는 자기 통찰의 순간이기도 했다. 나는 곧 유명한 흑인의 이름을 기분 좋은 단어와 함께 분류할 때보다 유명한 백인의 이름을 기분 좋은 단어와 함께 분류하는 속도가 훨씬 빠르다는 것을 알았다. 이전에 전혀 알지 못했던 머릿속 무엇인가를 발견해야 한다는 부담감 때문에 개인적으로 괴로웠는지, 아니면 오히려 새로운 발견에 대한 기대감으로 고무되었는지는 잘 모르겠다. 하지만 분명한 것은, 흑인의 이름과 기분 좋은 단어를 연결하는 것이 몇 달 전 곤충 이름과 기분 좋은 단어를 연결할 때만큼이나 힘들었다.

첫 인종 IAT를 치르고 처음 결과가 계속 반복될 것인지(실제로 반복됐다) 보기 위해 여러 차례 테스트를 치른 뒤에도, 흑인보다는 백인에 강한 인종적 선호 성향을 보인다는 결론을 피할 방법이 없었다. 곤충보다는 꽃에 강한 자동 선호 성향을 보인 것처럼 말이다.

그러다가 사회심리학자라면 누구나 던질 법한 질문을 스스로에게 던졌다. 이것이 매일같이 마주치는 아프리카계 미국인, 특히 내 수업을 듣는 학생들에 대한 나의 행동에도 영향을 미칠까? 백인 학생보다 흑인 학생에게 덜 우호적인 행동을 할까?

토니가 스스로에게 던진 질문은 이 테스트가 제시하는 더 깊은 문제를 가리킨다. '흑인보다는 백인을 자동 선호한다'는 것은 정확히 어떤 의미일까? 편견의 징후일까? 만약 그렇다면 그 같은 편견의 결과는 무엇일까? 스스로 편견이 없다고 믿는 토니 같은 사람이 테스트를 받은 뒤 백인을 선호하는 성향이 있다는 사실이 드러나면, 그 사람은 다른 사람에게 피해를 입히는 방식으로 숨은 편향을 드러낼 것이라고 예상해야 하는 것일까?

편향은 차별의 시작이다

인종 IAT는 지금껏 깨닫지 못했던 모습을 보여 주는 거울과도 같다. 인종 IAT를 실시하는 대부분의 사람이 테스트 A(흑인을 기분 좋은 단어와 연결하는 테스트)보다 테스트 B(백인을 기분 좋은 단어와 연결하는 테스트)에서 속도가 더 빨랐다. 이것은 흑인보다는 백인에 자동 선호 성향이 있다고 설명할 수 있다.

처음 인종 IAT를 치른 우리는 흑인보다는 백인을 기분 좋은 단어와 훨씬 더 쉽게 연결한다는 사실을 알고 놀랐다. "분명 뭔가 실수가 있을 거야"라던 우리의 초기 반응은 곧 "이것이 나도 편견을 가지고 있다는 의미일까?"라는 의문으로 바뀌었다. 그때부터 우리는 이 의문에 대한 답을 찾기 위해 수많은 다른 사람을 대상으로 인종 IAT를 실시했으나, 그들 역시 자신들의 예상은 물론이고 자아 인식과도 크게 어긋난 결과에 직면했다.

인종 IAT를 만들고 거의 10년 동안 사람들이 백인 선호 결과가 '편견이 있다'라는 의미냐고 물어 오면 우리도 아직 모른다는 말로 질문을 회피했다. 우리는 인종 IAT는 '내재적 편견' 또는 '내재적 편향'을 측정하는 검사라고 말하면서 심리학에서 일반적으로 이해하는 편견과는 분명하게 구분된다고 강조하곤 했다.

신중을 기해야 할 이유는 충분했다. 무엇보다, 백인 자동 선호를 보여주는 IAT 결과는 단어와 사진에 반응하는 속도를 기반으로 얻은 결과이므로, 20세기의 자율 보고 방식에서 드러난 극단적일 정도로 부정적인 인종적 태도와는 거리가 멀다(자세한 내용은 부록 1 참조). 질문하기 방법으로 얻은 결과는 편견이 반감, 무시, 심지어 증오까지도 포괄하는 태도라는 이해로 굳어졌다. IAT는 어떠한 부분도 그러한 적대감을 건드리지 않는다.

우리가 IAT의 '백인 자동 선호' 결과를 '편견'과 동일시하기를 꺼린 두 번째 이유는, 이 같은 결론을 정당화하는 데 필요한 연구 증거가 부족하다는 것이었다. 우리뿐 아니라 그 누구도 인종 IAT에서 백인 자동 선호 정도가 높게 나타나는 사람들이 실제로도 인종 차별적 행동을 할 가능성이 높은지 여부를 확인하는 연구를 진행한 적이 없었다.

그러나 이제는 상황이 변했다. 지난 10여 년 동안 인종 IAT를 사용한 연구가 빠른 속도로 누적되어 두 가지 중요한 연구 결과가 확립되었다. 첫째, 이제 우리는 인터넷이나 실험실 연구를 통해 인종 IAT를 실시한 사람 중 약 75퍼센트가 백인 자동 선호 성향을 보일 만큼 백인 자동 선호가 미국 사회에 널리 퍼져 있음을 안다. 이것은 예상외로 높은 수치이다. 우리(마자린과 토니)는 인종 IAT 결과 백인 자동 선호 결과를 받은 사람이 우리만이 아님을 알게 됐다.[6]

둘째, 인종 IAT에서 드러난 백인 자동 선호가 이제는 차별적 행동의 신호로 밝혀졌다. 인종 IAT를 통해 평등주의 신념을 진심으로 지지하는(또는 진심으로 지지한다고 생각하는) 연구 참가자들에게서도 차별적 행동이 예측된다. 이 마지막 진술은 자기모순처럼 들릴 수도 있지만 실험으로 밝혀진 진실이다. 스스로를 인종 평등주의자라고 말하는 연구 참가자들을 대상으로 인종 IAT를 실시한 결과, 연구에서 관찰된 차별적 행동이 확실하게 그리고 반복적으로 예측되었다. 예상 외의 결론인 데다 이해하기가 쉽지 않기 때문에 이 막강한(그리고 여전히 빠르게 확장되고 있는) 연구 결과의 주요 내용을 설명하고자 한다.

차별적 행동은 은밀하게 이루어진다

인종 IAT의 점수가 차별적 행동과 관련 있는지 확인하기 위한 첫 실험이 2001년에 미시간 주립 대학교 심리학자 앨런 매코널Allen McConnell과 질 라이볼드Jill Leibold에 의해 보고되었다. 연구 대상은 자원한 미시간 주립 대학교 학부생 42명이었다. 처음에는 연구 참가자들에게 사실을 알려 주지 않고 한 번은 백인 여성, 한 번은 흑인 여성이 주도하는 간단한 면접을 진행하면서 학생들의 모습을 비디오에 담았다. 면접 중에 "심리학 수업이 개선되려면 어떤 점이 바뀌어야 할까요?", "컴퓨터 과제의 난이도는 어땠나요?"(컴퓨터 과제는 인종 IAT였고, 이 테스트는 마치 별도의 실험에 포함된 것처럼 학생들에게 제시되었다) 등 사전에 준비된 악의 없는 질문들을 학생들에게 던졌다.

비디오를 촬영한 이유는, 인종 IAT에 나타난 강한 백인 자동 선호 결과를 가지고 흑인 면접관보다 백인 면접관에게 좀 더 친근한 방식으로 행동할 것으로 예측할 수 있는지 판단하기 위해서였다. 두 면접을 마친 뒤 학생들에게 비디오를 촬영한 이유를 설명해 주고 비디오를 분석해도 될지 물었다. 한 사람만 빼고 모두가 분석해도 좋다고 대답했다.

면접을 촬영한 비디오를 보면서 이전의 수많은 연구에서 친근함 또는 냉랭함을 가리키는 것으로 확인된 비언어적 행동이 나타난 횟수를 세어 점수를 매겼다. 편안함이나 친근함을 나타내는 표시로는 미소 짓기, 길게 말하기, 면접관의 농담에 웃기, 자발적이고 사교적인 의견 말하기 등이 포함되었다. 불편함을 나타내는 표시로는 발언 실수와 발언 망설임이 포함되었다. 완만한 경사의 책상 의자에 앉은 학생들이 각각의 면접관과 얼마나 가까이 위치해 있었는지도 불편함과 편안함을 나타내는 표시로 고려되었다. 각각의 면접이 끝난 직후, 두 면접관 역시 면접 중에 해당 학생이 얼마나 친근하고 편안하게 느껴졌는지에 대한 개인적인 평가를 내렸다.

매코널과 라이볼드는 IAT에서 백인 자동 선호가 높게 나타난 학생들이 백인 면접관보다 흑인 면접관과 대화할 때 편안함이나 친근함을 덜 보인다는 것을 알아냈다. 이 또한 굉장히 흥미로운 결과였으나 그 자체로 인종 IAT가 인종적 차별 행동을 예측할 수 있다는 결론을 뒷받침하기에는 부족했다. 그러나 인종 IAT로 밝힐 수 있는 사실의 중요성에 대해 잘 알고 있는 상당수의 다른 연구자들은 인종 IAT의 예측이 얼마나 정확할지 확인할 목적으로 차별적 행동 또는 판단을 측정하는 다른 여러 수단과 인종 IAT를 함께 사용하기 시작했다.

  모의 채용 상황에서 동일한 자격의 흑인 지원자보다 백인 지원자를 더 우호적으로 판단한다거나, 응급실 의사나 레지던트 의사가 동일한 급성 심장 질환 증세를 보이는 흑인 환자에 백인 환자보다 최적의 처방(혈전 용해제 처방)을 권장하는 수가 더 적다거나, 대학생들이 백인 얼굴보다 흑인 얼굴에서 분노를 더 쉽게 인식한다거나 하는 등의 행동들이 모두, 다양한 연구에서 인종 IAT의 백인 자동 선호로 예측할 수 있다고 확인된 행동들 이다.

  2007년 초, 인종 IAT와 인종 차별적 행동을 측정하는 여러 테스트를 함께 실시하는 32건의 연구가 진행됐다. 이 연구들은 2009년 출간된 모음 집의 184개 연구에 포함된 것들로, IAT가 다양한 판단과 행동을 정확하게 예측할 수 있을지 평가할 목적으로 메타 분석(동일하거나 유사한 주제로 실시 된 많은 연구물들의 결과를 객관적·계량적으로 종합하여 고찰하는 연구 방법-옮긴 이)이라는 통계적 방법을 사용하여 결과들을 모두 통합했다.

  메타 분석은 IAT가 등장하고 처음 몇 년 동안 확실치 않았던 가장 중 요한 질문에 대답을 해 주었다. 인종 IAT가 인종 차별적 행동을 예측한 다는 것을 명확하게 보여 준 것이다. 메타 분석이 발표된 뒤 추가적인 연 구들이 지속적으로 진행되고 완료된 것도 이러한 결론을 뒷받침한다. 이 같은 최근 연구에서 백인 자동 선호로 예측한 인종 관련 행동의 몇 가지 사례를 들면, 2008년 미국 대통령 선거에서 버락 오바마 대신 존 맥케인 에게 투표한 것, 흑인을 안 좋게 표현하는 인종 차별적 유머를 재미있다고 평가하며 웃는 것, 의사가 백인 환자보다 흑인 환자에게 만족도가 더 떨

어지는 치료 방법을 제공하는 것 등이 있다.[7)]

메타 분석 결과는, IAT 점수가 차별적 판단 및 행동과 중간 수준의 상관관계가 있다는 의미라고 요약할 수 있다. 통계에서 '중간 수준의 상관관계'란 그 의미를 명확하게 파악하기 위해 좀 더 정교하게 다듬는 과정이 필요하다는 뜻이다(이 용어의 기술적 의미에 대해 깊이 알고 싶지 않은 독자는 다음 여덟 개 단락을 건너뛰어도 무방하다).

IAT가 행동을 예측할 수 있는지 보기 위한 거의 모든 테스트에서 사용되는 통계는 상관 계수correlation coefficient(0에서 1 사이의 숫자)이다. 인종 IAT 점수와 차별적 행동 간의 상관관계가 0이면 인종 IAT 점수를 안다고 해도 그 사람이 차별적 행동을 보일 가능성에 대해서는 어떠한 정보도 얻지 못한다는 의미이다. 완벽한 상관관계를 나타내는 1은 인종 IAT에서 얻은 백인 자동 선호 점수를 보면 어느 정도로 차별적 행동을 보일지 정확하게 예측할 수 있다는 것을 의미한다. 연구원들은 관습적으로 상관관계 0.10은 작은 수치이고, 0.30은 중간 수치이며, 0.50 이상은 높은 수치라고 이해한다.

메타 분석 결과 인종 IAT 점수와 차별적 행동 수치 사이에 보통 수준의 평균적 상관관계가 있는 것으로 나타났다면 이는 평균 상관관계가 관습적으로 말하는 '중간' 값인 0.30에 가깝다는 뜻이다(정확히 말하면 메타 분석 결과, 인종 IAT 점수와 차별적 행동의 평균 상관관계는 0.24로 나타났다).

인종 차별과 상관없는 사례라면 '중간 수준의 상관관계'라는 표현의 현실적 의미가 좀 더 쉽게 이해될 수 있을지 모르겠다. 예를 들어 당신이 대출을 신청한 사람들의 대출 적격 여부를 판단하는 일을 담당하는 은행 관리자라고 하자. 대부분의 대출자는 최소한 일부라도 대출금을 상환하겠지만 일부는 은행에서 수익을 낼 수 있을 만큼 상환 능력이 따라 주지 않을 것이다. 다행히 당신에게는 잠재 대출자의 적격성을 판단하는 데 도움이 되는 정보가 있다. 바로 신용 등급 점수이다.

이 사례를 활용하려면 한 가지 사실을 더 가정해야 한다. 은행 관리자인 당신은 잠재적 대출자의 절반만 은행의 수익 기준을 충족할 정도의 상환 능력을 갖추고 있다는 점을 안다고 가정해야 한다. 대출 신청자의 신용 등급 점수가 예상되는 상환액과 완벽한 상관관계를 가진 것으로 알려져 있다면 문제는 완전히 해결될 것이다. 은행이 대출로 수익을 낼 수 있을 만큼 충분한 상환 능력을 갖춘 사람들에게만 돈을 빌려 주면 되기 때문에, 신청자 중 신용 등급이 가장 높은 50퍼센트에게만 대출을 해 주면 당신은 은행의 수익을 극대화할 수 있다.

물론 신용 등급 시스템이 완벽하지는 않다. 말하자면 신용 등급 점수와 상환금 사이의 상관관계가 완벽한 값인 1이 되지는 않을 것이다. 당신이 사용할 수 있는 신용 등급과 상환 예상 금액 사이에 중간(0.30) 수준의 상관관계가 있는 것으로 알려져 있다고 하자. 이것은 신용 등급 점수가 가장 높은 50퍼센트의 신청자에게 대출을 해 줄 경우, 대출자의 65퍼센트가 은행의 수익을 창출할 수 있는 수준에서 상환하리라고 예상할 수 있음을 말해 준다.

신용 등급 점수가 낮은 50퍼센트에게 대출할 경우에는 대출금의 35퍼센트에서만 수익을 낼 수 있다. 이것이 완벽한 결과라고 말할 수는 없지만 신용 등급 점수가 전혀 없을 경우 어떤 상황이 벌어질지 예상해 본다면 신용 등급 시스템이 얼마나 큰 도움이 되는지 짐작할 수 있다. 신용 등급 점수가 없다면 대출의 절반에서는 수익이 나고 절반에서는 수익이 나지 않는데, 이것은 은행에게 수익이 거의 없거나 전혀 없다는 의미와 같다. 중간 수준의 '예측 타당도predictive validity' 상관관계가 있는 신용 등급 점수는, 그러므로 최대 수익까지는 아니더라도 상당한 수익을 가져다줄 수 있을 것이다.[8]

이 모기지론 사례는 메타 분석 결과 나타난 인종 IAT와 차별적 행동 사이의 평균 상관관계를 어떻게 이해해야 할지 말해 준다. 상관관계 값이 0.24라는 것은, 인종 IAT 점수를 알고 있는 사람들 중 50퍼센트가 차별적 행동을 보일 수 있는 상황에서, 전체 점수 분포 중 상위 절반에 백인 자동 선호 점수가 분포되어 있는 사람들은 62퍼센트가, 하위 절반에 분포되어 있는 사람들은 38퍼센트가 차별적 행동을 보일 것으로 예측할 수 있다는 뜻이다(둘의 차이가 0.24다).

무엇보다 놀라운 것은, 편견 연구에서 오랫동안 사용되어 온 질문하기 형식의 방법보다 인종 IAT 방법이 차별적 판단 및 행동을 의미 있는 측면에서 더 효과적으로 예측한다는 사실이 메타 분석으로 밝혀졌다는 점이다. 질문하기 같은 자율 보고 방식은 평균 타당도 상관관계가 0.12에 불과했지만 IAT는 0.24에 달했다. IAT의 예측 타당도가 이렇게까지 높으리라고는 그 누구도 예측하지 못했다.

인종 IAT에서 백인 자동 선호를 보이는 사람은 그렇지 않은 사람보다 차별적 행동을 보일 가능성이 더 높다는 점에서, 백인 자동 선호 성향이 있는 사람은 실제로 '편견'을 가지고 있다고 결론 내려도 될 것처럼 보인다. 그러나 연구 증거로 고려해야 할 한 가지 중요한 측면이 더 남았다. 이 것이야말로 핵심이라고 할 수 있는 측면이다. 인종 IAT 방법을 사용해 조사한 차별 형태 중 '공공연한' 인종 차별적 행동은 관찰되지 않았다는 것이다. 인종적 비방이나 경멸적 진술은 없었으며, 당연히 공격적이거나 폭력적인 행동도 없었다.

앞서 언급한 연구 행동들의 사례를 떠올려 보자. 다른 인종의 면접, 심장 질환 환자에 대한 의사의 권장 처방, 채용 상황에서 지원자에게 내린 평가 등에서 보인 사회적 행동은 대개 '편견'이라는 특징으로 간주되는 유형의 부정적 성향이나 적대감이 아니다.

이것이 "백인 자동 선호는 '편견'을 의미하는가?"라는 질문에 우리가 "아니요"라고 대답하는 이유이다. 인종 IAT는 적대, 혐오, 무시를 공공연하게 표출하는 인종 편견을 측정하는 다른 방법들과 공통점이 거의 없다. 설령 그렇다 해도 인종 IAT로 드러난 숨은 인종 편향은 테스트에서 백인 자동 선호 결과를 받은 대다수 사람들에게 기분 좋은 소식이 아니다. 더군다나 인종 IAT가 인종 차별적 행동을 가리키는 중간 수준의 지표임을 알게 된 지금, 이 사람들에게 그런 결과는 오히려 괴로운 것일 수 있다. 이렇게 괴로움을 느낀 사람들 중에는 마자린과 토니도 포함되어 있었다. IAT를 통해 맹점을 들여다보게 되었을 때 숨은 인종 편향이 초대받지 않은 잠재적 마인드버그임을 알게 된 마자린과 토니는 마냥 기뻐할 수 없었다.[9]

4장

착한 당신이 삐뚤어질 수밖에 없는 이유
마인드버그의 작동 원리

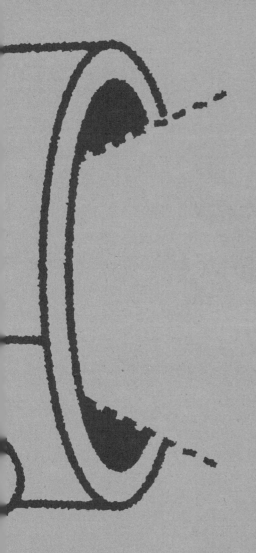

Blindspot : Hidden Biases of Good People

볼보를 사러 갔다가 포르셰를 몰고 온 남자

TV 시트콤 〈사인펠드 Seinfeld〉 57화 '더 아웃팅 The Outing' (아웃팅은 커밍아웃과 달리 자신의 의지와 상관없이 자신의 성적 경향이 드러나는 것을 말한다—옮긴이)을 생각하면 웃음을 참기가 힘들다. 제리와 조지는 한 젊은 여성이 자신들의 이야기를 엿듣는 것을 알고 일부러 서로 연인인 척 연기하지만, 알고 보니 신문기자였던 여자는 둘의 연기에 완전히 빠져 신문에 제리가 게이임을 밝히려고 한다. 실수를 바로잡기 위해 제리와 조지는 여자에게 자신들이 사실은 게이가 아님을 거듭 강조하면서 "그게 잘못됐다는 건 아니지만요"라는 단서 조항을 수시로 덧붙인다.

시트콤의 분위기나 등장인물을 잘 알지 못하는 사람이라도, 자주 인용되는 이 문구에 담긴 유머가 모순에서 비롯된 것임은 쉽게 알 수 있다. 동성애자에 대한 오늘날의 태도는 대부분의 사람들이 게이라는 점이 전혀 문제 될 게 없다고 여길 만큼 달라졌지만(제리와 조지는 동성 연인인 양 연기까지 하지 않았는가) 동성애자임을 부인해야 하는 바로 그 필요성이, 어떤 측면에서는 대다수의 사람들이 여전히 동성애에는 무엇인가 문제가 있다고 믿고 있음을 보여 준다.

무엇에 또는 누구에게 찬성표를 던질지 반대표를 던질지, 힘을 실어 줄지 주저앉힐지, 다가갈지 피할지에 대한 우리의 선호는 다양한 형태를 취한다. 심리학자들은 이론을 수립하고 연구를 수행할 목적으로 정신을 특징짓는 두 가지 체계에 대해 자주 이야기한다. 그것은 바로 '반성적 reflective 체계'와 '자동적 automatic 체계'이다.

반성적 또는 의식적인 측면에서 제리는 실제로 게이에 우호적이다. 그래서 게이라는 것이 전혀 문제 되지 않는다고 솔직하게 말한다. 그러나 제리는 수 세기 동안 동성애를 좋게 말해도 불행한 심리적 장애로 취급하며 지옥으로 직행하는 죄악이나 다름없는 혐오스러운 것으로 치부해 온 문화의 산물이기도 하다. 제리의 자동적이고 덜 의식적인 정신이 이처럼 단순하면서도 문화적 영향이 강한 연상(게이=죄악)을 만들어 낸다면 이것은 분명 그의 사고와 감정과 행동에 영향을 미칠 것이다. 제리가 덜 의식적으로 접근하는 이 다른 측면은 불편함을 경험하게 하고 다른 사람들이 자신을 게이로 볼지 모른다는 생각에 이르러서는 수치심을 느끼게 만들기도 한다.

이 시나리오의 훌륭한 점은 물론 반복적으로 언급되는 "그게 잘못됐다는 건 아니지만요"라는 대사에 내포된 간접적 암시와 그것이 간결하게 압축한 중요한 심리학적 개념 — 정신이 반성적인 정신과 자동적인 정신으로 나뉜다는 개념 — 에 있다.

우리는 이제 반성적인 선호에 대해서는 꽤 잘 알고 있다. 그 선호가 우리에게 중요한 문제와 관련 있을 때는 특히 더 그렇다. 예를 들어 우리는 종교적 믿음 또는 그것의 부재를 표현할 수 있다. 특정 후보자가 정치에 입문하는 것이 왜 옳은지 또는 왜 그른지에 대해 분명하게 설명할 수 있다. 의식적 측면에서는, "X 후보자를 선택하면 내게 이득이 되겠지만 국가 전체의 이익을 고려해 Y에 투표하겠어"와 같은 식으로 인지적·감정적으로 복잡한 진술을 할 수도 있다.

때로는 그러한 믿음과 선호가 행동에 그대로 투영되기도 한다. 신에 대한 확실한 믿음은 같은 종파의 다른 이를 돕는 행동이나 종교적 믿음을 지키기 위해 전쟁도 마다않는 행동으로 이어진다. 심리학자 윌리엄 제임스William James는 생각은 행동을 위한 것이라고 말했다. 실제로 의식적인 사고와 감정이 지닌 힘은 특정한 유형의 행동을 유발하는 연료 같은 작용을 한다는 것이다.

반대로 정신의 자동적인 측면은 상당히 다른 실체다. 우리에게도 낯설다. 우리는 암암리에 무엇인가를 알거나 특정한 방식으로 느끼는데, 이러한 생각과 감정이 때로는 우리의 행동에도 반영된다. 차이점이 있다면 이러한 행동을 늘 말로 설명할 수 있는 것은 아니라는 점이다. 이러한 행동은 의식적 의도와 완전히 어긋나기도 한다.

한 경영대학원 교수의 이야기가 떠오른다. 당연히 협상에 대해 잘 아는 상식 있는 교육자인 그가 어느 날 새 차를 구입하려고 매장을 찾았다. 식구들이 늘어난 터라, 집을 나설 때는 합리적인 가족용 차량을 구입할 생각이었다. 개를 태우고 다니기에도 좋고 식료품점을 오가기에도 편리하며 자녀들에게도 편안한 볼보 스테이션왜건(접거나 뗄 수 있는 좌석이 있고 뒷문으로 짐을 실을 수 있는 자동차—옮긴이) 정도면 무난하지 않을까 싶었다. 그런데 몇 시간 뒤 그는 빨간색 포르셰 스포츠카를 타고 집 주차장에 들어섰다!

이렇게 큰 비용을 지불한 판단 착오까지는 아니라도 누구나 한 번쯤은 경험해 봤을 만한 상황이다. 그렇다면 교수의 반성적 의도와 실제 행동 사이에 이처럼 차이가 생긴 이유는 무엇일까? 한층 더 흥미로운 의문은 왜 애초에 자신의 최종 결정에 대해 몰랐을까 하는 점이다. 이런 사례는 사실 누구나 흔히 겪는다.

우리는 좀 더 이성적이고 분별 있는 특징에는 관심을 두지 않은 채 표면 아래 숨은 우리의 선호에 호소하는 색상, 모양, 스타일 같은 특징 때문에 사물(그리고 사람)에 끌리는 자신의 모습을 자주 발견한다. 예를 들어 수리 기록보다는 매끈하게 빠진 모양 때문에 차를 구입하고, 편안함보다는 성적 매력을 높이기 위해 하이힐을 구입하며, 에너지 효율보다는 라일락 색이 마음에 들어 집을 구입한다.

매일 자동적인 선호가 덜 의식적인 결정을 내리도록 우리를 조종하지만 이러한 선호는 의식적 동기라는 레이더에 걸리지 않기 때문에 명확하게 설명하기가 어렵다. 이처럼 우리는 선호한다고 생각하는 사물들의 장점(볼보의 탱크 같은 안정성)에 대해 얼마든지 장황한 설명을 늘어놓을 수 있지만, 선택의 순간에 서면 이성('볼보를 사'라고 말한다)은 종종 자동적인 선호('아니야, 난 저 붉은 포르셰 스포츠카를 원해'라고 말한다)와 일치하지 않는다.[1]

미시간 대학교의 동료 피비 엘스워스Phoebe Ellsworth가 한번은 두 개의 일자리 중 어느 것을 선택할지 판단하는 데 도움이 될까 하여 대차 대조표를 만들어 비교해 본 이야기를 했다. "대차 대조표를 반쯤 만들었는데 계산이 맞지 않는 거예요. 그래서 다른 쪽에서 남는 부분을 가져와 메울 방법을 찾아야겠구나 싶었어요!"[2]

피비의 솔직한 자기 통찰은 우리가 겪는 이성적 선택의 동작들이 코믹하게 얽혀 선택 이유를 합리적으로 따지기보다 충동과 직감을 따르는 모습을 잘 보여 준다.

맬컴 글래드웰마저 소름 돋게 한 숨겨진 편향

2005년 1월, 〈워싱턴 포스트〉 리포터 섕커 베단텀Shankar Vedantam이 우리의 연구에 관한 기사를 실었다.[3] 그는 동성애자 권익 보호 운동가로 활동하는 한 여성을 인터뷰했는데, 이 여성은 예상대로 인터뷰 내내 강한 친동성애적 태도를 드러냈다. 베단텀은 그녀에게 IAT를 통해 이성애자 집단과 비교한 동성애자 집단에 대한 자동 선호 성향을 측정해 보라고 권했다.

그녀는 결과에 큰 충격을 받았다. IAT 결과 '동성애자＝좋음' 연상보다는 '동생애자＝나쁨' 연상이 더 강하게 나타났던 것이다. 하나의 정신에 상반된 두 개의 선호가 나타났다. 하나는 반성적 사고의 산물이고, 다른 하나는 자동적 연상의 산물이다.[4]

자신에게서 이 같은 모순을 짚어 낼 만큼 예리한 사람에게는 테스트 결과가 상당한 충격으로 다가올 수 있다. 그러나 수년간 '프로젝트 임플리시트Project Implicit' 웹사이트에서 치러진 다양한 IAT 결과를 살펴본 우리는, 베단텀이 인터뷰한 동성애자 운동가에게서 관찰된 그 같은 정신 체계의 균열이 드문 게 아니라는 생각이 들었다. 흔하게 나타나는 현상임에도 불구하고, IAT는 늘 IAT를 연구하는 사람들에게도 예상치 못한 결과로 충격을 안겨 준다.

예를 들어 마자린의 경우, 틈만 나면 자신의 인종 IAT 결과가 '낙제' 점수를 나타낸다고 말한다. 물론 IAT에 객관적인 합격/낙제 점수가 있는 것은 아니다. 그렇다면 테스트에 낙제했다는 말은 무슨 의미일까?

마자린이 스스로에게 낙제 점수를 준 것이다. 그녀가 백인 자동 선호를 보인다는 테스트 결과가 반성적 정신 속에 지니고 있는 평등주의적 인종 태도와 극명하게 어긋나기 때문이다. 다시 말해 테스트에 낙제했다는 것은 테스트를 통해 드러난 자신의 정신 상태에 불만족함을 그녀 나름의 방식으로 표현한 것이다.

마자린이 동일한 사안(백인-흑인 태도)에 대해 보이는 반성적 반응과 자동적 반응 사이의 이 같은 격차는 IAT의 통찰력이 없었다면 드러나지 않았을 것이다. IAT가 무의식의 작용에 대해 그녀에게 던진 강력한 메시지는 지금껏 경험한 가장 의미 있는 자기 발견 가운데 하나로, "자신이야말로 그 어느 별보다 멀리" 있다는 것을 확실하게 보여 주었다.[5]

작가 맬컴 글래드웰Malcolm Gladwell은 오프라 윈프리와의 인터뷰에서 인종 IAT를 치른 뒤의 솔직한 심정을 다음과 같이 밝혔다.

처음 테스트를 치렀을 때 백인에 대해 보통 수준의 선호 성향이 있다는 결과가 나왔습니다 … 심하지는 않지만 백인보다는 흑인에 대해 편향된 시각을 가지고 있다는 뜻인데, 어머니가 자메이카 출신인 저로서는 놀라운 결과였습니다 … 제 인생에서 그 누구보다 사랑하는 사람이 흑인인데, 테스트를 하니 흑인을 그렇게까지 사랑하지는 않는다고 나온 겁니다. 그래서 테스트를 다시 치렀습니다. 누구라도 그랬을 거예요. 결과가 잘못 나올 수도 있잖아요. 하지만 똑같았어요. 또다시 치렀지만 역시나 그대로였어요. 정말이지 실망스럽고 충격적이고 소름이 돋는 순간이었습니다.[6]

이 같은 분열 현상은 자신들이 지닌 편향으로 불리한 상황에 처할 수 있는 사람들의 마음속에도 존재한다. 성적 취향 IAT를 한 여성 동성애자 인권 보호 운동가와 인종 IAT를 한 혼혈 작가 맬컴 글래드웰처럼 그들 자신이 사실은 내재적 편향의 대상이 되는 집단의 일원이기 때문이다. 마인드버그의 이러한 잠재적 자기 파괴 특성은 마인드버그의 가장 큰 특징이기도 하다. 우리는 늘 그것으로 되돌아간다.

이러한 정신 체계의 균열을 설명하기 위해 심리학자들이 사용하는 단어가 '분열dissociation'이다. 이 단어는 심리학에서 가장 강력한 개념들 순위에 들 정도로 수많은 인간의 모순적 태도와 행동을 아우른다. '분열'의 정의는 이렇다. '분열이란 하나의 동일한 정신에서 상호 일관되지 않은 여러 생각이 서로 격리된 상태로 발생하는 것이다.' 이 책의 맥락에서 좀 더 구체적으로 말하면, 우리가 관심을 가지고 있는 상호 일관되지 않은 여러 생각들은 한편으로는 반성적이거나 이성적인 정신의 산물이고, 다른 한편으로는 자동적이거나 직관적인 정신의 산물이다. IAT가 밝히고자 하는 것이 바로 의식과 무의식, 반성과 자동 사이에 놓인 이 장벽이며, 지금까지는 그 목표를 효과적으로 실현해 나가고 있다.

불편하지만, 또 다른 나를 마주해야 하는 이유

지난 10년 동안 반동성애자 법안에 찬성표를 던진 동성애자 정치인들에 대한 폭로가 그 어느 때보다 많았다. 비밀리에 활동하던 동성애자 정치인들이 동성애자임이 밝혀지기 전 가졌던 마음은 〈사인펠드〉의 제리와 흥미로운 대조를 이룬다. 제리와 정반대로, 공개적으로 표출되기 전 그들의 반성적 사고는 동성애에 반대하는 것이지만 성적 행동을 지시하는 그들의 자동적 사고는 동성애에 찬성하는 것이다. 이 정치인들은 반성적 사고와 자동적 사고 사이의 갈등을 인식하고 있었을 것이다.

하나의 동일한 정신 속에 상호 일관되지 않은 생각, 사고, 감정, 판단 또는 행동이 존재한다는 것을 조리 있게 설명하려면, 이제는 잘 알려진 '부조화dissonance'라는 전문 용어를 가져와야 한다. 심리학자들은 '불협화음'을 의미하는 이 음악 용어를 가져와 사람이 갈등을 인식하는 경우와 모순이 의식적 인식 바깥에서 일어나는 경우를 모두 설명하고자 했다. 인식 바깥에서 연결이 끊어진 경우는 (계속해서 음악적 맥락에서 비유하면) 두 개의 인접한 피아노 건반을 동시에 쳤는데 그중 하나의 강도가 너무 약해 소리가 들리지 않는 상황과 같다.

IAT의 역할은 후자와 같은 정신적 부조화를 밝히는 것이다. IAT가 전하는 소식은 맬컴 글래드웰의 경우처럼 달갑지 않기도 하다. IAT 결과에 대해 "실망스럽고 충격적이고 소름이 돋는 순간"이라고 설명한 것만 보더라도 많은 사람이 자신의 숨은 편향을 직접 대면할 때 어떻게 느낄지 쉽게 이해할 수 있다.

이러한 부조화와 관련해 잘 알려진 한 심리학 이론은 그 영향력이 너무 커서 주류 언어이자 문화로 편입됐을 정도다. 명석한 사회심리학자 레온 페스팅거Leon Festinger가 1950년대 중반에 세운 '인지 부조화cognitive dissonance'라는 이론은, 믿음과 행동의 충돌 또는 동시에 공존하는 두 믿음의 충돌을 인식하는 것은 정신적 조화, 즉 화음을 찾기 위해 노력하는 인간의 본성에 위배됨을 말해 준다. 여기서 오는 불편한 정신적 상태는 화음이 맞지 않는 악기들이 내는 거슬리는 소리만큼이나 그 자체로 상당한 불안감을 준다.[7]

페스팅거의 이론과 그로부터 촉발된 수많은 연구는 불협화음을 해소하고 원하는 느낌의 정신적 조화를 이룬 상태로 돌아가기 위해 사람들이 감행하는, 때로는 대단히 난해한 행동들에 대해 시사하는 바가 크다. 하지만 우리가 여기서 페스팅거의 이론을 들고 나온 이유는 IAT를 순진한 테스트 참여자들에게 소개해야 할지, 한다면 어떤 방법으로 소개할지에 관한 우리의 결정과 관련이 있기 때문이다. IAT를 치른 맬컴 글래드웰, 생커 베단텀의 동성애자 권익 보호 운동가, 마자린과 토니 모두 의식적 사고, 또는 감정과 무의식적 사고, 또는 감정의 충돌을 새롭게 인식하면서 느낀 불편함과 부조화스러움에 대해 증언했다.

우리는 IAT 결과를 받아들이는 과정에서 생겨날 수 있는 진짜 불편함을 이해하기에, 지금까지 알려지지 않고 환영받지도 못할 분열을 노출시킬 수 있는 IAT를 사람들에게 권유하기 전에 두 번씩 생각해야 했다. 물론 꽃-곤충 IAT를 권유할 때는 큰 문제가 되지 않았다. 꽃-곤충 IAT로 분열이 밝혀질 가능성은 거의 없는 데다 누구나 곤충 한 박스보다는 꽃한 아름을 받고 싶어 할 것이기 때문에 이 테스트로 확인할 수 있는 것은 그저 (대부분의 사람들이) 곤충보다는 꽃을 선호한다는 사실뿐이다. 드물긴하지만 테스트 결과 꽃보다는 곤충을 선호하는 것으로 나타난다고 할지라도 그런 결과가 놀라울 뿐 고통스럽지는 않을 것이다.

인종 IAT는 다르다. 이것은 프로젝트 임플리시트 웹사이트에 올라와 있는 성별, 성적 취향, 종교, 체중, 연령, 민족과 관련된 다른 수많은 IAT와 마찬가지로 놀라움뿐 아니라 괴로움을 함께 가져다줄 수 있다.

인지 부조화를 유발하는 여러 사람의 경험에 대해 알았으니, 이전 장에서 왜 우리가 인종 IAT를 치르기 전에 한 번 더 생각해 보라고 말했는지 이해할 것이다. 자신의 숨은 편향에 대해 차라리 모른 채 살고 싶은 사람들에게는 잠자는 분열 상태를 깨우지 않는 것이 최선일 수 있다.

그래도 대부분의 사람들이 각자의 마음속에 존재하는 균열을 확인하고 싶어 한다는 것을 알고 나니 놀랍고 한편으로 기쁘기도 하다. 혈중 콜레스테롤 수치가 높은지 미리 알고 필요한 조치를 취하고 싶어 하는 것과 같은 이치로, 해가 될 수도 있는 정신적 내용물과 대면하고자 하는 것이다. 자동적·무의식적 사고가 반성적·이성적 사고와 충돌하는 행동으로 이어지지 않도록 하려는 것이다.

우리는 판사와 변호사, 언론인과 작가, 경찰관과 지방 검사, 사회복지사와 의사, 직장인과 관리자, 학생과 교사, 그리고 IAT를 치른 뒤 반성적 정신과 자동적 정신의 불일치에 대해 솔직하고 겸손하게 밝혀 준 수많은 사람들의 진심 어린 배려에 적잖은 충격을 받았다. 그들은 맹점의 증거로 당시에 진실이 아닌 것으로 밝혀진 다른 사람들에 대한 이야기를 추정하느라 하던 일도 멈추었던 일화를 자발적으로 제공해 주었다. 그중에는 재미난 이야기도 있었지만 대부분의 이야기가 그러한 편향이 얼마나 깊이 뿌리박혀 있는지 가늠할 수 있게 해 주었다. 많은 사람들이 자기 자신을 위해, 비교적 마인드버그에서 자유로운 자녀들을 위해 어떤 환경을 만들어 주면 좋은지 물었는데, 여기에 대해서는 이어지는 장에서 이야기하겠다.

의식은 결코 무의식을 통제할 수 없다

하나의 정신 속에 존재하는 두 개의 상반된 사고라는 문제를 조금 더 객관적이고 덜 감정적으로 생각하기 위해 우리가 몸의 작용을 바라볼 때를 떠올려 보자. 동맥을 지나다니는 혈액의 압력을 정확하게 감지할 수 없다는 사실이 당혹스럽거나 당황스러운가? '의식적 동맥'이라고 부를 만한 것이 우리에게 없다는 사실을 우리는 쉽게 받아들이는 것 같다.

실제로 많은 사람이 '심장 수축'과 '심장 확장'이라는 용어를 정의하는 데는 애를 먹겠지만 펌프와 줄만 갖추고 있다면 어느 의사에게나 팔을 내밀어 그러한 수치를 얻을 것이다. 혈압, 펩티드 분비, 세포 재생 역학, 뉴런 활성화, 아미노산 파괴 등 살아 있는 매 순간 몸에서 일어나는 복잡한 과정 중 어느 것이 어떤 신체 작용에 관여하는지 거의 모른다는 사실을 우리는 쉽게 받아들인다.

그렇다면 왜 정신에 대해서는 비슷한 접근 방식을 취하기가 어렵단 말인가? 정신의 중요한 측면들 역시 우리에게 알려져 있지 않다는 사실을 왜 받아들이기 힘들까? 그것은 우리가 신체 기능의 작용을 모두 알고 있어야 한다는 기대는 없지만, 정신 속에 있는 내용물에는 접근할 수 있는 우월한 권한이 있다고 또는 있어야 한다고 믿기 때문이다. 프로이트의 영향에도 불구하고, 의식적 사고 능력을 부여받은 인간이 인간을 정의하는 믿음과 선호가 인식의 바깥에 있는 힘에 의해 형성될 수 있다는 사실은 받아들이기가 힘들다.

기억에 관한 연구로 노벨상을 받은 컬럼비아 대학교의 신경과학자 에릭 캔들Eric Kandel은 한때 정신 작용의 얼마나 많은 부분이 무의식적으로 이루어지는지 말해야 하는 압박에 시달렸다. 그가 제시한 수치는 80~90퍼센트였다.[8] 예일 대학교의 심리학자 존 바그John Bargh는 더 나아가 그 수치가 99.44퍼센트에 달한다고 주저 없이 밝히고 나섰다.[9] 실제로 수치는 중요하지 않다. 사실 수치를 계산한다는 것도 가능하지 않다. 요점은 의식적으로 정신에 접근할 수 있는 가능성은 상당히 낮다는 데 전문가들이 동의했다는 것이다. 이 때문에 자기 통찰에 대한 겸손은 제대로 된 반응이다.

그렇다면 조금 겸손해진 마음으로 물어보자. 당신이라면 장의사와 데이트를 하겠는가?

장의사와의 데이트

새로운 사람을 만났다. 처음 만나는 자리에서 당신은 남자에게 마음을 빼앗긴다. 그는 매력적이고 지성과 멋진 외모를 겸비했다. 이보다 더 좋을 수는 없다고 스스로에게 말하며 당신은 남자에게 묻는다. "그런데 무슨 일 하세요?" 그의 대답이 쿵 하며 당신의 귀에 떨어진다. "장의사업니다. 개인 장례식장도 운영하고 있습니다." 〈식스 피트 언더Six Feet Under〉라는 텔레비전 드라마가 장의사에게 성적 매력을 부여하는 데 한몫했을

지는 모르지만, 내심 당신의 눈이 반짝이길 바라는 매력적이고 잘생긴 남성을 향해 자동적으로 나가는 부정적인 반응을 없애 줄 만큼 효과적이지는 않았던 것 같다.

반성적 정신 쪽에서는 분명 열정을 나타낼 테지만, 장의사라는 직업이 잘못된 것은 아니라고 스스로를 추스르는 데 시간이 필요한 것으로 보아 열정이 그리 빨리 나타나지는 않을 것이다. 유족들을 지원하고 서비스하는 직업에 대해서는 할 말이 많다는 것을 너무나 잘 알기 때문이다. "하루에 보통 몇 구나 처리하세요?"라고 묻기까지는 꽤 시간이 걸린다. 그러나 당신이 알기도 전에, 심지어 시체를 다루는 사람에게 자동으로 느끼는 약간의 혐오감에 대해 인식하기도 전에, 당신의 마음은 이미 장의사에게서 4분의 1쯤 떠나 투자 은행의 복잡함에 대해 이야기를 나누는 주변 무리에 낄 기회를 노린다.

자동적인 선호는 나침반 같은 역할을 한다. 미혼 남녀들이 찾는 술집이나 맞선 자리와 같이 도전 의식을 불러일으키는 영역을 통과할 때 우리에게 방향을 알려 준다. 그 작용이 워낙 조용하고 신속하게 이루어지므로 정신적 불쾌감이 의식적 인식을 뚫고 들어오기 한참 전에 장의사처럼 부조화를 일으키는 사람에게서 방향을 틀게 된다. 아마도 그사이 머릿속에서는 "장의사래⋯ 그래, 장의사⋯ 아니, 직원을 쓰는 게 아니라 직접 시체를 만진대⋯"와 같이 예상되는 엄마와의 대화가 무의식적으로 떠올랐을 것이고, 대화를 피하는 데 도움이 될 만한 조치는 모두 끝냈을 것이다.

기억은 사라져도 감정은 남는다

　무의식적 정신의 내용물이 판단과 의견에 영향을 미친다는 증거로 현재 우리가 가진 최고의 자료는 기억 능력에 장애가 있는 환자들에게서 얻은 것이다. 현재 예일 대학교에 재직 중인 마샤 존슨^{Marcia Johnson}과 동료들은 한 연구에서 특정 유형의 기억 장애를 겪고 있는 기억 상실증 환자들을 모았다.[10] 이 환자들은 기억 상실이 시작된 시점 이전의 경험은 정상적으로 기억했지만, 그 이후의 삶에서 벌어지는 일들은 매우 제한적으로만 기억했다.

　새로운 기억을 만들어 내지 못하는 이 같은 장애로 기억 상실증 환자들은 특이한 상황에 부닥칠 수 있다. 어린 시절에 불렀던 노래들은 기억하지만 한 시간 전에 들은 노래에 대한 기억은 가지고 있지 않다. 현직 대통령이 기억 상실증이 발병한 당시 재직 중이었던 대통령과 다르다는 사실을 잘 이해하지 못한다. 기억 상실증 이후 경험은 어느 것도 기억으로 통합되지 못하므로 이 환자들의 삶에는 늘 새로운 사람들과 새로운 사건들이 등장한다.

　존슨은 이 환자들에게 두 남자의 사진을 보라고 한 뒤 각각에 대한 정보를 주었다. 한 남자는 아버지를 돕고 군에서 생명을 구해 훈장을 받는 등 좋은 일을 많이 한 사람이고, 다른 남자는 물건을 훔치고 다른 사람과 싸우다 상대방의 팔을 부러뜨리는 등 나쁜 일을 많이 한 사람이라고 알려 주었다. 환자들은 두 남자의 삶에 대해 들은 뒤 간단한 기억력 테스트를 치렀다. 방금 전에 본 것과 동일한 사진을 보여 주면서 사진 속 인물들에 대해 기억할 수 있는 것을 모두 떠올려 보라고 했다. 예상했겠지만 환자들은 사진 속 인물들에 대한 이야기를 들었다는 사실을 전혀 기억하지 못했다.

그러나 환자들에게 사진 속 남자가 좋은 사람인지 나쁜 사람인지 묻자 놀라울 정도로 정확하게 대답했다. 89퍼센트가 좋은 사람인지 나쁜 사람인지 정확하게 판단할 수 있었다. 정상인과 마찬가지 방식으로 기억 상실증 환자도 사진 속 남자에 대해 얻은 정보가 하나의 인상으로 전환되어 정신 속에 자리를 잡은 것으로 보인다. 그 인상을 의식적으로 불러낼 능력은 없지만, 좋고 나쁨에 대한 판단은 자동적으로 정확하게 내릴 수 있었다. 이 실험은 자동적 정신 작용과 반성적 정신 작용의 분할과 유사한 것, 존슨의 표현을 빌리면 '영향(감정)'과 '반성(이유)'의 분리와 유사한 무엇인가를 보여 준다.

존슨이 연구한 것과 같은 기억 상실증은 일상적인 경험에 대한 기억이 없다는 이유 때문에 신경심리학자들의 연구 대상이 되어 왔다. 하지만 기억 상실증 환자도 다른 사람처럼 경험의 특정한 측면은 '저장'하는 것으로 보인다. 기억 상실증이라는 병리학적 상태에서 너무나 분명하게 드러나는 이러한 분열 현상이 신경학적으로 평범한 일반 사람들에게서도 일어날 수 있을까?

얼마 전에 본 영화에 대해 친구에게 말하려는데 제목이나 줄거리, 배우는 기억이 안 나고 영화가 아주 좋았다(혹은 싫었다)는 극명한 확신만 기억났던 경험이 누구에게나 있을 것이다. 애초에 그 같은 의견을 갖게 만든 정보를 가지고 있지 않으면서도 그토록 확실하게 의견을 가질 수 있는 상태가 바로, 덜 극적이긴 하지만 기억 상실증 환자들이 경험하는 그런 상태와 비슷하다.

기억 상실증 환자들의 연구는 무의식의 힘에 대해 이해하는 데 도움이 되는 분열 현상을 들여다볼 수 있도록 값진 창을 열어 주었다. IAT도 비슷한 의미에서 값진 창을 제공하고 있다. 다행히 IAT는 인간의 정신을 이해하는 데 뇌의 손상이라는 요소가 필요하지 않다.

잔인한 농담

누구나 이런 경험이 있을 것이다. 어떤 사람의 농담에 웃음을 터뜨렸는데 웃음소리가 잦아들기도 전에 그 농담이 본인이 속한 집단을 포함해 특정 집단의 사람들을 비하하는 내용이라는 사실을 깨달은 경험. 우스우면서도 모욕적이라고 여기는 것들은 사람마다 다르기 때문에 그 안에 담긴 유머에 대해 누구나 동의할 수 있는 농담을 끄집어내기란 거의 불가능하지만, 우리가 설명하고자 하는 바를 쉽게 보여 줄 수 있는 가벼운 예로 아주 재미없는 인종 관련 농담을 하나 들어 보겠다.

질문: 집을 뒤진 사람이 아시아인이라는 것을 어떻게 압니까?
대답: 개가 사라졌고 아이들의 숙제가 다 되어 있으니까요.

박장대소할 농담은 아니지만 두 사람이 아닌 한 사람에게서 찌푸림과 미소를 동시에 끌어낼 수 있는 농담이다. 확실히 우스운 측면도 있지만 이 유머가 우리가 아는 인종에 대한 고정관념에서 비롯된 것임을 안다면 과연 웃어도 될지 의문이 드는 동시에 어느 정도 불쾌감도 느껴진다.

동일한 자극에 대한 상반되는 두 반응이 심리학적으로 흥미롭기는 하지만 그것이 과연 의미가 있을까? 농담에 대한 반응으로 무엇인가를 알아낼 수 있을까? 러트거스 대학교의 로버트 린치Robert Lynch는 30분짜리 코미디 루틴routine(공연의 일부로 정해져 있는 일련의 동작·농담 등-옮긴이)에 담긴 인종 차별적, 성차별적 유머에 대한 사람들의 반응을 통해 이 질문에 대한 답을 찾고자 했다.

웃음을 통해 의식적 편향은 물론, 무의식적 편향에 대해서도 뭔가 알아낼 수 있을지 보기 위해 린치는 러트거스 대학교 학생들에게 인종과 성별에 대한 고정관념을 건드리는 많은 농담이 등장하는 스탠드업 코미디 영상을 보여 주었다. 학생들이 비디오를 시청하는 동안 린치는 웃음의 양과 얼굴 표정을 측정하고 기록한 뒤 표준 프로토콜을 사용해 이러한 표정이 나타내는 긍정적 감정의 정도를 코드화했다. 그는 또한 인종 IAT를 실시해 각 학생들이 흑인 미국인과 백인 미국인에게 보이는 태도도 수집했다.

린치는 이러한 테스트의 결과를 바탕으로 두 테스트가 관련 있는지, 특히 IAT 결과 백인 자동 선호가 더 강하게 나타난 사람일수록 흑인에 대한 고정관념이 포함된 농담을 들었을 때 더 재미있다는 반응을 보이는지 살펴보았다. 그 결과 예상과 동일한 관찰 결과가 나왔다. 병행한 성차별주의자 유머에 대한 연구에서도 같은 유형의 결과가 나왔다. IAT 결과 성적 고정관념에 대한 연상 작용이 강한 사람일수록 성차별적 유머에 많이 웃었다.[11] IAT처럼, 웃기다고 생각하는 대상을 보고도 그 사람의 감정 상태를 알 수 있는 것이다. 왜냐하면 웃음은 자동적이고 속이기 어려운 반응이기 때문이다. 린치의 논문 제목처럼 '우리가 웃는 이유는 그것이 진실이라고 생각하기 때문이다'.

무의식은 어떻게 우리의 생각을 지배하는가

IAT의 발전에는 많은 원천이 있었다. 그중 하나가 무의식적 정신의 내용물을 연구하는 기존의 기법이 이론을 테스트하는 데는 완벽하고 탄탄했지만 반성적 정신과 반대 방향으로 움직이는 자동적 감정을 확실하게 인지하는 데는 충분하지 않다는 의심이었다. 이전 기법들은 너무 달라 보이는 두 테이블 윗면이 실제로는 모양과 크기가 정확하게 일치한다는 것을 확인했을 때 경험하는 '아하!' 느낌을 가져다주지 못했다. 마인드버그에 대해 다룬 1장에서 만났던 이런 종류의 강력한 착시가 지닌 가장 큰 이점은 그것의 노골적인 특징이다. 인식과 현실 사이에 드러나는 괴리가 너무 커 무시할 수 없다.

IAT를 통해 드러난 부조화도 마찬가지로 부정하기 어려우며, 또 그만큼 놀랍기도 하다. 연령에 대한 태도를 측정하는 IAT의 결과는 노인에 대한 우리의 무의식적 감정이 대부분 우리의 생각과 일치하지 않는다는 점에서 더욱더 예상을 뒤엎는 결과라고 할 수 있다. 노인이 숨은 편향의 대상이 될 만한 이유는 전혀 없어 보인다. 어찌 됐든 노인이라는 집단은 상냥하고 많은 측면에서 상당한 호소력을 가진 듯 보이니 말이다. 주변에서 흔히 볼 수 있는 대부분의 나이 든 사람들은 우리의 할아버지, 증조할아버지이고 인내할 줄 아는 사람들이며 옛날 옛적에 아침 식사로 아이스크림을 먹게 해 주었던 그런 사람들이다.

더군다나 노인을 향해서는 적대적 감정을 강하게 드러내지도 않는다. "젊은이 만세! 늙은이는 물러나라!"라고 소리를 지르거나 노인을 반대하는 정책을 적극적으로 홍보하는 일은 없지 않은가. 그러나 많은 연구가 노인을 향한 우리의 감정이 결코 따뜻하고 우호적이지 않음을 보여 준다.[12] 이 주장에 동의할 수 없다면 implicit.harvard.edu를 방문해 연령 IAT를 실시해 보기 바란다.

미리 말해 두지만 미국인의 80퍼센트가 '늙음=좋음'보다 '젊음=좋음' 연상을 더 강하게 나타낸다. 다시 말해 대부분의 미국인은 늙은이보다는 젊은이에게 강한 자동 선호를 보이고, 겨우 6퍼센트만이 반대되는 선호를 보인다.[13] 실제로 노인 차별은 15년 동안 이루어진 수십여 개의 연구에서 드러난 가장 강력한 내재적 편향 중 하나다. 아시아 국가들을 포함해 테스트를 실시한 모든 나라에서 이러한 편향을 관찰할 수 있었다.[14]

자율 보고식 조사를 통해 드러난 감정과 IAT에서 드러난 행동 간 가장 충격적인 괴리 중 하나가 바로 이 연령에 대한 태도다. 여기서 심리학적 관심의 대상은, 스스로도 노인에 대해 우호적이라고 말하지 않고 IAT 결과에서도 노인에 대한 자동 선호를 보이지 않은 젊은 사람들이 아니다. 젊은 사람들은 한결같이 부정적인 태도를 보인다. 우리가 관심 있는 사람들은 바로 '정신 체계의 균열'을 가장 분명하게 보여 준 나이 든 사람들이다. 모두가 자신이 속한 노인 집단에 대해 굉장히 우호적이라고 진술하지만 실제 IAT 행동으로 나타난 결과는 그에 훨씬 못 미쳤다.

노인을 향한 반성적 태도와 자동적 태도 사이의 괴리를 어떻게 설명할 수 있을까? 앞서 언급했듯이 노인은 여러 가지 측면에서 상당한 호소력을 지닌 듯하지만 우리 문화에는 노인과 연관된 부정적인 고정관념도 많다. 나이 든 세대를 겨냥한 영화와 텔레비전 쇼에서 읽고 보는 것, 광고 캠페인을 통해 흡수하는 것의 대부분이 노인의 결핍과 우환·외로움과 고립, 건강 악화, 신체 부실, 피부 노화, 감각 기능 퇴화, 요실금, 발기 부전, 기억력 감퇴, 치매, 알츠하이머 등에 초점을 맞추고 있다. 비틀스가 "예순네 살이 되어도 여전히 내가 필요할까요? 여전히 내게 밥을 먹여 줄 거예요?"라고 물은 것도 당연하다(예순넷이란 나이가 그 당시에는 아흔넷만큼 멀게 느껴졌을 것이다).[15]

노인이든, 흑인이든, 동성애자든 특정 집단에 대한 숨은 편향을 드러내는 IAT가 우리에게 말해 주는 것 중 하나는 '저기 바깥'의 문화를 '여기 안쪽'의 정신과 구분하는 막이 투과성 막이라는 것이다. 원하든 원하지 않든 문화가 지닌 태도는 대체로 우리에게도 스며든다. 앞서 설명한 동성애자 인권 보호 운동가의 사례처럼 낙인찍힌 집단의 권익을 위해 싸우는 사람들조차 문화로부터 주입되는 끊임없는 부정적 이미지에 영향을 받는다. 노인들이 젊은이들을 선호하는 현상은 바깥의 문화가 결국에는 마음속 깊이 스며들었다는 또 다른 증거다. 우리의 마음은 저기 바깥에 있는 것들을 끊임없이 가져온다.

문화적으로 뿌리 깊이 박힌 고정관념에 끌리는 마음을 거부하기란 그래서 거의 불가능해 보인다.

나이 든 사람들 사이에서 나타나는 노인 차별은 정신이 분열을 어떤 방식으로 관리하는지에 대해 밝혀 준다는 점에서 심리학적으로 굉장히 흥미로운 현상이다. 페스팅거의 인지 부조화 이론으로 생각하자면, 자신도 나이가 들었으면서 젊은 사람들처럼 젊은이에 강한 선호를 보인다는 사실을 알았을 때 경험하는 분열을 노인들은 어떻게 받아들일까?

캔자스 대학교 메리 리 허머트Mary Lee Hummert가 수집한 데이터에서 한 가지 가능한 답을 찾을 수 있었다.[16] 반성적 태도를 드러내는 부분 하나와 자동적 태도를 드러내는 부분 두 개(모두 IAT)로 구성된 한 연구에서 허머트는 평균 연령이 22세, 69세, 80세인 세 집단을 관찰했다. 그리 놀랍지 않은 결과겠지만, 사람들에게 몇 살로 느껴지는지를, 반성적으로 말해 달라고 요청하자 가장 어린 집단은 실제 나이에 평균 9년을 더한 반면 나이가 더 많은 나머지 두 집단은 7년을 뺐다. 허머트는 또한 세 집단에게 연령 태도 IAT를 보게 했다. 그랬더니 이미 언급한 결과에서 예상한 대로, 나이 든 두 집단이 꼭 22세 집단처럼 젊은이들에 강한 자동 선호를 나타냈다.

허머트 연구의 세 번째 요소는 젊은이와 노인이라는 연령 범주와 나 사이의 자동 연상을 측정하기 위해 연령 정체성 IAT('늙음/젊음'이라는 개념과 나를 연관 짓는 강도를 측정한다)를 사용했다는 것이다. 예상하지 못했지만 비교적 명백한 결과는, 나이 든 두 집단 모두 '나'와 '늙음'을 동일시하는 수준보다 훨씬 더 큰 폭으로 '나'와 '젊음'을 자동 연관시키는 것으로 나타났다.

나이 든 사람이 "마음은 아직 열여덟이야"라고 말하는 것을 들었을 때 농담으로 하는 소리겠거니 싶었던 사람들이 많을 것이다. 전혀 그렇지 않다. 연령 정체성 IAT가 보여 주는 것은 나이 든 사람들 대다수가 늙은이라는 딱지를 자신에게 붙이는 것을 허용하지 않음으로써 노령을 향한 반성적 태도와 자동적 태도 사이의 부조화를 조화롭게 해결한다는 점이다.

숨은 편향이 작동하기 전에 멈춰 세우는 법

지난 15년 동안 implicit.harvard.edu 웹사이트[17]에는 자동적 정신과 반성적 정신 사이의 괴리를 증명하는 수많은 데이터가 축적됐다. 2013년까지 완료된 1400만 건 넘는 IAT 결과와 매주 사이트를 찾는 2만 명 이상의 신규 방문자 덕분에 인종, 성적 취향, 연령은 물론이고 피부색, 체중, 신장, 장애, 국적 등에 대한 자동적 선호와 반성적 평등주의 사이에는 괴리가 있다는 충분한 증거를 확보했다. 그리고 현재 39개 국가에서 24개 언어로 유사한 테스트를 제공하는 다른 웹사이트를 통해서도 미국인만 반성적 정신 체계와 자동적 정신 체계 사이의 이 같은 단절을 겪는 것은 아님을 알았다. 미국인만 자신들의 숨은 편향을 직시하고 불편한 마음을 갖는 것은 아니다. 이 같은 자기 이해는 고통이 따르기도 하고 슬픔을 수반하기도 한다. 스스로 부여한, 공정과 평등을 옹호하는 사람이라는 이미지가 무너지기 때문이다.

일본 시인 아쿠타가와 류노스케芥川龍之介의 질문으로 알려진 "쓸 만한 우울함을 발견할 수 없다면 지식이 무슨 소용이냐?"는, 괴로운 감정을 불러일으키는 지식은 어떤 쓸모가 있을 때에만 가치가 있다는 것을 의미한다.[18] 심리학에도 이 질문을 응용할 수 있을 것 같다. 우리 자신의 어두운 측면만 밝힌다면 IAT 같은 테스트를 개발하는 것이 무슨 가치가 있단 말인가?

예를 들어 〈사인펠드〉의 제리 사인펠드와 친구인 조지 코스탄자가 IAT를 통해 동성애자를 향한 반성적 태도와 자동적 태도가 부조화를 이루고 있다는 사실을 알았다면 어땠을까? 애니메이션 코미디 〈킹 오브 더 힐 King of the Hill〉의 주인공 행크 힐Hank Hill처럼 제리와 조지도 IAT를 치렀다면 사건이 어떻게 전개되었을까? 행크는 키우던 개 레이디버드가 아프리카계 미국인 수리공을 공격한 뒤 인종 IAT를 치렀고 자신이 무의식적 인종 차별주의자여서 그런 감정이 개에게 그대로 전달되었을 것이라는 얘기를 들었다.[19] 그래서 이제 어떻게 하자는 것인가? IAT는 제리, 조지 또는 행크를 위해 무엇을 할 수 있을까?

우리 생각에 IAT의 주된 용도는 반성적 선호와 자동적 선호 사이의 부조화를 의식적 인식으로 가져오는 것이다. 거기서부터 이 지식을 사용해 자신에 대한 실망감을 떨쳐 버리고, 숨은 편향을 이해할 방법을 찾고, 원한다면 편향이 행동으로 옮겨지기 전에 중화시켜야 한다. 이것은 적어도 어느 정도는 각 개인의 몫이다.

우리는 줄곧 무의식적 정신이 지닌 강한 힘에 초점을 두고 이야기를 전개했지만, 그 힘을 극복할 수 없다는 말을 하려는 것이 아니다. 변화를 모색하는 데, 인간에게만 있는 고유한 특징인 뇌의 반성적이고 의식적인 측면은 필요한 일 이상의 것을 해낼 수 있다. 그 힘은 스스로를 관찰하고 그 관찰을 바탕으로 의식적인 행동을 이끌어 나가는 능력에서 나온다.

정신의 반성적 측면은 현재 상태를 능가하는 미래를 상상할 수 있게 해주고 합의를 통해 의식적으로 선택한 목표와 가치를 달성할 수 있게 해준다. 앎은 곧 힘이다. IAT를 통해 얻은 자기 이해는 정신에 대한 기존의 견해를 동요시킴으로써 그 힘을 행사할 수 있다. 그렇게 되면 IAT를 통해 생겨난 우울함이 실제로는 유용하게 사용될 것이다.

5장

호모 카테고리쿠스의 생존법

고정관념과 마인드버그

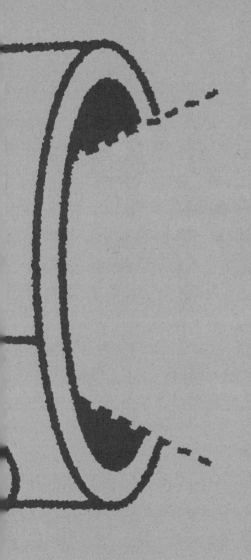

Blindspot : Hidden Biases of Good People

왜 '의사'는 '남성'인가?

아버지와 아들이 교통사고를 당했다. 아버지는 현장에서 즉사하고 아들은 중상을 입은 채 병원으로 실려 갔다. 수술실에서 의사가 소년을 보더니 말한다. "난 수술 못합니다. 이 소년은 내 아들입니다."

어떻게 이런 일이 가능할까?(해답을 알더라도 또는 전혀 감이 잡히지 않더라도 계속 읽어 보라.)

즉각적으로 어리둥절한 반응을 보였다면, 자동적인 연상 작용이 '의사'라는 단어를 읽는 순간 '남성'을 생각하게 만든 것이다. '의사=남성'이라는 연상도 고정관념의 일부다. 위 상황에서는 바로 이 고정관념이 첫 번째 마인드버그로 작용한다. 두 번째 마인드버그는 판단 착오다. 이 경우에는 의사가 소년의 엄마여야 한다는 점을 파악하지 못하거나 늦게 파악했다.

이 어리둥절한 이야기는 마자린이 1985년도부터 빠져 있을 정도로 꽤 오랫동안 이어져 오고 있다. 여성의 평등권과 능력에 대해 강한 믿음을 가지고 있는 사람들에게는 특히 이런 수수께끼에 걸렸다는 것이 유쾌하지 않을 것이다. 페미니스트들은 자신들이 설마 '의사=남성'이라는 연상 관계를 자동으로 떠올릴까 싶겠지만, 대부분의 페미니스트가 실제로 '의사' 하면 곧 '남성'을 연상한다.

페미니스트 얘기를 조금 더 해 보자. 그는 왜 자신의 개인적 시각과 충돌하는 고정관념에 근거해서 사고했을까?(혹시 방금 '페미니스트=여성'이라고 연상하지 않았나?) 1장을 열었던 테이블 윗면 착시로 돌아가 보자. 두 테이블을 보는 즉시 당신은 윗면의 외곽선 모양이 완전히 다르다고 결론 내렸다. 두 테이블 윗면의 모양이 실제로는 동일하다는 얘기를 듣고, 심지어 눈으로 직접 확인했는데도 둘이 다르다는 첫인상을 쉽게 지울 수 없었다. 테이블 착시가 뇌에서 작용하는 방식은 너무 강하다. 마찬가지로 '의사'라는 말을 들었을 때 곧장 '남성'이라고 결론 내리는 것 역시, 여성도 남성처럼 의사가(또는 그 밖의 무엇이든) 될 수 있다고 장시간에 걸쳐 논쟁을 펼 준비가 되어 있는 사람에게조차 극복하기 어려운 정신적 습관이다.

의사 이야기에서 "내 아들입니다"라는 구절을 읽었을 때 느꼈던 의식적인 어리둥절함은 '의사＝남성'이라는 연상이 의식적 인식의 바깥쪽에 숨어 있다가 자동으로 활성화되었다는 좋은 신호다. 그러나 이 시점에서 우리는 이 마인드버그가 일어난 것이 '의사＝남성'이라는 고정관념 때문만은 아님을 고백해야겠다.

앞 이야기에서 남성을 가리키는 단어와 여성을 가리키는 단어의 수를 세어 보면 남성을 가리키는 단어가 월등하게 많다. 남성을 가리키는 단어는 일곱 개지만 여성을 가리키는 단어는 하나도 없다. 남성을 가리키는 단어를 순서대로 나열해 보면, '아버지, 아들, 아버지, 아들, 소년, 소년, 아들'이다. 이처럼 '남성'을 떠올리게 만드는 여러 단어가 '의사＝남성'이라는 연상 작용을 활성화시키는 데 한몫했음이 분명하다. 이것이 사고를 당한 딸의 이야기였고, 일곱 단어 중 다섯 단어가 여성을 가리키는 단어였으며, 마지막 문장이 "난 수술 못합니다. 이 소녀는 내 딸입니다"라고 끝났다면 어떨까? 그랬다면 의사가 어머니라는 사실이 좀 더 빨리 떠올랐을 수도 있다.

이처럼 사용된 단어들이 지닌 추가적인 의미가 남성이라는 자동 추론에 도움이 되는 맥락을 제공했다. 정교하게 그린 테이블 다리가 로저 셰퍼드의 테이블 윗면 착시를 일으키는 자동적 형태 추론에 도움을 준 것과 마찬가지 원리다.

'고정관념stereotype'이라는 단어가 영어에 들어온 것은 1700년대 후반 전체 인쇄 페이지를 하나에 담을 수 있는 연판을 가리키는 말로 사용되면서부터이다. stereotype이 오늘날과 같은 의미를 가지게 된 것은 언론인이자 정치평론가인 월터 리프먼Walter Lippmann 덕분이다. 리프먼은 1922년 '동일한 사본'을 무수히 찍어 낼 수 있는 연판의 특징에 착안해 특정 집단에 속한 모든 구성원이 동일한 특성—대개는 썩 매력적이지 않은 특성—을 가지고 있음을 표현하면서 연판을 '머릿속 사진'이라고 언급했다. 그러면서 머릿속에는 이처럼 특정 집단에 대한 고정된 사진이 있어 그 집단에 속한 누군가를 마주칠 때마다 생각에 영향을 미친다고 말했다.[1]

오늘날의 인쇄 기술에서는 금속 연판을 더 이상 사용하지 않는다. 그러나 그 정신적 의미는 아직도 널리, 끊임없이 사용되고 있다. 특히 나이가 들었다든지, 아시아인이라든지, 여성이라든지 하는 식으로 소속된 집단 외에는 사전 정보가 전혀 없는 낯선 사람을 만나 상대의 특징을 판단할 때 사용된다. 이때 의식적인 사고를 놓치면 그 집단에 대한 고정관념을 그 사람에 대한 인식의 출발점으로 삼게 된다.

대표적인 고정관념 몇 가지를 짚어 보자.

나이 든 사람은 잘 잊어버린다.

한국인은 수줍음이 많다.

아시아인은 수학을 잘한다.

보스턴 운전자는 공격적이다.

여성은 남을 잘 보살핀다.

위 문장들은 각각 특정 집단을 특정한 태도와 연결시키는 연상 작용을 표현한 것이다. '의사＝남성'과 같이 등호를 사용하면 연상 작용의 본질을 쉽게 파악할 수 있다. 위 다섯 가지 고정관념은 '나이 듦＝잘 잊어버림', '한국인＝수줍음', '아시아인＝수학을 잘함', '보스턴 운전자＝공격적임', '여성＝남을 잘 보살핌'과 같이 표현할 수 있다.

거의 모든 고정관념이 어떤 측면에서는 사실이다. 좀 더 쉽게 이해하려면 나이 든 사람, 한국인, 아시아인, 보스턴 운전자, 여성에 관한 위 진술들의 맨 앞에 '일부'라는 단어를 붙여 보자. 예를 들어 "일부 한국인은 수줍음이 많다"라는 데 어떻게 동의하지 않을 수 있겠는가? 또한 모든 고정관념은 적어도 부분적으로는 거짓이다. 고정관념화된 집단에는 늘 고정관념이 적용되지 않는 구성원이 있기 마련이다. "많은 한국인이 외향적이다"라거나 심지어 "많은 페미니스트가 남성이다" 같은 진술에는 대부분의 사람이 동의하지 않을 것이다.

모든 고정관념이 어떤 면에서는 진실이고 어떤 면에서는 거짓이기 때문에 그 정확성을 따진다는 것은 의미 없는 일처럼 보일 수 있다. 그럼에도 불구하고 우리가 말할 수 있는 것은 일부 고정관념은 다른 고정관넘에 비해 더 타당하다는 것이다. 예를 들어 '페미니스트＝여성'이 '보스턴 운전자＝공격적임'보다 더 타당하다는 것은 거의 확실하다. 여기서 던질 수 있는 질문은, 앞의 다섯 가지 고정관념 중에서, 예를 들어 '보스턴에서 운전하는 사람' 같은 소속 집단 외에는 아는 바가 없는 사람을 만났을 때 가이드로 삼아도 될 만큼 충분히 타당한 고정관념이 있느냐는 것이다.

보스턴 운전자들이 실제로 다른 대부분의 도시 운전자들보다 특별히 더 공격적이지 않다면 보스턴 운전자에 대한 고정관념은 타당하지 않은 것으로 판단해야 하고, 이 고정관념을 가이드로 삼는 것은 현명하지 못한 일이 될 것이다. 그런데 이 고정관념이 어느 정도 타당성이 있을 수도 있다. 보스턴 운전자가 다른 미국 도시의 운전자에 비해 사고율이 더 높고, 더 높은 보험료를 낸다는 점을 확인할 수 있다면, 더 공격적임을 입증할 수도 있을 것이다.

그렇다면 고정관념을 사용하는 것이 현명한 일일까? 어려운 질문이다. 지금은 이 질문을 잠시 접어 두고 고정관념에 대해 조금 더 살펴보겠다.

고정관념은 부정적 이미지를 강화시킨다

고정관념에 대한 최초의 영향력 있는 과학적 연구는 1933년 프린스턴 대학교 심리학자 대니얼 카츠^{Daniel Katz}와 케네스 브랠리^{Kenneth Braly}에 의해 발표되었다. 이들은 프린스턴 대학교 학생 백 명이 열 개의 집단 각각에 대해 갖고 있는 '머릿속 사진'을 설명하고자 했다.

우선 학생들에게 사람들의 특징을 묘사할 때 자주 사용되는 84개의 단어를 제시했다. 아래 단어들은 그중 일부로서, 학생들이 독일인을 가장 잘 설명한다고 선택한 다섯 가지 단어가 모두 포함되어 있다. 간단한 문제를 하나 내겠다. 아래 단어에서 프린스턴 대학교 학생들이 1930년경 독일인을 가장 잘 설명한다고 판단한 다섯 가지 단어 중 두 개를 맞혀 보라. 두 단어를 마음속으로 정했다면 128쪽으로 넘어가 프린스턴 대학교 학생들이 가장 많이 선택한 다섯 단어를 확인해 보자.

공격적임	정정당당함	진보적임
지적임	거만함	수다스러움
음악적임	신체가 불결함	효율적임
양심을 품음	근면함	가정에 충실함
야망이 큼	보수적임	다투기 좋아함
정직함	무신경함	신뢰할 수 없음
깔끔함	유쾌함	사교적임
과학적으로 사고함	실용적임	체계적임
예술적임	미신을 믿음	말을 아낌
충동적임	관례를 존중함	재치가 넘침
집요함	게으름	

괄호 안의 숫자는 독일인을 설명하는 단어로 해당 단어를 선택한 학생들의 비율이다. 당신이 선택한 두 개의 단어가 다섯 개 중에 포함되어 있다면 1930년대 미국인이 독일인에게 가지고 있던 고정관념의 내용을 추

론할 만큼 심리적으로나 역사적으로 날카로운 시각을 가지고 있다는 의미일 수 있다. 또는 당신이 지금 가지고 있는 독일인에 대한 고정관념이 1930년대 프린스턴 대학교 학생들이 가지고 있던 고정관념과 유사하다는 의미일 수도 있다.

실제로 하나 정도는 해당될 것이다. 우리는 의도적으로 1933년의 연구와 2001년에 발표된 동일한 연구 사이에 변화가 거의 없었던 고정관념을 선택했다. 1933년 독일인의 특징 중 상위 세 개 항목은 2001년 상위 세 개 항목과 동일했다. 2001년 상위 세 개 항목도 '과학적으로 사고함, 근면함, 무신경함'이었다.

그런데 다음과 같은 측면에서 독일인에 대한 고정관념은 매우 이례적이었다. 1933년 연구에 포함되었던 다른 아홉 개 집단(이탈리아인, 흑인, 아일랜드인, 영국인, 유대인, 미국인, 중국인, 일본인, 터키인)의 경우, 시간이 흐르면서 큰 변화가 있었다. 대표적인 예로 터키인을 보면, 1933년 터키인을 가장 잘 설명하는 다섯 가지 특징으로 판단되었던 항목은 '잔인함, 굉장히 종교적임, 기만적임, 관능적임, 무식함' 순이었지만 2001년에는 이 다섯 가지 특징 중 '굉장히 종교적임'이라는 특징 하나만 포함되었다. 2001년 상위 다섯 개 항목은 '굉장히 종교적임, 극도로 국수주의적임, 전통을 사랑함, 성격이 급함, 공격적임'이었다. 2001년의 결과가 오늘날 터키를 동경하는 미국의 분위기를 있는 그대로 보여 준다고 하기에는 한참 부족하지만, 악질적인 특징 세 가지(잔인함, 기만적임, 무식함)가 사라졌다는 것은 오늘날 미국인이 터키인에 대해 가지고 있는 고정관념이 1930년대의 고정관념에 비해 상당히 덜 부정적임을 시사한다.[2]

프린스턴 대학교 학생들이 가장 많이 선택한 단어

과학적으로 사고함(78%)

근면함(65%)

무신경함(44%)

지적임(32%)

체계적임(31%)

분명 고정관념은 진화할 수 있고, 가끔은 사회적·문화적 상황의 변화에 쉽게 영향을 받으며 진화한다. 1933년 아프리카계 미국인에 대한 고정관념에는 '육상에 강함'이라는 특징이 포함되어 있지 않았지만, 오늘날의 연구에서는 분명 두드러진 특징으로 나타날 것이며, 이것은 20세기 초만 해도 대부분의 아프리카계 미국인에게 닫혀 있던 직업과 사회 활동에 참여할 수 있게 된 사회적 변화를 반영한 것이라고 봐도 될 것이다.

마찬가지로 '과학적임'과 '기술적임'이라는 특징은 1930년대 중국인 고정관념에서는 찾아볼 수 없는 것들이었지만, 오늘날의 연구에서는 분명 확인할 수 있을 것이다. 터키인에 대한 고정관념의 경우와 마찬가지로, 이러한 변화는 긍정적인 방향의 변화다. 하지만 이것이 모든 고정관념이 상승 곡선을 그린다는 뜻은 아니다.

다른 사람들이 가장 두드러진 다섯 가지 특징으로 '매력적임, 관대함, 정직함, 지적임, 신뢰할 만함'을 꼽는 집단에 소속되어 있다고 생각해 보자. 이런 집단의 고정관념이 자신에게도 적용된다면 기분 좋지 않겠는가? 그러나 이 정도로 긍정적인 고정관념은 없다.

긍정적 고정관념과 부정적 고정관념 사이의 균형을 가늠해 보기 위해, 우리는 1933년 프린스턴 대학교 연구에서 설명한 열 가지 국가 고정관념을 살펴보았다. 그중 두 집단(터키인과 아프리카계 미국인)은 그 특징으로 가장 자주 언급되는 열 가지 중 절반 이상이 부정적이었다. 또 다른 세 집단(이탈리아인, 아일랜드인, 중국인)의 경우, 상위 열 개 가운데 세 개가 확실하게 부정적인 특징이었다.

집단의 열 가지 특징 중 세 가지 '만' 부정적이라는 것은 그다지 나쁘지 않다고 생각할 수도 있겠다. 어쨌거나 열 가지 중 나머지 일곱 가지는 중립적이거나 우호적이라는 뜻이니 말이다. 그러나 조금만 생각해 보면 30퍼센트가 부정적인 특징으로 이루어진 고정관념은 좋은 것하고는 아주 거리가 멀다는 것을 알 수 있다.

당신의 친구들을 떠올려 보자. 앞에 나온 서른두 가지 특징 중 확실하게 부정적인 일곱 가지를 가졌다고 말할 수 있는 친구가 몇 명이나 되는가? 이 일곱 가지 특징은 '거만함, 신체가 불결함, 게으름, 다투기 좋아함, 앙심을 품음, 미신을 믿음, 신뢰할 수 없음'이다. 아마도 이 일곱 가지 특징 가운데 한두 가지에 해당하는 친구가 몇 명은 있을 것이다. 그런데 이 가운데 하나라도 당신의 모든 친구에게 적용되는 특징이라고 말할 수 있다면, 새로운 친구를 찾아보는 게 좋을 것이다.

그렇다. 한결같이 긍정적일 수 있는 고정관념은 극히 드물다. 우리보다는 훨씬 더 지적인 사람(실제로 남성인 사람)으로 인식되는 로켓 과학자의 고정관념처럼 말이다. 그러나 대다수의 고정관념에는 좋아하거나 존경하는 누구에게도 적용하지 않을 특징들이 최소한 몇 가지 포함되어 있다.

2001년 연구를 보면, 미국인이 같은 미국인에 대해 가지고 있는 대부분의 긍정적인 고정관념에도 일부 부정적인 특징이 포함되어 있었다. 2001년 연구에서 미국인의 특징으로 가장 많이 뽑힌 두 가지는 '개인주의적'이라는 것과 '물질주의적'이라는 보통 수준의 부정적인 특징이었다. 우리의 결론은 집단에 대한 고정관념은 일반적으로 친구들에게 적용할 만한 특징보다는 훨씬 더 부정적인 특징들로 구성된다는 것이다.

호모 카테고리쿠스의 생존법

고든 올포트Gordon Allport가 1954년에 펴낸 《편견의 본질The Nature of Prejudice》은 오늘날 고정관념을 과학적으로 이해하는 출발점으로 인정받고 있다. 올포트는 여기서 "인간의 정신은 범주의 도움을 받아 생각해야 한다 … 일단 형성된 범주는 일반적인 예단의 근거가 된다. 우리는 이 과정을 결코 피할 수 없다. 이 과정이 바탕이 되어야 질서 있는 삶이 가능하다"라고 말했다.[3]

'호모 카테고리쿠스Homo categoricus'라는 용어는 정신적 범주가 중요하다는 올포트의 시각이 지닌 과학적 영향을 인정한 것이라고 볼 수 있다. 범주란 친족으로 보는 게 편리할 정도로 공통점이 많은 사물들의 집합을 가리킨다. 범주 구성원 간에 긴밀한 유사성이 있어야 하는 것은 아니다. '차'라는 범주에는 장난감 차, 케이블 카, 열차처럼 비교적 차이가 큰 것도 포함된다. 그러나 범주의 사용은 행동에 강력한 영향을 미친다.

'차'라는 범주에 포함된 하위 범주들이 관련된 상황을 보면 쉽게 이해할 수 있을 것이다.

예를 들어 당신이 고속도로에서 차를 운전하고 있는데 바로 앞에서 고속으로 주행하는 다른 차와 빠르게 가까워지고 있다고 하자. 과속 중인 이 차량을 '스포츠카'가 아닌 '경찰차'라는 범주에 넣을 경우, 당신의 속도는 급격히 달라질 것이다. 이런 예도 생각해 볼 수 있다. 눈으로는 구분이 안 되는 백색 가루를 '소금'이라는 범주에 넣을 때와 '설탕'이라는 범주에 넣을 때의 행동 또한 매우 달라질 것이다.

우리가 사람들에게 사용하는 범주 또한 매우 명확한 방식으로 행동에 영향을 미친다. 예를 들면 다음과 같다.

- 물건을 사러 백화점에 가서 '점원'이라는 범주에 들어가는 생판 모르는 낯선 사람에게 신용 카드를 기꺼이 내민다. 낯선 사람이긴 하지만 점원의 범주에 일반적으로 포함되는 구성원이라고, 다시 말해 당신의 계좌 정보를 몰래 빼내 신용 절도범에게 판매하지 않을 사람이라고 믿는 것이다.
- 병원에 들어가서는 '환자'(또 다른 범주)라는 역할을 고분고분 수행한다. 병원 직원을 한 번도 본 적이 없지만 '의사'나 '간호사'의 범주에 든다고 판단할 만한 옷차림을 한 사람들의 지시를 별 의심 없이 따른다. 그렇게 범주화한 뒤에야 목숨을 믿고 맡긴다. 그들 앞에서 벌거벗어야 하는 상황도 마다하지 않는다.
- 고속도로에서 차를 운전할 때는 적절한 차선을 유지하며 교통신

호를 준수한다. 그리고 정지 신호에는 (거의 항상) 정지한다. 스스로를 '운전자'의 범주에 넣고 그렇게 행동하며 운전자의 범주에 들어가는 다른 이들도 마찬가지로 운전자라는 범주의 구성원답게 행동하리라 믿어 의심치 않는다.

선택 가능한 다른 길을 생각해 보자. 당신은 모든 점원의 전과 기록 확인을 요청할 수도 있다. 방문한 병원의 모든 의료진에 대해 졸업장과 면허증 확인을 요구할 수도 있다. 또한 다른 차량의 바퀴에 깔릴까 봐 두려워서 운전이라는 모험을 아예 거부할 수도 있다.

그러나 이 정도까지 신중하게 행동한다면 정작 당신이 편집증 환자나 광장 공포증 환자(이 또한 두 개의 새로운 범주다)로 분류되어, 결과적으로 다른 사람을 해당 범주의 좋은 구성원으로 믿음으로써 감수하는 불편함보다 훨씬 더 큰 불편함을 감수하게 될지도 모른다.

물론 신용 정보 절도에 가담한 점원의 이야기나 의사를 사칭하는 사기꾼의 이야기, 음주 운전, 운전 미숙, 졸음운전 등으로 인한 사건 뉴스가 심심찮게 들린다. 그러나 대부분의 사람들이 이러한 가능성이 존재한다는 것을 알고도 쇼핑을 그만두거나, 병원에 가지 않거나, 운전을 포기하지 않는다는 것은 참으로 놀라운 일이다.

범주는 굉장히 편리할 뿐 아니라 삶의 다양한 업무를 수행하는 데도 매우 중요하다.

올포트의 표현대로 "질서 있는 삶"이 어떤 식으로 범주의 사용에 좌우되는지 보여 주기 위해 지금부터 정신이 범주의 도움으로 부리는 수많은 재주 가운데 네 가지를 설명하겠다. 우리는 그러한 재주를 부리면서도 별다른 노력이 필요하지 않아 그 정신적 기교를 전혀 인식하지 못한다.

다차원 정보를 한 번에 인식한다

아래에 나열된 열세 단어가 이해되는가?

> 전륜 구동에 4기통 엔진 및 오토 트랜스미션이 장착된 1991형 스바루 레거시 4도어 세단

아마도 단어들을 읽는 즉시 의미를 이해했을 것이다. 그렇다면 '오토 트랜스미션이 장착된 세단' 대신 '표준 트랜스미션이 장착된 스테이션왜건'이라는 단어가 있었다면 이 단어들이 또 다른 대상을 가리킨다는 사실을 알았겠는가? 두 질문에 모두 그렇다고 대답할 수 있다면 자동차에 대한 7차원적 범주 구조를 소유한 사람이라고 자신 있게 말해도 되겠다. 7차원이란 표 5-1에 나와 있는 7개 열을 가리킨다.

열세 단어로 된 스바루에 대한 설명은 이 표의 일곱 열에 나열된 특징을 하나로 연결해 만들 수 있는 수천 가지 자동차 범주 가운데 하나다. 수많은 가짓수의 자동차 범주를 머릿속에서 그림으로 떠올릴 수 있다는 것은 첫 번째 재주의 두 가지 중요한 특징 가운데 하나다. 두 번째 능력은 정신이 이 7차원적 구조를 쉽게 자동으로 사용한다는 것이다.

자동차에 익숙하지 않은 사람도 있기 때문에 모두가 1991년형 스바루

표 5-1. 7차원적 자동차 범주 생성

모델	연식	차체 형식	엔진 크기	전원	트랜스미션	구동 방식
포드 타우루스	1990	해치백	4기통	디젤	수동 4단	전륜구동
캐딜락 스빌	1991	스테이션왜건	6기통	전기	수동 5단	후륜구동
폴크스바겐 제타	1992	컨버터블	8기통	하이브리드	자동	4륜구동
…	…	SUV		휘발유		
스바루 레거시	2007	픽업				
아우디 터보	2008	2도어 세단				
도요다 캠리	2009	4도어 세단				
메르세데스 550SL	2010	밴				

를 설명하는 열세 단어를 빠르게 해독할 수 있는 것은 아니다. 스바루 예가 별로 효과 없었다면 잠시만 기다려라. 두 번째 재주가 범주화하는 훨씬 더 많은 집단을 보면 요점을 확실하게 파악할 수 있을 것이다.

범주가 범주를 낳는다

표 5-2는 6개 열의 용어들을 하나로 연결해 여러 가지 사람 범주를 생성하는 6차원적 구조의 일부만 표시한 것이다. 이 여섯 가지 단어들로 식별되는 범주 가운데 일부는 비교적 많은 수의 사람들을 포함한다.

예를 들어 디트로이트 공장 근로자인 중년의 기독교도 백인 남성은 얼마든지 있을 수 있다. 그와 동시에 디트로이트에 살고 있지 않다면 그런 사람을 한 번도 만나 보지 못했을 가능성도 충분히 있다. 그럼에도 불구

표 5-2. 6차원적 사람 범주 생성

인종	종교	연령	국적/지역	성별/성적취향	직업
백인	기독교	청년	프랑스	남성	교수
아시아인	이슬람교	중년	디트로이트	여성	주부
흑인	유대교	60대	호주	게이	승무원
히스패닉계	조로아스터교	노년	미국	레즈비언	공장 근로자

하고 이 여섯 단어를 읽는 순간 또는 듣는 순간 그러한 공장 근로자를 머릿속에서 즉각적으로 인식하는 데 어려움을 겪는 미국인은 거의 없을 것이다. 뉴스 매체에서(공장 폐쇄나 파업 등에 관해), 소설에서, 친구를 통해 디트로이트 공장 근로자에 대해 보거나 듣거나 읽은 적이 있기 때문에 그 같은 사람들의 이미지를 즉시 떠올릴 수 있다고 생각할 수 있다.

그러나 실제로 표 5-2의 여섯 가지 차원을 이용하는 능력을 간단히 설명할 수는 없다. 우리의 범주 형성 능력은 여섯 가지 차원을 전혀 생소한 방식으로 조합해서 만든 사람조차 즉각적으로 떠올릴 만큼 굉장히 뛰어나다.

예를 들어 60대의 흑인 프랑스인 유대교도 레즈비언 교수에 대해 생각해 보라. 이 책을 읽는 대부분의 독자는 이 여섯 단어 중 네 가지만으로 만든 설명에 해당하는 사람도 찾기가 쉽지 않을 것이다(한번 찾아보라). 하지만 그렇다고 해서 그런 사람을 상상할 수 없는 것은 아니다. 지금까지 만나 본 그 누구와도 닮지 않은, 60대의 흑인 프랑스인 유대교도 레즈비언 교수도 얼마든지 머릿속에서 그릴 수 있을 것이다.

표 5-2에 나와 있는 네 가지 성별/성적 취향과 함께 다섯 가지 인종 집단(표의 네 가지에 북미 원주민도 더하자), 50여 개 국적/지역, 10여 가지 종교, 8개 연령 집단, 50여 개 직업을 인정하는 사람들이라면, 표 5-2를 가지고 만들 수 있는 사람 범주는 무려 400만 개에 달할 것이다. 여섯 가지 단어를 사용해 특정 범주의 사람을 그려 내는 속도를 보면, 그 범주가 크든 작든 범주를 만들고 사용하는 뇌가 얼마나 민첩한지 확인할 수 있다.

한정된 정보로도 전체를 읽는다[4)]

어떤 사람이 미국인임을 알게 될 때, 그러니까 "우리 영어 교수는 미국인이다"라거나, "미국인 승객 하나가 심문을 받기 위해 억류되었다"라거나, "미국인 복권 당첨자는 익명으로 남았다"라는 등의 정보를 알게 되었을 때, 뇌는 이것을 어떻게 처리할까? 다음 단락을 읽기 전에 이 세 미국인 중 하나의 이미지를 떠올려 보기 바란다. 예를 들어 익명의 미국인 복권 당첨자를 그려 보자. 당첨금 수령을 위해 전화를 거는 당첨자의 모습을 상상해 보자.

상상한 모습에는 미국인이라는 점 외에 어떤 특징이 더해졌는가? 아마도 백인 성인 남성일 가능성이 가장 높지 않을까 싶다. 상상 속 미국인에 실제로 이 세 가지 특징이 더해졌다면 아마도 그러한 특징을 의식적으로 부가하려고 하지 않았는데 저절로 만들어졌을 것이다. 남성 또는 여성이라는 성별을 부여하지 않고는 머릿속에서 사람의 모습을 형성할 수 없다. 인종이나 연령도 마찬가지다. 그 말은, 이론적으로는 히스패닉계 미국인

10대 소녀가 당첨금을 수령하기 위해 전화를 거는 모습을 상상할 수도 있었다는 얘기다.

그러나 머릿속에서는 백인 성인 남성의 모습을 생성했을 가능성이 훨씬 더 크다. 당신이 추가한 특징은 일반적인 미국인의 인종, 성별, 연령에 대해 설정된 당신만의 기본 값으로 생각할 수 있다. 그렇다면 왜 하필 백인, 남성, 성인이 미국인의 기본적인 특징이 되었을까? 아마도 그것은 이 세 가지가 신문과 라디오, 텔레비전, 대화에서 가장 자주 보고, 듣고, 읽는 미국인의 특징이기 때문일 것이다. 그것이 매일같이 만나고 가장 자주 대화를 나누는 미국인의 특징인지 여부는 관계가 없다.

이러한 정신적 사진을 형성하는 데 기본적인 특징을 사용해 살을 붙이고 주어진 기본 정보를 훨씬 넘어서는 정보를 추가한다는 생각에 조금이라도 의심이 든다면 이런 식으로 생각해 보라. 우리가 추가하는 기본 속성들은 너무나 당연하게 여겨지고 굉장히 자동적이므로, 우리는 왜 그러는지에 대해 생각하지도 않은 채 기본 속성이 적용되지 않는 상황에서 '다른' 속성들을 지정해야 할 때는 대개 신중을 기한다. 이런 식으로 백인 미국인을 가리킬 때 우리는 단순히 '미국인'이라고 말하는 것이다. 그러나 다른 종류의 미국인에 대해 이야기하고 있다면 "아시아계 미국인"이라든지 "아프리카계 미국인"이라는 식으로 말할 것이다. 마찬가지로 '택시 운전사'를 가리킬 때는 남성 택시 운전사를 의미할 것이 거의 확실하다. 그렇지 않다면 아마 "여성 택시 운전사"라고 말할 것이다.

이제 앞에서 1933년 프린스턴 대학교 고정관념 연구에 대한 이야기를 듣고 의아했던 이유를 이해할 수 있을 것이다. 이 연구에서 학생들은 미국인, 독일인, 중국인, 이탈리아인과 같은 하나의 단어로 식별되는 국적 또는 인종 범주의 일반적인 특징을 설명해야 했다. 확신하건대, 프린스턴 대학교 학생들은 별다른 고민 없이 미국인의 일반적인 특징을 고르는 상황에서는 백인 성인 남성 미국인의 특징을 설명해야 한다고 생각했을 것이다. 학생들이 미국인의 특징으로 가장 많이 꼽은 '물질주의적임'과 '야망이 큼'은 미국인 여성이나 미국인 어린이를 설명하는 특징을 선택하는 상황에서라면 선택하지 않았을 것이다.[5]

스스로 범주화한다

사람들은 대부분 스스로가 속하는 범주에 대해 활발하게 신호를 보낸다. 그렇기 때문에 첫 만남에서 이러한 신호를 읽고 그 사람의 직업을 파악하기도 한다. 우리는 서비스 센터에 있는 작업복을 입은 사람이 고객이 아니고 기술자임을 안다. 병원에서는 흰 가운을 입은 사람이 환자가 아니고 간호사나 의사임을 안다. 복장을 사용해 직업을 드러내는 것은 일상에서 다른 사람들이 나를 적절한 범주로 넣을 수 있도록 도와주는 많은 방법 가운데 하나다.

이러한 협력적 범주화 전략 중에서 아마도 가장 흔하고 논란의 여지는 있지만 가장 중요한 것은 다른 사람이 나를 남성 또는 여성으로 바르게 범주화할 수 있도록 돕는 전략일 것이다. '사람을 남성, 여성으로 분류하는 데 도움이 필요한 사람도 있나?'라는 생각이 들면서 이 진술이 잘 납득되지 않는다면, 이것은 사람들이 얼마나 생각 없이, 일상적으로 이러한 도움을 주는지를 잘 보여 주는 것이다.

타고난 체형과 안면의 특징을 보면 남성과 여성을 쉽게 구분할 수 있지만, 그럼에도 불구하고 우리는 이 과정에서 도움이 될 만한 다양한 요소를 추가로 활용한다. 여성은 일반적으로 남성보다 머리카락이 길다. 대부분의 남성과 여성은 체형 차이를 드러내는, 성별에 정형화된 옷을 입는다. 많은 사람이 남성성 또는 여성성을 강조하기 위해 다양한 스타일의 칼라와 소매, 벨트, 신발을 착용한다. 여기에 화장품, 매니큐어, 장신구, 동작이 더해지면 남성 또는 여성임을 광고—어쩌면 '과시'라는 단어가 더 어울릴지도 모르겠다—하는 표시들이 훨씬 더 늘어난다. 경제적 측면에서, 미국에서 서로를 남성 또는 여성으로 범주화하는 작업을 쉽게 만들어 주는 의복과 화장품, 기타 액세서리에 소비되는 돈이 얼마인지 계산하는 일은 흥미로운 작업이 될 수 있다.

인종도 대개는 별 도움 없이 비교적 빠르게 식별할 수 있는 특징이지만, 사람들은 이 또한 헤어스타일, 복장, 언어, 제스처, 기타 표시들을 통해 좀 더 쉽게 식별할 수 있도록 돕는다.

물론 이러한 표시는 다른 집단에서도 선택할 수 있다. 교외에 거주하는 백인 10대들이 특정한 인상을 풍기기 위해 '빈민가' 사람처럼 입고 다니는 현상을 보라. 이를 통해 우리는 협력적 범주화 현상이 소속 범주를 '잘못' 나타내기 위한 명시적 목적에 따라 변형된 비협력적 범주화를 수반한다는 것을 알 수 있다.

가장 흔한 형태의 비협력적 범주화로, 많은 사람이 실제로 자신이 속한 연령 집단보다 더 젊은 연령 집단에 속한 것처럼 보이기 위해 노력한다는 점을 들 수 있다. 나이 든 사람들의 주름을 없애고, 늘어지는 피부에 탄력을 주고, 잿빛으로 변해 가는 머리카락을 물들이고, 빠지는 머리카락을 붙잡을 수 있는 화장품, 염색약, 성형 시술, 의약품 등을 공급하는 시장은 실제로 엄청난 돈을 벌고 있다. 느리고, 잘 잊어버리고, 청력이 약하고, 허약하다는 등 나이 든 사람들에 대한 고정관념과 관련된 특징들을 고려할 때, 나이 든 사람들이 좀 더 젊은 집단에 속하는 것처럼 보이고 싶어 하는 이유는 충분히 이해할 만하다.

연령보다는 덜하지만 특정 상황에서 비협력적 범주화의 대상이 되는 것으로 종교와 민족을 들 수 있다. 잘 알려진 전략은 비노나 호로비츠^{Winona Horowitz}, 이수르 뎀스키^{Issur Demsky}, 안나 마리아 루이자 이탈리아노^{Anna Maria Louisa Italiano}, 야코프 코헨^{Jacob Cohen}처럼 민족이 드러나는 이름을 위노나 라이더^{Winona Ryder}, 커크 더글러스^{Kirk Douglas}, 앤 뱅크로프트^{Anne Bancroft}, 로드니 데인저필드^{Rodney Dangerfield}(이러한 이름들이 훨씬 더 잘 알려져 있다)처럼 민족이 드러나지 않는 이름으로 바꾸는 것이다.

최근에 드러난 다양한 비협력적 범주화의 문화적 발명은 입사 지원 시 아프리카계 미국인이 제출한 이력서를 '하얗게' 만드는 것이다. 아프리카계 미국인으로 구성된 조직에서 일한 경험을 언급하지 않거나, 전통적으로 흑인이 많은 대학의 이름을 바꾸거나 생략하는 것이 여기에 포함된다.

비협력적 범주화에 가담하는 것이 비교적 쉬운 일임에도 불구하고, 낙인찍힌 민족, 인종 또는 성적 취향 범주에 속하는 많은 구성원들은 자신들의 범주를 잘못 드러내는 일을 거부할 뿐 아니라, 오히려 그 반대로 행동하는 쪽을 선택해 다른 사람들이 자신들을 낙인찍힌 범주에 쉽게 넣을 수 있게 만든다. 이것은 그러한 정체성을 드러낼 때의 장점이 단점을 능가할 수 있음을 시사한다.

예를 들어 게이와 레즈비언을 생각해 보자. 오늘날의 미국 사회에서 이들은 여전히 많은 상황에서 오명을 쓰고 불리한 입장에 놓이지만 많은 이들이 좁게는 같은 범주에 속하는 다른 구성원에게, 넓게는 세상 사람들에게 자신들의 성적 취향을 알리기로 결심했다. 그럼으로써 멀리서도 서로의 성적 취향을 판단할 수 있도록 도움을 주어 게이들이 서로를 훨씬 더쉽게 파악할 수 있도록 하는 것이다. 그 신호가 비밀 악수 같은 것이 아니라면(게이가 아닌 사람도 그렇게 할 수 있으므로), 서로가 당혹스러울 수 있는 상황을 피하는 데 도움이 된다.

네 가지 재주 가운데 협력적 범주화는 일상적인 고정관념의 작용을 보여 주는 유일한 재주라는 점에서 다른 재주들과 뚜렷이 구분된다. 협력적 범주화가 작동하기 시작하면 고정관념은 흥미롭게도 일반적으로 기대되는 방식과 정반대로 작용한다. 어떤 사람의 범주(예를 들어, 여성)를 알고 고정관념적 특징(예를 들어, 긴 머리)을 기대하는 것이 아니라 긴 머리를 보고 그 사람이 여성임을 추론한다.

협력적 범주화의 또 다른 모순점은 고정관념화된 특징(예를 들어, 남성 교수의 파이프 담배와 팔꿈치를 덧댄 재킷)을 의도적으로 표시하는 것이 관찰자에게 인식되는 고정관념의 타당성을 더욱 강화시키는 원치 않는 결과를 불러올 수 있다는 점이다.

이 장의 나머지 부분에서는 첫 번째, 두 번째, 세 번째 재주의 정신적 기교를 사용해 일상에서 고정관념이 기능하는 방식을 좀 더 자세히 들여다

보겠다. 고정관념에 대한 기존의 과학적 이해에 익숙한 사람들은 분명 놀랄 결론에 도달할 것이다.

고정관념의 명암

대다수의 사람들은 "오리는 알을 낳는다"라는 진술이 꽤 타당하다고 생각한다. 그러나 전 세계 오리의 상당수에 "오리는 알을 낳는다"라는 진술이 적용되지 않는다. 한 가지도 아닌 두 가지 이유 때문이다. 첫째, 부화 과정에서 살아남는 암컷 새끼가 수컷 새끼보다 적기 때문에 세계 오리의 절반 이상이 알을 낳지 않는 수컷이다.[6] 둘째, 암컷 오리 중 대다수는 너무 어려서 알을 낳지 못한다. 따라서 알을 낳는 오리가 굉장히 소수라는 데는 의심의 여지가 없다. 우리가 예상하는 당신의 반응은 이렇다. " '오리는 알을 낳는다'라는 진술이 타당하다는 데 동의할 때도 '일부' 오리가 알을 낳지 '모든' 오리가 알을 낳는 것은 아니라는 것쯤은 알고 있었어."

충분히 일리가 있다. 그렇다면 이 진술이 "개는 옷을 입는다"였다고 가정해 보자. '일부' 개에게는 확실히 맞는 말이다. 그렇다면 이 진술도 타당한 진술로 분류했을까? 그렇지 않았을 것이다. 우리가 이해하기에 "오리는 알을 낳는다"가 "개는 옷을 입는다"보다 더 타당해 보이는 이유는 대부분의 사람이 '오리＝알을 낳는 동물'이라는 강한 연상 작용을 일으키기 때문이다. 맨 레이Man Ray, 페이 레이Fay Ray와 그 개들의 후계자들을 찍은 윌리엄 웨그먼William Wegman(1943~ , 자신의 애완견들을 의인화한 재치 있는 작품들로 잘 알려진 미국의 사진작가—옮긴이)의 사진에 큰 영향을 받은 사람이 아니라면 '개＝옷을 입는 동물'이라는 연상을 하진 않을 것이다.

"오리는 알을 낳는다"라는 예는 고정관념이 사고에 어떻게 영향을 미치는지에 관한 단서를 제시한다. 근처 호수에서 수영하는 오리가 알을 낳을 수 있다고 잘못 추정할 수 있는 것과 마찬가지로, 방금 만난 나이 든 사람이 기억력이 좋지 않다고 아무 근거 없이 추정할 수 있는 것이다. '나이 듦＝잘 잊어버림' 고정관념은 젊은 사람보다 기억력이 좋지 않은 나이 든 사람이 더 많을 때만 타당하다. 그럼에도 불구하고 이고정관념은 우리보다 훨씬 더 기억력이 좋은 나이 든 사람을 포함한 '모든' 나이 든 사람에 대한 반응에 영향을 미칠 수 있다.[7]

고정관념에 기대어 생각하는 경향을 보여 주는 또 다른 예가 있다. 아래 왼쪽에 적힌 다섯 가지 특징이 오른쪽에 적힌 두 집단 중 첫 번째 집단을 더 잘 설명한다고 보는가, 아니면 두 번째 집단을 더 잘 설명한다고 보는가?

특징	집단
리더십	여성보다 남성?
음악적 능력	미국 원주민보다 아프리카계 미국인?
법적 전문 지식	기독교인보다 유대인?
수학 능력	백인보다 아시아인?
범죄 관련성	독일인보다 이탈리아인?

위 다섯 가지 중 하나라도 그렇다고 대답했다면 고정관념을 가지고 있는 것이며, 이 고정관념은 다른 많은 사람들 역시 가지고 있는 것이다. 이러한 고정관념을 가지고 있다고 해서 반드시 개인들에 대한 판단을 내릴 때 고정관념을 사용하거나 고정관념을 근거로 중요한 결정을 내릴 것이라고 말할 수는 없다.

예를 들어 기업의 관리자가 '리더＝남성'이라는 고정관념이 일반적으로 타당하다고 믿으면서도 여전히 탁월한 잠재적 리더십을 보여 준 특정 여성이 임원 자리에 오를 만한 후보라고 인정할 수 있다. 또한 이 여성이 넘어야 할 산은 같은 자리를 놓고 경쟁하는 남성들에 비해 더 높을 수도 있다. 마찬가지로 '수학＝남성'이라는 고정관념을 가진 교사가 수학에 재능을 보이는 여학생에게 수학 공부를 계속하라고 격려할 수도 있다. 그러나 같은 교사가 다른 많은 여학생의 수학 능력을 과소평가하면서 남학생들의 잠재력을 더 쉽게 인정해 주고 남학생들에게 더 많은 관심과 보충 학습 기회를 줄 수도 있다.

고정관념의 유용성

우리는 "인간의 정신은 범주의 도움을 받아 생각해야 한다"라는 고든 올포트의 지적과 범주를 사용하지 않고는 질서 있는 삶이 불가능하다는 말을 인정하지만, 범주를 만들고 사용하는 행동의 궁극적인 결과에 대해서도 궁금하지 않을 수 없다. 왜냐하면 올포트도 말했듯이 "일단 형성된 범주는 일반적인 예단의 근거"가 되기 때문이다. 이를 달리 말하면 뇌가 너무 쉽게 형성하는 범주는 고정관념을 불러일으킨다는 것이다. 그렇게 특정 범주를 예단한 특정 속성과 연결시킨다. 아프리카인은 리듬감이 뛰어나고, 아시아인은 수학을 잘하며, 여성은 운전이 미숙하다는 식으로 말이다.

사실 사회적 범주에 따라 고정관념을 형성하는 것은 인간의 보편적 특징이라고 인정해도 될 만큼 널리 행해지고 있다. 이 장의 제목으로 사용한 '호모 카테고리쿠스'라는 용어만 봐도 그렇다. 과학자들은 적응성 또는 유용성이라는 개념의 관점에서 보편적 특징들을 이해한다. 보편적 특징이란 곧 적응할 수 있는 특징이나 곧 적응할 수 있는 다른 특징의 원치 않은 부산물, 또는 이전에는 적응할 수 있었지만 더 이상 적응할 수 없는 특징의 귀찮은 흔적이라고 보는 것이 일반적이다.

고정관념이 만연한 현상에 대한 가장 지배적인 설명은 '원치 않은 부산물'이라는 것이다. 다시 말해 고정관념은 범주의 관점에서 세상을 달리 인식하는 데 굉장히 유용했을 수도 있는 원치 않은 부산물이라는 의미이다. 많은 사회심리학자들이 이 설명을 타당하다고 여기며 우리도 이 의견에 동의한다.

'곧 적응할 수 있는 특징'이라는 이론도 있다. 이 이론은 고정관념이 자신의 집단을 다른 집단에 비해 우수하다고 여기게 해 주기 때문에 유용한 자부심을 고취시킨다고 가정한다. 다른 많은 집단에 대해 비우호적인 고정관념을 가지고 있다면 이러한 작용이 비교적 쉽게 일어난다. 그러나

이 이론은 인간의 자부심을 고취시킬 방법이 그 외에도 너무 많다는 점, 그리고 사회적 지위가 높은 역할을 차지하거나 사회의 기본 특징을 소유한 사람들이 낮은 계층의 사람들에 비해 고정관념을 더 많이 형성한다는, 사실과는 다소 거리가 먼 결론에 이르게 만든다는 점에서 설득력이 떨어진다.

여기서 우리는 '곧 적용할 수 있는 특징'이기도 한 고정관념을 형성할 때의 이점에 대해 (추측에 근거했다는 점은 인정하지만) 새로운 이론을 제시하고자 한다. 바로 고정관념이 형성되면 완전히 낯선 사람을 뚜렷이 구분되는 개인으로 빠르게 인식할 수 있게 해 주는 바람직한 효과가 있다는 것이다.

바로 앞 문장을 처음 읽었을 때 놓친 단어가 있나 다시 한 번 읽어 보았기를 바란다. 고정관념이라는 것이 구성원의 개별적 차이점과 상관없이 특정 집단에 속한 모든 구성원을 하나로 담아 주는 정신적 상자라고 생각하는 사람에게는, 고정관념의 형성이 낯선 사람을 뚜렷이 구분되는 개인으로 인식하게 해 준다는 주장이 터무니없는 소리처럼 들릴 수도 있다. 월터 리프먼이 1922년 동일한 사본을 수없이 찍어 내는 금속 연판에 착안해 만들어 낸 stereotype이라는 단어, 즉 '고정관념'을 다시 살펴보자. 고정관념이 모든 _____(치어리더, 이탈리아인, 이슬람교도, 로켓 과학자 등 아무 집단이나 넣어 보자)을(를) 비슷하게 볼 수 있도록 한다면, 고정관념은 낯선 사람을 특정 개인으로 인식하는 능력을 높이기보다는 떨어뜨릴 것이라고 이해할 수 있을 것이다.

우리는 '호모 카테고리쿠스'가 지닌 두 번째 정신적 재주, 즉 사람을 묘사하는 여섯 가지 (또는 그 이상의) 단어를 동시에 사용해 뚜렷이 구분되는 수많은 사람 범주를 머릿속으로 그릴 수 있는 능력 탓에 이 터무니없어 보이는 이론에 도달한 것이다. 이 여섯 가지 또는 그 이상의 다양한 단어들과 연관된 고정관념을 적용하면 리프먼이 말한 '동일한 사본'과는 매우 다른 결과가 나온다.

이제 두 번째 재주를 설명하는 데 사용했던 60대의 흑인 프랑스인 유대교도 레즈비언 교수에 대해 되짚어 볼 시간이 된 것 같다. 이 여성을 묘사하는 여섯 가지 단어는 각각 고정관념적 특징을 지니고 있다. 한 번에 하나의 단어만 사용한다는 것은 이 여성을 흑인 고정관념으로만 보거나, 유대교도 고정관념으로만 보는 등 각 범주 하나에 대한 고정관념으로만 보는 것이다. 그러나 여섯 가지 단어를 함께 동시에 처리할 경우 우리가 아는 어느 누구와도 다른 사람을 떠올릴 수 있다. 여섯 단어가 만들어 낸 여성의 모습이 기존의 틀에서 완전히 벗어난 것은 아니지만, 이 여성은 우리가 아는 어느 누구와도 혼동하지 않을 만큼 뚜렷이 구분되는 개인으로 보일 것이다.

사람을 묘사하는 대여섯 가지 단어를 1초도 안 되는 시간에 얼마나 쉽게 이해하는지 떠올리면 우리의 모순적인 설명이 조금 더 그럴듯하게 들릴지 모르겠다. 이것은 우리가 늘 하는 일이다. 비행기 탑승을 기다리면서 옆을 지나쳐 가는 사람을 상상해 보라. 성별, 연령, 인종, 신장, 체중과 같은 특징은 대체로 즉시 파악할 수 있다. 복장을 보고 수입이나 사회 계층, 종교, 민족, 직업 등의 다른 특징을 덧붙일 수도 있다. 각각의 특징은 다시 그와 연관된 고정관념적 특징들을 가지고 있다.

우리의 정신이 이 모든 고정관념을 일시에 자동으로 활성화시키면 머릿속 행인이 완전히 낯선 사람일지라도 우리는 그 사람을 다양한 특징이 부여된 복잡한 모습으로 인식한다. 그저 힐끗 보았을 뿐인데 시야에 들어온 다른 사람과, 더 나아가서는 공항에 있는 다른 모든 사람과 이 행인을 구분할 수 있는 것이다. 바로 이런 이유로 우리는 두 번째 재주 부분에서 설명한 정신적 기교 덕분에 고정관념을 사용해 낯선 사람을 뚜렷이 구분되는 개인으로 인식할 수 있다고 주장하는 것이다.

고정관념의 피해자는 따로 있다

인간으로서 고정관념을 사용하지 않는다는 건 불가능한 일이다. 고정관념은 '나이 든', '여성', '아시아인', '유대교도' 같은 단어들로 의미를 표현할 때, 겉으로 드러나지 않는 중요한 부분을 구성한다. 겉으로 드러나지 않은 채 자동으로 활성화되는 이러한 의미들은 사전적 정의를 훨씬 넘어선다. 예를 들어 영어 사전 어디에도 'old(늙은)'라는 단어를 'slow(느린)', 'forgetful(잘 잊어버리는)', 'hard to hearing(청력이 약한)', 'feeble(허약한)'이라고 정의해 놓지 않았지만, 이 모두가 '늙은'이라는 범주에 들어가는 고정관념적 특징이다. 사람 범주에 의미를 부여하는 고정관념이 없다는 것은 단어는 알지만 그 의미는 모르는 것과 같을 것이다. 다시 말해 누구나 고정관념을 사용한다.

"누가 고정관념의 대상이 되는가?"에 대한 대답은 그리 간단하지 않다.

고정관념은 고르게 퍼져 있지 않다. 소속된 사회의 기본 속성들—달리 명시적으로 진술하지 않는 한 당연하게 여겨지기 때문에 굳이 언급할 필요가 없는 속성들(세 번째 재주 참조)—로 설명될 수 있는 사람이라면 다른 사람보다 고정관념의 대상이 될 확률이 낮을 것이다. 기본적인 특징들을 공유하는 내집단 구성원에 의해 고정관념의 대상이 되지는 않을 것이며 다른 사람에 의해 고정관념의 대상이 되는 일도 거의 없을 것이다. 일본에서는 젊은 일본 남자에 대한 고정관념이 잘 생기지 않는다. 그러나 미국에서는 젊은 일본 남자에 대한 고정관념이 많을 수 있다. 사회의 '기본' 범주에 속하는 사람들이 다른 사람들보다 고정관념을 덜 문제시하는 것도 이 때문일 수 있다. 고정관념의 희생양이 될 가능성이 훨씬 적은 것이다.

반대로 사회의 기본 특징들이 결여된 사람들은 다른 사람뿐만 아니라 스스로에 의해서도 고정관념의 대상이 될 확률이 높으며 이것은 단점이 될 수 있다. 이 결론은 최근 연구 결과 드러난 것으로, 그 어느 결과보다 불쾌할 수 있다. 특정 집단에 적용되는 고정관념이 때로는 집단 구성원에 의해 스스로에게 자체 적용되기도 한다. 이 경우 고정관념은 자기 비하나 자기 충족 예언으로 작용할 수 있다.

자기 충족 예언은 이로울 수 있다. 자기 집단에 대한 고정관념은 아프리카계 미국인이 좀 더 나은 육상 선수, 농구 선수, 재즈 음악가가 되도록 이끌 수 있다. 아시아인에 대한 고정관념은 아시아계 미국인이 학교에서 열심히 공부하고 장학금을 받고 연봉이 높은 과학, 의학, 공학 분야로 진출할 수 있도록 자극을 줄 수 있다.

그러나 대부분이 그렇듯이 고정관념이 우호적이지 않을 때는 집단에 적용된 고정관념에 부합하는 방향으로 행동하게 만드는 힘이 피해를 가져올 수 있다. 나이 든 사람에 대한 고정관념을 태도와 사고 속에 내면화하는 노인들은 건강이 악화될 위험이 더 크고, 성별에 대한 고정관념을 내면화하는 여성들은 수학과 과학에서 수행 성과가 떨어질 위험이 있으며, 아프리카계 미국인에 대한 고정관념을 내면화하는 아프리카계 미국인은 잠재적 학업 능력을 충분히 발휘하지 못할 위험이 크다. 고정관념 속 로켓 과학자가 되어야만 고정관념의 잠재적 해로움을 이해할 수 있는 것은 아니다.[8]

6장

당신은 이미 기울어져 있다

고정관념의 역습

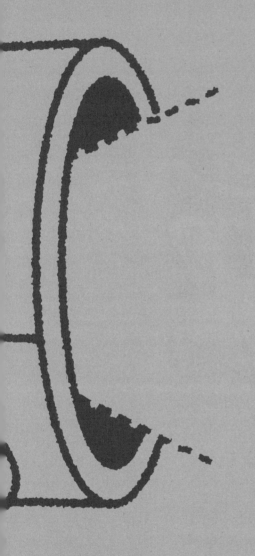

Blindspot : Hidden Biases of Good People

고정관념의 치명적 오작동

조앤 A는 아주 건강한 사람이었다. 하루는 의사 친구와 테니스를 치다가, 건강 검진을 받았는데 주치의 M이 조앤은 일상적인 혈중 콜레스테롤 농도 측정을 하지 않아도 된다고 하더라는 얘기를 했다. 깜짝 놀란 친구는 의사의 등을 떠밀어서라도 검사를 받으라고 재촉했다. 검사 결과를 받은 조앤은 자신의 콜레스테롤 수치가 당장 약물 요법을 써서 낮춰야 할 만큼 높다는 사실을 알게 됐다.

M은 훌륭하게도 콜레스테롤 검사를 하지 않은 이유 가운데 하나가 여자가 남자보다 심장 질환 위험이 낮다고 믿었기 때문이라는 사실을 인정했다. 다시 말해 그는 보통 심장 질환이 여자보다 남자한테서 더 많이 발병한다는 성 고정관념에 따라 행동했던 것이다. 심장 질환의 성 차이에 관련된 사실을 고려했을 때 그런 고정관념이 있다는 것은 이해할 만하다. 하지만 그런 고정관념을 각 개인에게 적용했을 때 문제가 되는 이유는 그로 인해 조앤의 건강에도, 가족의 안정에도, 자신의 의도대로 환자의 건강을 지키지 못한 의사에게도, 보험 회사에도 심각한 결과를 초래할 수 있기 때문이다. 조기에 발견함으로써 생명을 위협하는 문제를 모두 피할 수 있는데 말이다.

고정관념은 누구나 알 수 있는 모습으로 작동할 수 있지만 조앤의 경우에는 비용이 너무 컸다. 의사가 조앤이 콜레스테롤 검사를 받지 않아도 된다고 판단하면서 의식적으로 조앤은 그럴 가치가 없다거나 검사를 생략해 보험 회사의 재산을 아껴 줘야겠다고 생각하지는 않았을 것이다.

그의 머릿속에 형성된, 심장 질환은 대개 남자이면서 비만이고 주로 앉아서 일하는 사람이 앓는다는 단순한 이미지가 실수를 초래했을 것이다. 날씬하고 신체 활동이 많은 여성이었던 조앤은 그런 전형과 맞지 않았던 것이다.

5장의 '의사와 아들' 수수께끼에서 드러난 우리의 미숙함은 우리가 고정관념에 의존할 수밖에 없다는 사실을 보여 준다.[1] 하지만 이것을 비롯한 여러 위험한 고정관념이 상존하고, 이것들이 판단과 행위에 일상적으로 악영향을 끼치므로 우리는 맹점을 발견하는 혁신적인 방법을 찾아야 한다.

이번 장에서는 우리도 모르게 영향을 미치는 여러 고정관념의 특성과 그에 따른 결과를 알아볼 것이다. 우선 고정관념이 어떻게 영향을 미치며 고정관념의 대상은 어떤 비용을 치르는지 알아보고, 고정관념 때문에 입는 손해에 대해서도 알아볼 것이다. 우리는 폭력과 구금, 심지어 죽음을 불러오기도 하며 충만하고 생산적인 삶을 누릴 기회를 차단하는 고정관념의 가장 심각한 결과들에 집중할 것이다.

지구는 둥글지만 평평하다?

1933년과 2001년에 각각 발표된 고정관념에 대한 설문 조사는 주목할 만하다. 두 설문 조사(2001년의 조사는 1933년 조사의 비교 자료를 얻기 위해 이루어졌다)는 여러 개인적 특성들 가운데 어떤 것이 유대인을 가장 잘 표현하는 다섯 가지 특성인지 물었다.[2] 1933년 자료에서 가장 높은 응답을 받은 항목은 영리함(79퍼센트), 돈을 밝힘(49퍼센트), 부지런함(48퍼센트), 욕심 많음(34퍼센트)이었다. 거의 70년이 지나 같은 방법으로 이루어진 설문 조사에서 위의 항목들은 훨씬 적은 선택을 받아 영리함(30.5퍼센트), 돈을 밝힘(3.4퍼센트), 부지런함(11.9퍼센트), 욕심 많음(0퍼센트)과 같이 나타났다. 만약 1933년의 응답 가운데 어떤 항목이 오늘날 사람들이 생각할 법한 유대인의 특성을 가장 잘 나타내는지 물었다면 아마 1933년과 비슷한 수치가 나왔을 것이다. 1933년보다 어느 정도 줄어들지는 몰라도 2001년의 결과만큼 낮지는 않았을 것이다. 하지만 분명 2001년 응답자들은 그렇게 생각하지 않았다. 1930년대가 그리 먼 과거가 아님을 감안할 때(알 카포네Al Capone의 잿빛 이미지, 대공황, 아멜리아 에어하트Amelia Earhart 등을 떠올려 보자), 우리의 예측이 2001년보다는 1930년대의 자료에 더 가까운 것은 무엇 때문일까?

고정관념은 꾸준히 지속되기 때문에 1930년대 사람들이 유대인에 관한 역사적 편견을 '알았다'는 것은 별로 놀라운 일이 아니다. 예를 들어 엘리자베스 시대 영국의 고정관념을 생각해 보면, 셰익스피어의 《베니스의 상인The Merchant of Venice》이나 크리스토퍼 말로Christopher Marlowe의 《몰타의 유대인The Jew of Malta》에서 주인공들이 고정관념을 생생하게 드러낸다. 샤일록과 바라바스는 영리하고, 돈을 밝히고, 부지런하고, 욕심이 많은 인물의 전형이었는데, 330년이 지난 1930년대에도 사람들은 여전히 이런 특성들을 알고 표현했던 것이다.

오히려 놀라운 것은 급격하게 감소한 2001년의 응답이다. 이런 의문이 생긴다. 2001년의 응답자들은 정말 우리가 알고, 분명 1930년대 응답자들도 '알았을' 고정관념을 몰랐던 것일까? 아니면 반유대주의가 지탄받을 일이 되면서 2001년의 응답자들이 유대인에 대한 부정적인 고정관념을 억제하고, 그렇게 해서 스스로 고정관념의 불쾌한 표현들과 거리를 두고자 했던 것일까? 만일 그렇다면 누가 그들을 비난할 수 있을까? 우리 역시 그런 고정관념을 마음속에서 떨쳐 내고 싶어 하고, 그 존재를 무시함으로써 고정관념을 쫓아 버릴 수 있기를 바라지 않는가.

4장에서 분열의 개념을 설명했다. 사람은 서로 모순되는 두 가지 태도를 동시에 가질 수 있고, 이 태도들은 서로 고립되어 있어 분열을 경험하는 사람은 그 모순을 깨닫지 못한다는 내용이었다. 우리는 제리 사인펠드가 반복적으로 사용하는 "그게 잘못됐다는 건 아니지만요!"라는 표현을 이에 대한 정확한 예로 제시했다. 의식적으로는 게이에 우호적이라고 하지만 누군가 자신을 게이라고 생각하면 거북해하는 태도 말이다.

이제 분열이라는 개념을 비틀어 볼 필요가 있겠다. 분열은 모순된 두 가지 태도, 즉 반성적 태도와 자동적 태도를 함께 가진 상태라는 것을 기억하자. 혹시 4장의 설명을 읽으며 뭔가 빠진 듯한 불편한 느낌이 들었다면 거기에는 그럴 만한 이유가 있다. 어떤 사안에 대해 자동적인 태도를 보이면 그 사안을 지지하는 것으로 봐도 되는지는 아직 다루지 않았던 것이다.

어떤 개념을 갖고 있거나 알고 있는 것과 이를 믿거나 지지하는 것의 차이는, 예를 들어 뉴멕시코에 UFO가 착륙했다는 말을 생각해 보면 어렵지 않게 이해할 수 있다. 이렇게 구분하고 보니 설문 응답자들이 선택한 유대인의 특징이 유대인에 대한 오래된 고정관념과는 전혀 관계없었다는 점이 다시 떠오른다. 우리는 그들의 선택이 기본적으로 "나는 그런 고정관념을 잘 알지만 한순간도 지지한 적은 없어"라고 말하는 것과 같다고 얘기할 것이다. 그렇게 함으로써 응답자들은 고정관념을 믿는 무지한 '저기 저 사람들'과 믿지 않는 '여기 계몽된 나' 사이에 분명한 선을 그려 넣는다. 의식적인 믿음에 관해서라면 이런 구분은 커다란 의미가 있다.

지구의 개념, 그중에서도 둥근 형태를 예로 삼아 보자. 지구라는 말을 들으면 아주 쉽게 짙푸른 구체의 이미지가 머릿속에 떠오른다. 대부분의 독자들이 지구가 둥글다는 생각을 알고 또 지지할 것이다. 교실 한구석에 먼지를 덮어쓴 채 놓여 있는 지구본에서부터 아폴로 8호가 저 먼 우주에서 촬영해 보내온 이후 수도 없이 접한 사진들에 이르기까지 수많은 지구의 견본들을 봤다는 이유만으로 말이다. 무언가를 지지한다는 것은 그저 알거나 인지하는 것과는 반대로 의지가 필요한 일이다.

이 설명이 전적으로 합당한 것은 우리가 지구의 형태에 관한 의식적인 믿음에 대해 말하고 있기 때문이다. 하지만 자동적인 믿음의 맥락에서라면 아는 것과 지지하는 것을 이렇게 쉽게 구분할 수 없다. '수학＝남성'(아는 것)이라는 생각을 지지하지 않으면서 이것을 자동적으로 연관 짓고 적용하는 일이 가능할까?

의식적이고 반성적인 믿음에 관해서라면 아는 것과 지지하는 것을 구분한다는 게 말이 되는 것 같지만, 보다 자동적으로 떠오르는 연상들에 대입해 보면 경계가 모호해진다. 우리의 이론은 의식적인 차원에서와 달리 자동적인 차원에서는 애초에 지지하거나 지지하지 않을 능력 자체가 없기 때문에 '아는 것'과 '지지하는 것'의 구분이 무의미해진다는 것이다.

최근에야 겨우 인간의 무의식에 대해 과학적으로 이해하기 시작했기 때문에 이 개념을 이해하기는 어렵다. 자동적인 편견을 갖고 있다는 것, 즉 개인적으로는 지지하지도 않고 인정하지도 않지만, 그럼에도 어떤 사회 집단에 대한 믿음을 갖고 있다는 것은 그 의미조차 헤아리기 어렵다. 하지만 우리의 정신은 우리를 둘러싼 문화의 영향을 받는다. 사실 문화는 정신을 침범해 들어온다. 이 현상을 충분히 이해하려면 소수 집단인 평평한 지구학회Flat Earth Society 구성원들의 정신적 어려움을 생각해 보면 된다. 19세기 사상가인 새뮤얼 로보텀Samuel Rowbotham을 추종하는 이들은 지구에 사는 대다수의 사람들과는 다른 견해를 지지한다. 그들은 디디고 선 이 땅만큼이나 확고하게 지구가 평평하다고 믿는다.

하지만 지구가 평평하다고 믿는 사람들이 사는 세상은 지구가 구체라는 믿음으로 가득 찬 곳이다. 교육용 기재에서도, 사진에서도, 언어와 각종 은유에서도, 어디를 봐도 지구는 2차원의 원반이 아니라 3차원의 구체로 표현된다. 그들이 지구가 평평하다고 믿는 것은 의심의 여지가 없지만, 그들의 자동 연상 작용을 검사해 보면 과연 어떤 결과가 나올까?

우리는 그들을 설득해 '지구＝구체'라는 연상과 '지구＝평평하다'라는 연상의 상대적인 강도를 측정하는 IAT를 실시함으로써 지구의 형태에 관한 그들의 자동적인 믿음을 시험해 볼 수 있었다. 그들이 분명하게 지지하는 믿음과 반대로 IAT 점수는 그들의 머릿속에 거의 확실하게 '지구＝구체'라는 지식이 있는 것으로 나타났다. '지구＝구체'라는 지식이 검사를 통해 '발각'되자, 그들은 즉시 결과가 개인적인 믿음이 아니라 지구가 둥글다고 믿는 사람들의 지속적인 선전에 따른 어쩔 수 없는 정신적 잔여물일 뿐이라고 항변했다. 이 항변이 합당한 것은 문화적 삼투 작용을 통해 지구가 구체라는 지배적 견해를 받아들이지 않을 정도로 인지 능력이 전무한 생명체는 없을 것이기 때문이다.

이것이 사실이라면 당신 또는 우리가 유대인에 관한 고정관념을 놓고 IAT를 받았을 때 어떤 결과가 나올까? 유대인은 욕심 많고, 돈을 밝히며, 일만 한다는 자동적인 고정관념이 드러날까? 아마 우리 가운데 이런 고정관념들이 유대인의 특성을 잘 묘사한다고 믿는 사람은 없을 것이다. 하지만 이제 달갑지 않은 IAT 결과에 익숙해진 우리는 우리 자신을 비롯한 현대 미국인의 의식 속에서 유대인 고정관념에 대한 '어쩔 수 없는 정신적 잔여물'이 발견되더라도 놀라지 않는다. 우리 안에 그와 같은 고정관념이 있다는 것은 아마 우리 스스로도 동의할 수 있을 것이다. 사회적 공간에 만연한 이미지, 이야기, 농담, 일상 언어, 암시를 통해 이를 알리는 선전에 반복적으로 노출돼 왔기 때문이다.

하룻밤 사이에 유명해지는 방법

1980년대 후반, 한 과학 잡지에 〈하룻밤 사이 유명해지기〉라는 흥미로운 제목의 논문이 발표됐다.[3] 논문에서 래리 자코비Larry Jacoby와 세 명의 동료는 간단하지만 기발한 일련의 실험 결과를 내놓았다. 당신이 만약 연구에 참가했다면 우선 지역 전화번호부에서 뽑은 서배스천 바이스도르프Sebastian Weisdorf 같은 평범한 이름들이 적힌 목록을 받아 거기서 어느 이름이 비교적 발음하기 쉬운지 판단하게 된다.

다음 날 연구실로 돌아오면 다른 목록을 받는데, 이번에는 세 종류로 구분되는 이름들이 서로 섞여 있다. (1) 서배스천 바이스도르프처럼 전날 봤던 이름들(낯익은 일반인의 이름이라고 부르자), (2) 같은 전화번호부에서 뽑은 앤드루 링그렌Andrew Ringren이라든가 하는 처음 보는 이름들(낯선 일반인의 이름), (3) 아이스하키 선수 웨인 그레츠키Wayne Gretzky처럼 실제로 유명한 사람들의 이름들(유명인의 이름. 적어도 연구가 진행된 캐나다에서는 유명하다)이 그것이다. 당신이 할 일은 각 이름에 대한 다음과 같은 간단한 질문에 대답하는 것이다. "이 이름은 유명인의 이름인가?"

정확하게 대답한다면, 실제로 유명한 웨인 그레츠키의 이름 옆에는 예라고 답하고, 서배스천 바이스도르프처럼 낯익은 이름이든 앤드루 링그렌처럼 낯선 이름이든 전화번호부에서 발췌한 이름 옆에는 아니라고 적어야 한다. 하지만 실험진이 밝혀낸 것은, 기억이 작동하는 방식에 대한 그들의 가설대로, 둘째 날 실험에 나왔던 낯익은 일반인의 이름이 혼동을 준다는 사실이었다. 자코비의 데이터는 서배스천 바이스도르프처럼 전에 본 적 있는 이름을 유명인의 이름(틀린 답)이라고 착각할 확률이, 전에 본 적 없는 앤드루 링그렌 등의 이름보다 더 높다는 사실을 보여 준다.

기억은 저마다 질감을 갖고 있고, 우리는 감촉으로 비단의 질을 판단하듯 기억을 '느낌'으로써 그 질감을 판단한다. 이름에 대한 익숙함은 기억에 특정한 질감을 부여한다. 유명하지 않지만 낯익은 서배스천 바이스도르프 같은 이름의 경우 이런 익숙함이 혼동을 불러온 것이다. 실험 참가자들은 왜 그 이름이 익숙한지 자문해 봐야 한다. 어제 본 목록에 있었기 때문에 익숙한가? 아니면 유명인의 이름이기 때문에 익숙한가? 앤드루 링그렌 같은 이름은 그전에 접한 적이 없기 때문에 익숙하지도 않고 혼동도 생기지 않는다. 익숙함의 두 원인을 혼동하는 일은 결국 명백한 마인드버그로 이어져 유명하지 않은 사람을 유명인으로 착각하게 된다.

또 다른 마인드버그가 어떤 비용과 이득을 유발하는지 알아보기 위해 자코비의 훌륭한 실험을 살짝 비틀어서 수정했다. 대부분의 사회에서 이론의 여지가 없는, 남자가 여자보다 유명해지기 쉽다는 사실을 업적이나 이름 인지 등 납득할 만한 명성에 대한 기준을 사용해 살펴보자. 이 사실은 예술, 정치, 경제, 스포츠, 지식 분야 등 인간이 하는 일의 거의 모든 영역에 적용된다.

우리는 다음과 같은 질문을 통해 익숙함이 여성보다 남성에게 더 큰 이득을 가져다주는지 실험했다. 익숙한 이름을 유명인의 이름으로 착각하기 쉽다는 실험 결과는 남자와 여자 모두에게 똑같이 적용될까?

자코비의 실험은 이것을 알아보기에 아주 좋았다. 자코비와 동료들이 사용한 남자들의 이름이 대다수였던 목록에 서맨사 바이스도르프 Samantha Weisdorf 같은 여자 이름을 끼워 넣기만 하면 되었다.

몇 차례 실험한 결과, 하룻밤 사이에 유명해진 것은 여성 역시 마찬가지였지만, 그 확률은 남성에 비해 현저하게 낮았다. 분명 명성을 착각하는 마인드버그는 여성의 이름보다는 남성의 이름에서 더욱 쉽게 작용했다. 굳이 이 격차의 함의를 지적할 필요도 없다. 그저 사회생활에서 실제로는 하지 않은 일을 한 것으로 (잘못) 알려져 이득을 얻기가 여자보다는 남자가 유리하다고 말하면 충분할 것이다.

명성을 착각하는 마인드버그의 주목할 만한 특징은 이름의 성별이 판단에 미치는 영향을 응답자 자신은 전혀 알지 못한다는 것이다. 단도직입적으로 물어봐도 수백 명의 응답자 가운데 자신의 대답이 이름의 성별에 영향을 받는다고 생각하는 사람은 사실상 없었다. 우리가 그 가능성을 언급하면 그들은 깜짝 놀랐다. 고정관념은 분명 그들의 맹점에 머물며 작동하고 있는 것이다.

마자린과 토니의 첫 번째 협업으로 이루어진 이 실험들에 이어, 25년 동안 같은 주제에 관한 여러 실험이 발표되었다. 심지어 우리가 첫 실험들을 완료한 1980년대 후반에도 이 같은 편향을 좀 더 일반적으로 입증할 수 있다면 자동적 고정관념에 따르는 비용을 확실하게 드러낼 수 있을 것으로 보였다. 그랬다면 법조계, 경제계, 의료계 등 상상할 수 있는 모든 직업군에서 이 실험 결과가 굉장히 흥미롭다는 사실을 알았을 것이다. '좋은 사람들'은 누구에게도 고정관념에 따른 비용을 치르게 하고 싶지 않을 테니 말이다.

다음에서는 흑인에게서 무기를 연상하고 아시아계 미국인에게 백인 미국인과 똑같은 '시민권'을 인정하지 않는, 외집단에 대한 두 가지 치명적인 편견을 다룰 것이다.

'흑인=무기'

어떤 흑인 남성을 임의로 골랐을 때 그가 범죄자일 확률은 얼마 되지 않음에도 불구하고 흑인 남성은 범죄자라는 믿음은 꾸준히 지속되고 있다.[4] 말할 것도 없이 특정 집단과 폭력 및 범죄를 연관 짓는 고정관념은 개인과 집단, 사회에 심각하고 중대한 영향을 끼친다.

164~165쪽에 실린 IAT는 인종과 무기에 관한 연상 작용을 검사하기 위해 만들어졌다. 이전처럼 테스트 A와 테스트 B 가운데 어느 쪽을 먼저 해도 상관없다. 이번 IAT의 네 범주는 다음과 같다.

흑인 미국인: 아프리카계의 특징이 있는 얼굴
백인 미국인: 유럽계의 특징이 있는 얼굴
무기: 대포, 총, 칼 등의 그림
무해한 물건: 전화기, 캔 음료, 카메라 등의 그림

두 가지 테스트를 모두 풀고 시간을 잰 뒤 처음 IAT를 설명한 3장으로 돌아가 점수를 매기는 방법을 살펴보자.

인터넷이나 모바일 장치를 통해 검사를 하고 싶다면 bit.ly/P7byzi를 방문하면 된다.

알아차렸겠지만 이번 인종-무기 IAT에서는 현대적 무기가 아니라 도끼, 칼, 대포, 권총 등 과거의 무기 그림을 사용했다. 이것은 오늘날의 도시 범죄와 전형적으로 연관된 무기를 제외함으로써 인종에 대한 고정관념이 미치는 영향을 최소화하기 위한 의도에서였다. 검사에 제시된 무기들은 사실 유럽 문화와 강한 역사적 연관이 있는데, 이것은 '백인＝무기' 연상

A

무기와 아프리카계 미국인 얼굴의 경우 왼쪽 동그라미에 표시한다. 그 밖의 경우(즉, 무해한 물건과 유럽계 미국인 얼굴) 오른쪽 동그라미에 표시한다. 왼쪽 위에서부터 시작해 아래로 내려가면서 모든 단어를 순서 대로 진행한 뒤 두 번째 열로 이동해 같은 방식으로 진행한다. 오른쪽 하단에 경과된 시간을 초 단위로 기록한다.

무기 또는 아프리카계 미국인 얼굴	무해한 물건 또는 유럽계 미국인 얼굴	무기 또는 아프리카계 미국인 얼굴	무해한 물건 또는 유럽계 미국인 얼굴

걸린 시간(초)	오답 개수

무기와 유럽계 미국인 얼굴의 경우 왼쪽 동그라미에 표시한다. 그 밖의 경우(즉, 무해한 물건과 아프리카계 미국인 얼굴) 오른쪽 동그라미에 표시한다. 왼쪽 위에서부터 시작해 아래로 내려가면서 모든 단어를 순서대로 진행한 뒤 두 번째 열로 이동해 같은 방식으로 진행한다. 오른쪽 하단에 경과된 시간을 초 단위로 기록한다.

무기 또는 유럽계 미국인 얼굴	무해한 물건 또는 아프리카계 미국인 얼굴	무기 또는 유럽계 미국인 얼굴	무해한 물건 또는 아프리카계 미국인 얼굴

걸린 시간(초)	오답 개수

(그런 게 있다면)을 떠올리기 쉽다는 뜻이 된다.

하지만 수많은 응답 자료에 따르면, 70퍼센트 이상의 사람들이 백인과 무기가 짝지어진 테스트 B를 흑인과 무기가 짝지어진 테스트 A보다 더 어려워했다는 것을 알 수 있다. implicit.harvard.edu에서 이루어진 8만 건 넘는 인종-무기 IAT를 분석한 결과 세 가지 중요한 결론을 얻었다.

먼저, 자동적인 '흑인=무기' 연상은 검사를 받은 모든 집단(백인, 아시아계, 히스패닉계, 아프리카계 미국인조차)에서 연관성에 대해 직접 물었을 때보다 훨씬 강하게 나타났다. 두 번째로, 자동적인 고정관념의 강도는 집단별로 눈에 띄는 차이를 보였다. 백인과 아시아계가 고정관념의 강도가 가장 셌고, 그다음이 히스패닉계, 가장 약한 집단이 아프리카계 미국인이었다. 하지만 아프리카계 미국인조차 어느 정도는 '흑인=무기'라는 고정관념을 드러냈다.

세 번째로, 반성적 자율 보고와 자동적 고정관념을 검사한 두 결과를 비교해 보면 어떤 사람이 고정관념을 갖고 있는가에 관한 흥미로운 사실을 발견할 수 있다. 학력이 높을수록 반성적 자율 보고에서 흑인과 무기의 연관에 대한 지지 정도가 낮았다. 하지만 자동적 고정관념을 검사한 IAT에서는 학력 수준은 조금도 영향을 미치지 않았다. 고학력자도 저학력자와 같은 강도의 분명한 '흑인=무기' 고정관념을 가지고 있었다. 검은 피부와 무기가 연관된 이미지와 이야기 앞에서는 학력에 관계없이 모든 사람이 면역력을 잃고 의식적 믿음과 상관없이 그런 믿음에 감염되는 듯하다.

흑인들은 자신들을 폭력과 연관 짓는 고정관념이 자신들을 둘러싸고 있음을, 그리고 백인이나 아시아계보다 강도는 약하지만 흑인들조차 자신들에게 낙인을 찍고 있음을 잘 알고 있다. 길을 걸을 때, 택시를 잡으려고 손을 들 때, 상점에 들어설 때, 일을 구할 때, 집을 알아볼 때, 대출을 받을 때, 매일매일 고정관념을 경험한다. 저널리스트 브렌트 스테이플스Brent Staples가 그에 관한 신랄한 예를 제공해 주었다. 그는 주변의 행인들을 안심시키기 위해 공공장소에서는 유명한 클래식 음악을 휘파람으로 홍얼거린다고 고백했다. 비발디를 홍얼거리는 사람은 당신을 해칠 리 없다는 '비발디＝무해함'의 연상을 대안으로 사용하기 위해서이다.[5]

'연좌제' 측면에서 '흑인＝무기' 고정관념은 일반 시민과 공권력이 마주칠 때 특히 중대한 역할을 한다. 흑인에 대한 오인 사격에서 인종이 얼마나 큰 역할을 하는지는 확정적으로 말하기 힘들지만, 오인 사격의 피해를 입는 사람은 백인보다 흑인이 월등히 많다는 것을 알고 있다. 종종 어떤 사건은 그런 문제가 일으키는 비극적인 사건의 상징이 된다. 아마두 디알로Amadou Diallo 피격 사건이 그런 예다.

디알로는 스물세 살의 가난한 기니 출신 이민자로, 뉴욕의 길거리에서 비디오테이프를 팔며 대학에 들어갈 꿈을 키웠다. 1999년 2월 어느 이른 아침, 네 명의 사복 경관이 탄 자동차가 브롱크스에 있는 그의 아파트를 지날 때 디알로는 건물 입구에 서 있었다. 뉴욕 경찰 거리범죄전담반 소속 경관들은 디알로를 그들이 찾고 있던 연쇄 강간범으로 착각했다. 경관들은 디알로에게 다가갔다. 경관의 머릿속 맹점에서 연달아 일어난 몇 가지 오류가 비극이 일어날 조건을 만들었다. 디알로가 아마도 경관에게 신분증을 보이기 위해 지갑에 손을 가져갔을 때, 숀 캐럴Sean Carrol 경관은 그가 총을 꺼내는 것으로 착각해 동료들에게 "총이다!"라며 소리쳤고, 마침 발을 헛디뎌 넘어진 경관을 다른 경관들은 총에 맞은 것으로 착각했다. 흥분에 휩싸인 경관들은 몇 초 사이 마흔한 발의 총알을 발사했고, 그중 절반에 이르는 총알이 디알로의 몸을 관통했다.

최소한 두 가지 판단 오류가 주의를 끈다. 먼저, 잘 알려진 대로 사람들은 같은 인종의 얼굴을 다른 인종의 얼굴보다 잘 구분한다. 예를 들어 백인 미국인은 흑인 미국인의 얼굴을 백인의 얼굴만큼 잘 구별하지 못한다.[6] 브롱크스 참극에서 경관이 디알로를 위험한 연쇄 강간범으로 착각한 데는 이러한 인지적 난점이 작용했을 거라고 생각할 수 있다.[7]

두 번째로, 자동적으로 작동하는 '흑인＝무기' 고정관념이 경관으로 하여금 디알로의 지갑을 총으로 착각하게 하는 데 역할을 했을 것이다.[8] 휴대 전화처럼 무해한 물건을 들고 다니는 흑인들이 실제로 오인 사격을 받을 확률이 높다는 것을 증명한 몇몇 실험이 이를 뒷받침한다.[9] 디알로 사건 같은 사례에서 출발한 이 실험들은 눈에 띄지 않는 고정관념이 생사를 좌우하는 결정을 내릴 수 있다는 사실을 그 어떤 실제 사건들보다 더욱 확실하게 보여 준다.[10]

맹점에서 발생하는 평범한 실수들이 충격적으로 다가오는 이유는 악의 없는 실수에도 큰 비용을 치를 수 있기 때문이다. 에이드리엔 리치Adrienne Rich는 〈미드나이트 샐비지Midnight Salvage〉라는 시를 통해 이를 더없이 잘 표현했다.[11]

다행히 늙은이도 젊은이도 치지 않았다.

아무도 죽이지 않았고 어떤 흔적도 남기지 않았다.

살면서 연습한 대로 말이다.

우리는 모두 삶을 연습하며 살아간다. 연습을 통해 '머릿속 사진'을 갖게 된 우리는 언제든지 스스로를 좋은 사람이라고 믿으며 잘못된 행동을 저지를 수 있다.

혐의의 부담

스탠퍼드 대학교의 심리학자 클로드 스틸Claude Steele은 '혐의의 부담burden of suspicion'에 대해 말한 바 있다. 어느 사회나 범죄자로 의심받는 집단에 속했다는 이유로 이런 부담을 지는 사람이 있는 것이다. 이런 부담은 치명적일 수 있다. 뉴멕시코의 로스앨러모스 국립연구소Los Alamos National Laboratory에서 일했던 대만계 미국인 핵 과학자 웬 호 리Wen Ho Lee의, 조금은 덜 비극적인 사건을 살펴보자.

1999년, 그는 미국의 핵 기밀을 중국 정보원에게 넘겼다는 혐의로 기소되었다. 리는 순식간에 직장을 잃고 사기, 간첩 활동, 미국 정부를 혼란에 빠뜨린 죄, 중국 정부와의 접촉, 해외 구직 활동을 포함한 59개의 죄목으로 기소되었다. 리는 결백을 주장하며 9개월간 수감되어야 했다.

놀라운 사건들이 이어지면서 내막이 밝혀지기 시작했는데, 우선 FBI 요원 로버트 메스머Robert Messemer가 거짓 증언을 인정했고, 리의 보석을 거부했던 판사가 구속 결정과 자신의 착오를 사과했다. 2006년, 연방 법원은 미국 정부에게 리의 사생활 침해에 대한 배상금으로 1600만 달러를 지급하라고 선고했다.[12]

이 사건에서 가장 의문이 드는 부분은 좋은 사람들의 맹점에서 내려진 일련의 결정들이 애초에 어떻게 리의 구금으로 이어질 수 있었는가 하는 것이다. 마치 유전적 질병처럼, 중국계라는 사실이 리의 위험 요소였을까? 만약 그가 로스앨러모스에서 일하는, 이를테면 로버트 E. 리와 같은 성이 똑같은 유럽계 과학자였더라도 사건이 똑같은 방식으로 진행됐을까? 웬 호 리 사건이 보여 주는 불편한 결론은 그저 민족성을 드러내는 흔적 하나 때문에 혐의를 의심받는 부담을 져야 했다는 것이다.

고정관념은 개인적 적개심이나 악의 없이 작동할 때가 많기 때문에 구체적으로 집어내기 어렵다. 특종을 내고자 했던 〈뉴욕 타임스〉 기자들의 의식적인 동기가 일을 제대로 하려는 마음에서 비롯됐다는 데에는 의심의 여지가 없다. FBI 요원이 거짓 증언을 한 가장 큰 이유는 국가를 지키려는 마음이었을 것이다. 하지만 설사 증거가 잘못됐다고 하더라도 고정관념은 강력한 심증을 만들어 낸다. 그렇게 우리 안에 만들어진 데이터는 서둘러 기사를 내게 하고 거짓말을 용인하게 만들며 용의자를 무기한 억류시키는 편리한 결정을 정당화한다.

고정관념은 특별한 노력을 기울이지 않아도 작동한다. 오히려 그 반대이다. 고정관념은 손 하나 까딱하지 않아도 작동하며, 이를 억제하는 데 특별한 노력이 필요하다.[13] 애초에 고정관념적 사고가 포함되어 있는 일반적 정신 과정의 가치 때문에 고정관념을 억제하기란 쉽지 않다. 고정관념은 대상을 적절히 지각하고 분류하게 해 주고, 뭔가를 배우고 이해하기 위해 꼭 필요하며, 사물을 발견하고 인식하게 해 준다. 그러나 바로 그 정신 능력이 우리를 잘못된 방향으로 이끌 수도 있다. 우리의 정신을 무죄와 유죄를 판결하는 재판장으로 생각한다면, 고정관념의 부정적 측면 가운데 하나가 정당한 절차를 위협한다는 것이다. 거기에 의지하면, 우리의 정신은 검사가 도착하기도 전에 피의자를 기소하고 말 것이다.[14]

우리는 웬 호 리 사건을 계기로 아시아계 미국인을 외국인으로 인식하게 만드는 고정관념에 대해 조사하게 되었다. 시민권이라는 용어는 법적으로 분명하고 정확한 의미를 갖고 있으며 그 개념도 간단해 많은 사람이 알고 공유한다. 미국에서 나고 자란 사람이라면 조부모가 유럽인이든 중국인이든 모두 동등한 미국인이라는 사실을 알고 있다. 문제는 이것이다. 두 사람 모두 법적으로 동등하고 두 사람 모두 미국 여권을 발급받는다는 사실을 제쳐 두고, 우리는 그들을 똑같은 미국인이라고 생각할까?

웬 호 리 사건이 발생했을 때, 예일 대학교의 박사 후 연구 과정에 있던 티에리 데보스Thierry Devos는 '아시아계 = 외국인'이라는 고정관념을 검사하기 위한 IAT를 만들었다. 검사에서는 학생들의 얼굴을 사용해 '아시아계' 집단과 '백인' 집단을 표현했고, 두 집단 모두 미국에서 나고 자랐다는 사실을 분명히 했으며, 기념물과 화폐, 지도 등을 사용해 '미국'과 '외국'을 나타내는 상징과의 연상 작용을 측정했다.

데보스의 IAT 결과, 백인 응답자와 아시아계 미국인 응답자 모두 아시아계 미국인보다는 백인 미국인에게서 달러나 미국 지도 같은 상징물을 더 쉽게 연상해 냈다. 아시아계 미국인들에게서는 연상의 강도가 그만큼 크지 않았지만, 그들 역시 자신들이 속한 집단을 미국보다는 외국과 더 쉽게 연관시켰다. 이 결과는 '흑인＝무기' 검사 결과를 떠올리게 한다. 해당 집단의 구성원이 그나마 덜 부정적인 고정관념을 보여 주기는 해도 고정관념을 지녔다는 사실은 마찬가지였던 것이다. 이 결과는 집단이 입을 수 있는 전반적인 피해 정도를 고려해야 하고 문명화된 사회가 인간에게 내재된 약점을 어떻게 다뤄야 할지 고민해야 하는 정책 입안자에게 시사하는 바가 크다.

데보스는 이런 자동적 고정관념이 얼마나 기묘해질 수 있는지 실험하기 위해 그다음에는 코니 정Connie Chung, 마이클 창Michael Chang, 크리스티 야마구치Kristi Yamaguchi 같은 유명한 아시아계 미국인과 휴 그랜트Hugh Grant, 제라르 드파르디외Gérard Depardieu, 카타리나 비트Katarina Witt 같은 유명한 유럽인을 짝지어서, 이들 유명 아시아계 미국인 및 백인 외국인과 미국적 개념의 연상 작용을 실험했다. 다시 한 번, 같은 결과가 나왔다. 실험에 응한 이들은 휴 그랜트 같은 백인 외국인에게서 코니 정 같은 아시아계 미국인보다 더 수월하게 미국적 개념을 연상했다. 심지어 응답자들은 검사하는 동안 자신들의 반성적 믿음뿐만 아니라 사실과 다른 고정관념이 그대로 드러나고 있음을 인지하는 것처럼 보였다. 이 실험 결과야말로 '가장 우스꽝스러운 마인드버그상'을 받아 마땅할 것이다.

버락 오바마 대통령이 당선되고 얼마간 '태생주의자birthers'라고 알려진 집단의 규모가 커지면서 언론의 주목을 받았다. 간단히 말해, 이들은 버락 오바마가 미국 태생이 아니기 때문에 법적으로 대통령직을 맡을 수 없다고 주장한다. 이들을 광적인 별종으로 취급해 무시하는 것은 어렵지 않다. 하지만 우리 역시 '미국인＝백인'이라는 고정관념을 갖고 있다는 점에서, '어느 정도 자동적인 수준에서는 더 많은 사람이 태생주의자와 같은 생각을 하고 있지 않을까?'라는 불편한 가능성을 제기해 보려고 한다.

태생주의자와 그렇지 않은 사람의 차이는 의식적 믿음의 차원에 자리한다. 태생주의자가 아닌 사람은 오바마에게 투표하며 자신은 '미국인＝백인'이라는 자동적 연상을 무시할 능력이 있고, 의식적 사고를 통해 행위를 통제할 수 있음을 증명한 것이다.

우리는 데보스의 검사에 관해 논의하면서, '미국인＝백인'이라는 연상이 강한 것은 백인 미국인이 아시아계 미국인보다 먼저 미국 땅에 왔고, 그래서 더 합법적인 미국인으로 받아들여진다는 합리적인 근거가 있기 때문이라는 얘기를 자주 들었다. 하지만 그 말이 옳다면, 아메리카 원주민과 유럽계 미국인 가운데 어느 쪽을 더욱 합당한 미국인으로 받아들여야 하는지는 말할 것도 없을 것이다. 이에 대한 당신의 반응을 예상해 보라! implicit.harvard.edu에서 직접 검사해 볼 수 있다.

고정관념의 압박과 제 발등 찍기

"고정관념을 버려!"라는 흔한 책망을 들을 때면 고정관념을 가진 사람이 다른 집단에 속한 사람을 비난조로 말하고 있구나 생각한다. 분명 그는 자신이 아닌 다른 사람의 고정관념을 비난하는 것이라고 말이다. 하지만 사람들은 자신이 속한 집단에 대해서도 자동적인 부정적 고정관념을 내비치곤 한다는 얘기를 앞에서 했다. 의식적인 차원에서는 그런 고정관념을 부정하면서도 정작 흑인 미국인 본인들도 '흑인＝무기'라는 고정관념을 갖고 있고, 아시아계 미국인도 '미국인＝백인'이라는 고정관념을 갖고 있다는 점을 확인했다.

이런 결과들은 '고정관념의 압박stereotype threat'이 보여 주는 결과에서도 똑같이 드러난다. 클로드 스틸이 소개한 고정관념의 압박은, 부정적인 고정관념(여성은 수학에 약하다든지, 흑인 미국인과 빈곤층은 전반적으로 시험에 약하다든지)이 덧씌워진 집단의 구성원이 본인이 속한 집단을 의식하지 않는 순간에도 각종 시험에서 제 실력보다 낮은 성적을 보인다는 것이다.[15] 수십 가지 실험 결과가 이것을 확실하게 입증해 준다. 우리는 이제 스스로에게 손해를 입히는 고정관념의 특성을 살펴볼 것이다.

타고난 성, 만들어진 성 역할

전 세계 수많은 사회에서 여성과 남성은 각기 다른 영역에 종사해 왔고 여전히 과거의 영역에 남아 있는 경우가 많다. 주로 여성은 가정의 세계에서, 남성은 일터의 세계에서 말이다. 하지만 우리는 이 같은 배치가 크게 변하는 모습을 지켜보고 있다. 노동 인구에서 여성이 차지하는 비율이 크게 증가하고 있는 것이다.

2010년 2월 미국 노동부 발표에 따르면, 미국 역사상 처음으로 비농업 부문에서 여성 급여 대상 고용자 수가 6420만 명을 기록하며, 6340만 명을 기록한 남성을 앞질렀다.[16]

미국은 노동 인구의 50퍼센트가 여성일 정도로 문화적·경제적으로 커다란 변화를 겪고 있지만, 누가 우선 가정을 돌봐야 하는지에 대해서는 별다른 변화가 보이지 않는다. 동료 하나가 "우리 남편이 점심을 못 만드는 건 아니야. 점심을 만드는 걸 상상할 수 없을 뿐이지!"라고 말한 것처럼 말이다. 그녀의 뼈 있는 농담에 담긴 뜻은, 그녀와 남편이 똑같이 직장에서 일하고 남편도 어느 정도 집안일을 분담하기는 하지만 가정에 쏟는 노력에는 아직도 명백한 차이가 있다는 것이다. 그러니 직장에 나가는 남성과 여성의 수가 같아지기는 했어도 가정 영역에서 여성의 강력하고 지배적인 지위와 직장에서 높은 위치를 차지하는 남성의 강력하고 지배적인 지위를 보면 아직 고정관념이 남아 있다는 의심을 품어도 좋을 것이다.

우리의 머릿속에 '여성＝가정생활, 남성＝사회생활'이라는 연관성이 없다고 믿는 사람들에게는 뒤에 나오는 성별－사회생활 IAT가 많은 정보를 줄 것이다. 전처럼 테스트 A과 테스트 B 중 어느 쪽을 먼저 진행해도 상관없다. 인터넷이나 모바일 장치에서 검사를 하고 싶다면 bit.ly/SY51F4를 방문하면 된다. 테스트에 나오는 네 가지 범주는 다음과 같다.

여성: 그녀는, 그녀의, 여자, 여자들, 소녀
남성: 그는, 그를, 그의, 남자, 남자들, 소년
가정생활: 정원, 세탁, 부엌, 결혼, 자녀, 가정
사회생활: 사무실, 일, 직업, 서류 가방, 관리자, 연봉

테스트를 최대한 빨리 진행한 뒤 시간을 재고 지시 사항에 따라 각 단

어가 남성 관련 단어인지 여성 관련 단어인지, 가정생활에 속하는지 사회
생활에 속하는지 표시하자. 테스트 방법과 점수 계산 방법에 관한 상세한
설명은 3장의 첫 번째 검사에 나와 있다.

성별−사회생활 IAT는 왜 '남성＝사회생활, 여성＝가정생활'이라는 연
상 작용을 '남성＝가정생활, 여성＝사회생활'이라는 연상 작용보다 더
강하게 일으킬까라는 익숙한 자동적 고정관념에 관한 질문에 답하기 위
해 만들어졌다. 당신이 대다수의 응답자들과 다르지 않다면 통념대로 여
성은 가정생활, 남성은 사회생활과 짝지어진 테스트 A를, 여성은 사회생
활, 남성은 가정생활과 연결한 테스트 B보다 더 빠르고 정확하게 풀었을
것이다. 놀라울 것도 없는 결과다. 결국 앞서 얘기한 대로 남성은 아직
직업 세계를 지배하고 있고 여성은 아직 가정생활을 지배하고 있는 것
이다.

성별−사회생활 IAT 자료에 따르면, 75퍼센트의 남성 응답자가 '남성＝
사회생활, 여성＝가정생활'이라는 자동적 성 고정관념을 드러내고 있다.
그리고 여성 응답자들은 이보다 조금 많은 80퍼센트가 그와 같은 고정관
념을 보여 주었다.[17]

가정 밖에서 일하지 않는 삶을 한 번도 상상해 보지 않았고, 성인이 된
뒤 늘 일했으며, 가정일에서는 아주 자유로웠던 마자린조차 대부분의 여
성들처럼 일반적인 성 고정관념을 드러냈다. 그녀는 남성과 사회생활을
아주 빠르게 연결했다. 보기에 나와 있는 '직업'으로 대학 교수를 선택한
그녀조차 말이다. 인종 관련 IAT 점수와 마찬가지로 마자린에게 그녀의

A 여성 단어와 가정생활 단어의 경우 왼쪽 동그라미에 표시한다. 그 밖의 경우(즉, 남성 단어와 사회생활 단어의 경우) 오른쪽 동그라미에 표시한다. 왼쪽 위에서부터 시작해 아래로 내려가면서 모든 단어를 순서대로 진행한 뒤 두 번째 열로 이동해 같은 방식으로 진행한다. 오른쪽 하단에 경과된 시간을 초 단위로 기록한다.

여성 또는 가정생활		남성 또는 사회생활		여성 또는 가정생활		남성 또는 사회생활	
○	그녀는	○		○	여자들	○	
○	정원	○		○	가정	○	
○	그녀의	○		○	남자	○	
○	사무실	○		○	관리자	○	
○	그는	○		○	남자들	○	
○	세탁	○		○	연봉	○	
○	소녀	○		○	그녀는	○	
○	일	○		○	사무실	○	
○	그를	○		○	소년	○	
○	직업	○		○	정원	○	
○	그의	○		○	그를	○	
○	서류가방	○		○	결혼	○	
○	여자	○		○	여자	○	
○	부엌	○		○	자녀	○	

걸린 시간(초)	오답 개수

B

여성 단어와 사회생활 단어의 경우 왼쪽 동그라미에 표시한다. 그 밖의 경우(즉, 남성 단어와 가정생활 단어의 경우) 오른쪽 동그라미에 표시한다. 왼쪽 위에서부터 시작해 아래로 내려가면서 모든 단어를 순서대로 진행한 뒤 두 번째 열로 이동해 같은 방식으로 진행한다. 오른쪽 하단에 경과된 시간을 초 단위로 기록한다.

여성 또는 사회생활	**남성** 또는 가정생활	**여성** 또는 사회생활	**남성** 또는 가정생활
◯ 그녀는 ◯		◯ 여자들 ◯	
◯ 정원 ◯		◯ 가정 ◯	
◯ 그녀의 ◯		◯ 남자 ◯	
◯ 사무실 ◯		◯ 관리자 ◯	
◯ 그는 ◯		◯ 남자들 ◯	
◯ 세탁 ◯		◯ 연봉 ◯	
◯ 소녀 ◯		◯ 그녀는 ◯	
◯ 일 ◯		◯ 사무실 ◯	
◯ 그를 ◯		◯ 소년 ◯	
◯ 직업 ◯		◯ 정원 ◯	
◯ 그의 ◯		◯ 그를 ◯	
◯ 서류가방 ◯		◯ 결혼 ◯	
◯ 여자 ◯		◯ 여자 ◯	
◯ 부엌 ◯		◯ 자녀 ◯	

걸린 시간(초)	오답 개수

점수를 묻는다면, "낙제"라고 답할 것이다. 아무리 자동으로 일어나는 연상이라지만 그런 편향에서 자유롭기를 바랐던 자신이 바람과는 거리가 먼 점수를 받았으니 말이다.

이처럼 다소 실망스러운 소식에서 희망의 빛줄기를 보고자 한다면, 이번 테스트에서 나이에 따라 차이가 아주 컸다는 데서 낙관의 근거를 찾을 수 있을 것이다. 열 살 단위로 실시한 이번 테스트는 응답자의 나이가 어릴수록 자동적 성 편향도 약해졌다. 특히 젊은 층에서 '남성=사회생활' 연상이 전에 없이 약해지고 있다는 사실에서 희망을 가져도 좋을 것이다. 어쩌면 미래에는 편견이 아예 사라지는 모습을 볼 수 있을지도 모른다.[18] 하지만 연령을 불문하고 여러 다른 고정관념들이 일관되게 나타나는 모습을 보면 그날은 우리가 생각하는 것보다 훨씬 더 멀리 있을 수도 있다.[19]

스스로 짊어지는 차별

러트거스 대학교 심리학자 로리 러드먼Laurie Rudman은 여성이 가진 사랑과 가정생활, 사회생활과 성공에 관한 암시적 성 고정관념이 여성 스스로에게 영향을 미치지 않는지 궁금했다. 로리 러드먼은 여성들이 살면서 소비하는 사랑과 결혼에 관한 동화적인 환상들이 그들의 머릿속에 문제의 원인을 심어 놓는 것은 아닌지 실험했다. 러드먼은 여성들이 가진 그러한 환상이 자신들도 남성 반려자의 성공을 통해 힘을 얻고 원하는 성과를 달성할 수 있다는 믿음으로 이어진다고 추측했다. 매력적인 왕자님이 갑

자기 나타나 그들을 곤궁에서 구출해 줄 거라고 말이다.[20]

러드먼은 여성들에게 여러 자동적 고정관념에 대한 IAT를 치르게 하여 '사랑의 대상＝환상 속 영웅'을 연상하는 정도와 '사랑의 대상＝일반 남성'을 연상하는 정도를 비교했다. 또 직장에서의 높은 지위와 경제적 보상(수입)에 관한 열망과 이를 위해 교육에 기울이는 노력의 강도도 측정했다. 그 결과 사랑의 대상에서 매력적인 왕자님을 강하게 연상하는 여성일수록 자신의 지위와 권력에 대한 열망이 낮다는 사실을 발견했다. 이같은 발견을 통해 그녀는 "사랑의 대상에서 백마 탄 왕자와 영웅을 연상하는 것은 여성의 직접적인 권력 추구를 저해"하며 이것은 "지위와 위신을 놓고 남성과 경쟁하는 일을 무의식적으로 저해하는 심리적 작용이 될 수 있다"고 결론지었다.[21]

그렇다면 흥미롭게도 지위와 명망을 얻으려는 여성에게 비용을 치르게 하는 자동적 또는 무의식적인 고정관념이 바로 여성 자신의 머릿속에 있는 셈이다. 이 경우, 피해는 "하지만 그것이 여자들 스스로가 원하는 거잖아"와 같은 시각으로 인해 더 커진다. 말하자면 권력과 명망의 포기는 여성들이 자유롭게 선택한 것이므로 이것을 그들이 치르는 비용으로 봐서는 안 된다는 것이다.

그리하여 우리는 이러한 성 고정관념이 급여에 미치는 실제적인 비용을 산정해 보려고 했다. 이를 위해 "상사가 남자인지 여자인지가 중요한가?"라는 질문을 제시하자, 이제 막 직장을 구하려는 젊은 구직자들은 확고하게 아니라고 대답했다. 급여나 직장의 위치, 상사의 인품 등이 일의 중요한 요소이지 직속상관이 될 사람이 남자거나 여자라는 사실은 (그들의 주장에 따르면) 직장을 평가하는 계산식에 포함되지 않는다는 것이다.

하버드 대학교 재학생이던 유진 카루소Eugene Caruso와 도비 라네브Doby Rahnev는 컨조인트 분석conjoint analysis이라는 기술을 사용해, 이 평가 자료를 직접 분석했다.[22] 그 결과는 "남자 상사와 여자 상사 가운데 어느 한쪽을 더 선호하지 않는다"라는 구직자들의 대답과 달리 응답자들의 선호도는 남자 상사가 있는 직장으로 질서 정연하게 기울어져 있었다. 평균 연봉이 4만 2,500달러인 직종에서, 남부럽지 않은 실력을 갖춘 이들 응답자들은 남성 상사 밑에서 일할 수 있다면 3,400달러의 연봉 차감도 감수할 뜻이 있는 것으로 나타났다. 즉, 급여가 적고 남자 상사와 일하는 직장을 급여가 많고 여자 상사와 일하는 직장보다 선호한다는 것이다.

놀라운 것은, 모든 응답자가 그런 선호는 없다고 분명하게 말했음에도 남녀 응답자 모두 남자 상사와 일하기 위해 기꺼이 연봉의 일정 부분을 포기할 마음이 있었던 것이다. 만약 구직자들이 의식적으로 연봉이 낮더라도 남자 상사가 있는 직장을 원했다면 이 결과가 의미하는 바는 전혀 달랐을 것이다. 하지만 자신에게 손해를 입히는 편향이 발견되지 않은 채 맹점에 남아 있었다. 선택 방식에서 이것을 인지했더라면 아마 피하려고 했을 편향이 말이다.

또 다른 연구에서 카루소와 라네브는 다른 숨은 편향으로 인해 자신에게 손해를 입히는 상황을 알아보기 위해 실험 참가자들에게 퀴즈 대회에 함께 나갈 가장 강력한 팀원들을 선택하라고 한 뒤 여러 후보를 제시했다. 그 결과, 응답자들은 팀원의 IQ나 학력, 과거 대회 참가 경험 등 적절한 특성을 고려하기도 했지만 마찬가지로 팀원의 체중도 고려한 것으로 나타났다. 놀랍게도 응답자들은 IQ가 9점 낮더라도 똑똑한 사람보다 날씬한 사람을 택하고자 했다![23] 의식적으로 생각하면, 지적 수준이나 팀원으로서의 가치를 판단할 때 체중이 선뜻 떠오르지는 않는다. 하지만 우리는 자동적으로, 비이성적으로, 그리고 손해를 감수하면서까지 분명 체중 같은 요소를 고려하고 있는 것이다.

프로젝트 임플리시트 웹사이트에서 IAT를 치른 사람의 수가 어느 정도 기준이 될 수 있다면, 체중과 관련된 고정관념은 우리에게 상당한 영향을 미치는 셈이다. 흥미롭게도, 인종에 관한 테스트를 제외하면 웹사이트의 테스트 중 체중에 관한 편향을 알아보려고 했던 사람이 가장 많았는데, 이것은 우리가 사람의 체형을 중요하게 생각한다는 의미이다.

지금까지 이야기한, 자신에게 손해가 되는 고정관념의 결과들이 흥미로운 이유는 사람들은 항상 자신의 이익에 부합하도록 행동한다는 가설과 반대 방향으로 나아가기 때문이다. 뉴욕 대학교 심리학자 존 조스트 John Jost는 예상과 달리 사람들은 기존의 사회 질서를 유지하기 위해 자신의 이익을 기꺼이 포기할 수 있다고 주장한다. 그의 실험들은 우리가 소속 집단과 자신에게 초래되는 비용을 감수하고라도 현 상황을 구성하는 계급 분리를 정당화하기 위해 인지적·감정적 작업을 벌인다는 사실을 보여 준다. 자동적 고정관념은 어떤 결함이 있든 지배적인 시스템을 유지시키기 위해 작동하므로, 이제 우리는 조스트의 연구를 통해 자동적 고정관념이 가진 자기 파괴적 속성의 증거를 찾아볼 것이다.[24]

조스트는 차별받는 집단의 구성원이 자신에게 가해진 자기 파괴적 고정관념을 받아들임으로써 자신의 당혹스러운 역할을 수행하고 차별을 고

스란히 받아들인다는 다양한 증거를 수집했다. 시스템을 정당화하는 예는 곳곳에서 찾아볼 수 있다. 가난한 사람들은 똑똑하지 못해 자원을 적게 배분받는 것이 합당하다고 믿고, 여자들은 스스로 고액 연봉 직종에는 적합하지 않다고 믿으며 아예 그런 자리에는 지원하지 않거나 제대로 협상하지 않는다. 또한 남자들은 마음을 써서 뭔가 돌보는 일에는 재능이 없다고 믿어 해 보지도 않고 그와 관련된 직종이나 자녀 양육에서 스스로 한발 물러난다.

고정관념은 순간의 선택을 좌우한다

고정관념이 중요한 선택의 순간에 어떤 역할을 하는지 알아보면서 우리는 브라이언 노섹Brian Nosek과 힘을 합쳐 남녀 대학생들이 가진 '수학 = 남성, 과학 = 남성'이라는 암시적 고정관념의 위력을 실험했다.[25] 우리는 여러 IAT를 활용해 남성 및 여성 관련 항목과 지질학, 수학, 화학, 아인슈타인 같은 과학적 개념, 그리고 문학, 예술, 희곡, 셰익스피어 등 인문학적 개념을 연결하는 속도와 정확도를 측정했다. '수학 = 남성'이라는 고정관념이 강한 여성들은 고정관념이 약한 여성들보다 수학을 선호하는 확률이 적었고, 스스로를 수학과 연결하는 확률도 적었다. 그뿐 아니라 '수학 = 남성'이라는 고정관념의 강도를 통해 여성들의 SAT 수학 점수를 예상해 볼 수도 있었는데, 고정관념이 강할수록 수학 점수가 낮은 것으로 나타났다.

노섹은 버지니아 대학교의 프레드 스미스Fred Smyth와 함께 10만 명 넘는 대학생과 대학 졸업자를 대상으로 대규모 테스트를 실시해 풍부한 정보를 얻어 냈다.[26] 그들은 '과학＝남성'이라는 고정관념이 가장 강한 여성들은 과학을 전공할 확률이 가장 낮고, 반대로 '과학＝남성'이라는 고정관념이 가장 강한 남성들이 과학을 가장 많이 전공한다는 사실을 알아냈다. 이 실험에서 나타난 성별－과학 고정관념을 통해 여성들의 과학 전공 여부를 예상하는 것이 성별－수학/과학 고정관념에 대한 의식적인 대답이나 SAT 수학 점수를 통해 전공을 예상하는 것보다 훨씬 정확하다는 사실도 드러났다.

이 모든 것이 고정관념, 특히 자동적 고정관념이 머릿속에 머물면서 뉴런과 사고에만 관여하는 게 아님을 말해 준다. 그것은 어떤 지적 영역을 추구할지 선택하는 등의 행위에도 영향을 미치고 그에 따라 우리의 진로와 거기서 얻는 행복, 삶을 모두 살고 난 뒤 세상에 기여한 바에도 영향을 준다.

누구도 고정관념이 행위에 영향을 미친다는 생각에 대해서는 심각하게 질문하지 않는다. 하지만 대화의 주제가 고정관념이 사실에 얼마나 부합하고 그 기원이 무엇인지로 넘어가면 논쟁은 꽤 과열될 수 있다.

2005년 1월 14일, 하버드 대학교에서 성별과 수학에 관한 논쟁이 일어났고 곧 소문이 퍼져 세계 곳곳의 이목을 집중시켰다. 학교 총장이던 래리 서머스Larry Summers는 여성이 수학에서 뒤처지는 세 가지 이유 중 하나가 수학 능력이 선천적으로 부족하기 때문이라는 견해를 제시했다. 하지만 다른 생각을 가진 사람들이 있었기 때문에 전국적으로 뜨거운 논쟁이 이어졌다. 그들은 기존에 드러난 집단 간 성취도 차이가 능력 차이에서 비롯된 것이라고 너무 쉽게 단정하는 경향이 있다고 지적했다.[27] 그런 자연주의적 오류가 현재 '그런 것'을 '그래야 하는 것'으로 보게 만든다는 주장이다. 전 세계적으로 2,000건 넘는 사설과 기사들이 서머스가 당한 낭패를 보도했지만, 논쟁은 분명한 승자를 가리지 못한 채 끝났다.

성별과 수학이든, 인종과 운동 능력이든, 민족과 음악적 능력이든, 아니면 소질과 성취에 관한 어떤 눈에 띄는 집단 간 차이든, 이처럼 복잡한 사안을 한 번에 설명해 줄 단 하나의 증거는 있을 수 없다. 하지만 반박할 수 없는, 의견이 다르더라도 동의할 수밖에 없는 적절한 자료가 있는지 알아보는 일은 가능할 것이다.

어떤 집단 간 차이는 환경의 변화에도 오랜 기간 꽤 안정적으로 지속되면서 그 원인이 유전적 요인일 수 있다는 최소한의 가능성을 보여 주기도 한다. 자폐증과 그와 관련한 정신 장애를 예로 들 수 있다.[28] 1940년대에는 자폐증을 앓는 아이들의 비율이 4:1로 남자아이들이 여자아이들보다 많았는데, 최근 들어 자폐증 환자의 수가 급증했음에도 성비는 여전한 것으로 보아, 이것은 사실이라고 할 수 있다. 하지만 다른 성 차이는 비교적 짧은 기간에 급격하게 줄어들고 있다. 수학 성적에 나타나는 성 차이가 그 예라고 할 수 있다. SAT 수학 과목 고득점자 수는 1980년대에는 남자아이들이 10.7:1로 많았지만, 1990년대에는 2.8:1로 줄어들었다.[29] 다시 말해 남자아이들이 네 배 우세했던 수학 능력이 현격하게 떨어지는 데 고작 10년밖에 걸리지 않은 것이다.

현격한 집단 간 격차가 이처럼 큰 폭으로 줄어들었다는 것은 수학 능력의 성별 차이를 유전적 요인으로 설명하고자 했던 이들에게 놀라운 일일 것이다. 유전적 요인에 근거한 차이라면 그 짧은 기간에 이처럼 급격하게 줄어들 리 없으니 말이다.

또 다른 사실은, 어떤 나라에서는 수학 성적이 성별에 따라 큰 차이를 보이고 어떤 나라에서는 그 차이가 더 작으며 어떤 나라는 아예 차이가 없다.[30] 만약 수학 능력의 성 차이가 유전적 요인에 따른 결과였다면 성 차이가 보다 보편적으로 발견될 것이므로, 이처럼 사회마다 그 차이가 다른 현상을 설명하기 어려울 것이다.

마지막으로, 우리는 또다시 브라이언 노섹 및 다른 연구자들과 협력하여 34개국에 걸친 성별-과학 고정관념 IAT 자료를 얻을 수 있었다. 이 자료를 통해 '과학=남성' 고정관념이 강한 나라일수록 중학교 2학년 남녀 학생들의 과학, 수학 성적 격차가 크다는 사실을 발견했다. 즉 성별-과학 고정관념 IAT 결과 '과학=남성' 연상이 강하게 나타난 국가가 그렇지 않은 국가에 비해 남학생과 여학생의 성적 차이가 더 컸다.[31]

수학 능력의 성 차이가 최근 급속히 줄고, 차이 정도가 국가마다 크게 다르며, 성별-수학 고정관념의 강도와 성별에 따른 수학 성적 차이가 연관되어 있는 것으로 나타났기 때문에, 남녀 사이의 수학 능력 차이가 선천적인 능력의 차이라는 주장은 힘을 쓰지 못하고 있다. 하지만 유전적 설명은 비록 그 힘이 약해지고 과학, 기술 분야에 진출하는 여성의 수가 남성에 근접하거나 같아지더라도 계속 살아남을 것이다. 그래도 머지않은 미래에 그런 고정관념이 존재했다는 사실 자체가 옛날 일처럼 느껴질 수도 있을 테니, 계속 관심을 가지고 관찰할 일이다.

7장

우리와 그들

마인드버그와 편 가르기

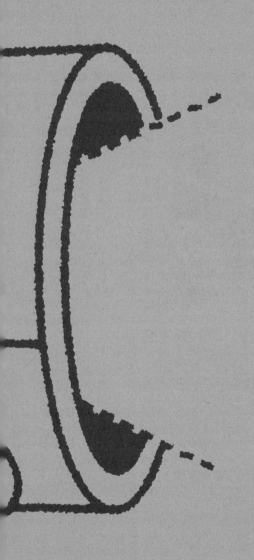

Blindspot : Hidden Biases of Good People

별이 있건 없건 '스니치는 스니치다'

우리가 닥터 수스^{Dr. Seuss}(1904~1991, 퓰리처상을 받은 미국의 인기 동화 작가로 본명은 시어도어 수스 가이젤^{Theodor Seuss Geisel}이다—옮긴이)를 끔찍이 사랑하긴 하지만 그의 작품이 지극히 섬세한 우화는 아니다. 가장 사랑받는 작품 중 하나인 〈스니치^{The Sneetches}〉는 운율을 맞춘 명랑한 문체로 편견에 대한 강력한 메시지를 전달한다. 스니치는 오리처럼 생긴 노란 새로, 배에 초록별이 있는 것과 별이 없는 것, 두 종류가 있다.

별을 단 녀석들은 자신들이 선천적으로 우월하다고 생각해 별이 없는 녀석들과는 소풍도 함께 가지 않고, 파티에도 부르지 않고, 아무것도 같이 하지 않는다. 별이 없는 녀석들도 자신들의 열등한 지위를 내면화했는지 신나게 해변을 뛰노는 별 있는 녀석들을 그저 부러워하며 울적하게 서성이곤 한다. 다른 대부분의 사회처럼 스니치 나라의 계급 체계도 안정적으로 유지된다. 그러던 어느 날 실베스터 맥멍키 맥빈이라는 사업가가 나타나 스니치 나라의 평화로운 위계질서를 뒤집어 버린다.

맥빈은 별이 없는 녀석들을 불러 자신의 천재적 발명품인 별 부착기로 그렇게나 바라던 별을 달게 해 준다. 물론 싼값에 말이다. 별이 없던 녀석들도 기계를 통과해 나오면 더 이상 예전의 그들이 아니다. 순식간에 새로 별을 단 스니치가 기하급수적으로 늘어나자 원래 별이 있던 녀석들은 더 이상 우리 편과 저쪽 편을 구별할 수 없어 잔뜩 화가 난다. 혈통이 흐릿해지는 이 사태를 어떻게 하면 좋을까? 글쎄….

답은 맥빈이 가지고 있었다. 그의 최신 발명품인 별 제거기가 이제는 격이 떨어진 상징물을 없애 원조 별들을 새로운 별들과 구분해 준 것이다. 물론 좀 더 비싼 값에 말이다. 광기에 사로잡혀 계급 싸움을 벌이다 보니 별을 붙이고 떼어 내는 일이 반복돼, 결국 모든 스니치는 별이 있든 없든 파산에 이른다.

> 별이 있는 녀석도 별이 없는 녀석도 둘 다 모를 때까지
>
> 이놈이 저놈이었는지… 저놈이 이놈이었는지
>
> 혹은 이놈이 어떤 놈인지… 어떤 놈이 누구였는지

큰돈을 번 맥빈은 스니치들이 아무것도 배우지 못할 거라 확신하며 사라진다. 하지만 틀린 쪽은 맥빈이다. 마지막에는 스니치들도 별이 있건 없건 '스니치는 스니치'라는 사실을 깨닫는다.

인간 사회도 이를 깨달으면 좋을 것이다. 물론 우리는 긍정적 특성과 부정적 특성을 모두 지닌 사회적 동물로 진화해 왔고, 갈등과 폭력만큼이나 강력한 협력과 이타심의 정신을 지니고 있다.[1] 하지만 같은 인간을 향해 자행된 장구한 핏빛 폭력의 역사가 보여 주듯이, 우리는 집단끼리 전쟁을 벌이기 위해 어떤 비용이라도 지불할 준비가 되어 있는 것 같다. 겨우 성혼이나 계급을 이유로 종교, 인종, 지리 등 임의적인 경계로 나누어진 집단끼리 전쟁을 벌인다. 우리는 집단 간 폭력을 음모하고, 획책하고, 계획하는데, 이 모두가 고도로 의식적이고 반성적인 적대 행위를 나타낸다. 하지만 여기에서도 우리는 맹점에서 솟아 나와 집단 갈등에 불을 피우고 기름을 붓는 자동적인 느낌과 믿음의 손길을 살펴볼 수 있다.

'우리'와 '그들'은 어떻게 만들어지나

뭔가를 이해하고 싶을 때는, 예를 들어 마술처럼 보이는 음악적 능력이나 수학 능력, 또는 슬금슬금 성장하는 치명적 암 같은 대상을 알고 싶을 때는 그 출발점에서부터 시작해야 한다. 하나의 세포가 변화하는 순간과 같은 사물의 기원은 그 본질에 대해 많은 것을 말해 줄 수 있다. 과학자들이 성장이 완료된 생명체의 본성을 이해하기 위해 아직 덜 성장한 생명체들을 연구하는 주된 이유도 바로 이 때문이다. 이런 목적에서 볼 때 갓난아기나 유아기의 생명체가 흥미로운 것은 이들에게서 아무것도 더해지지 않고 아직 완성되지 않은 형태의 행동을 살펴볼 수 있고, 이를 통해 유기체가 왜 그런 식으로 발달해 가는지, 우리가 알고 있는 그런 성숙한 형태로 변해 가는 이유는 무엇인지 엿볼 수 있기 때문이다.

20세기 중반 오스트리아의 진화학자 콘라트 로렌츠Konrad Lorenz는 새끼 오리와 다른 어린 새들이 애착 행위를 통해 보여 주는 선천성과 후천성의 잘 짜인 협연에 흥미를 느꼈다. 로렌츠는 오리들을 연구하며 자식이 부모를 각인한다는 사실을 발견했다. 새끼 오리나 거위, 병아리는 부화한 뒤 처음 본 움직이는 물체를 본능적으로 따라간다. 보통 생물학적 어미가 그 대상이 된다. 로렌츠가 그 과정에 개입한 덕에 우리는 행동 과학에서 기억할 만한 인상적인 결과를 얻었다. 바로 회색 거위 새끼들이 (어미가 아니라) 로렌츠를 졸졸 따라다녔던 것이다. 어린 새들은 로렌츠 또는 그의 낚시용 장화를 '각인'한 것이다. 새들이 부화하자마자 처음 본 움직이는 물체가 어미가 아니라 장화였기 때문이다.

로렌츠가 밝혀낸 것은 갓 태어난 새끼들이 잠재적 보호자(물론 보통은 어미가 된다)를 발견하고 유대를 맺는 선천적 기제였다. 영어에서는 각인 imprinting이라는 단어가 로렌츠의 독일어 표현 프레궁Prägung을 가장 잘 표현하는데, 이것은 직역하면 '도장을 찍다stamp in'가 된다. 오리의 경우 출생 직후 이 기제가 작용하는데, 로렌츠가 발견한 현상은 정말로 도장을 찍는 것처럼 보였다. 회색 거위들이 완전히 성장한 뒤에도 다른 거위가 아닌 로렌츠를 더 따른 데서 알 수 있듯이, 초기 애착은 굉장히 강력하다.

물론 우리는 장화나 손수레(노란 폴크스바겐 자동차도 가능하다)를 각인한 어린 새로부터 어떻게 인간의 집단 정체성에 대한 이해를 얻을 수 있을지 고민했다. 각인은 진화적 적응이라는 더 큰 이야기의 일부다. 일반적인 적응의 효용처럼, 각인을 통해 생존하는 법을 배운다는 점에서 이것은 영리한 방법이다. 오리의 경우 각인 덕분에 아주 어릴 때부터 자신을 보호해 줄 개체에게 애착을 느낀다(실제 자연 상태에서 손수레나 콘라트 로렌츠가 오리의 삶을 방해하는 경우는 거의 없을 테니 진짜 보호자를 찾을 확률은 아주 높다).

동시에 각인은 다른 적응 과정이 종종 그렇듯이 어리석은 방법일 수도 있다. 만약 부화한 직후 움직이는 수류탄을 본다면 오리 새끼들은 그 뒤를 따라갈 것이다. 애착 자체는 대부분 불가피한 일이지만 동물들이 애착을 형성하는 대상이 반드시 어미인 것은 아니며(방금 살펴본 것처럼), 그 대상은 환경에 의해 주어질 수도 있고 반복적인 노출을 통해 강화될 수도 있다.

처음에 로렌츠는 각인 효과가 영구적이며 특정 시기(부화하고 14~16시간)로 제한되어 있다고 믿었다. 하지만 최근의 각인 효과 연구들은 각인이 일어나는 것은 확실하지만 그 과정은 더욱 유동적이며 변경 가능성도 높다고 말한다.[2] 또한 각인이 갓 부화한 새끼들의 눈앞에 벌어지는 시각적 자극을 통해서만 일어나는 것이 아니라 부화하기 전에 경험한 청각적 자극을 통해 일어날 수도 있다고 말한다. 40년도 더 전에 있었던 연구가 이를 보여 준다. 아직 부화하지 않은 병아리들에게 피아노 건반에서 중간 도 아래 솔 음과 비슷한 주파수 200헤르츠(Hz)의 소리를 반복적으로 들려주고, 다른 부화하지 않은 병아리들에게는 아무런 소리도 들려주지 않았다. 부화한 직후, 두 종류의 병아리를 200헤르츠의 소리를 내는 스피커와 그보다 약 3옥타브 반 높은 2,000헤르츠의 소리를 내는 스피커 앞에 두었다. 부화하기 전부터 200헤르츠의 소리를 접한 병아리들은 200헤르츠의 소리를 내는 스피커 앞으로 뛰어갔고, 아무 소리도 듣지 않은 병아리들은 두 스피커 어디에도 반응하지 않았다.[3]

친숙한 것을 선호하게 만드는 '준비 상태preparedness'는 인간을 포함한 모든 동물의 근본적인 속성이며 애착과 매혹과 사랑을 느끼게 하는 강력한 결정 요인이다. 그렇다면 이 사실은 우리 인간의 어린 시절과 그 이후의 삶에 관해 무엇을 말해 줄까? 영아기와 유아기 아이들이 사람들을 친숙한 '우리'와 이질적인 '그들'로 나눈 뒤 그에 따라 상대를 규정하고 애착을 형성하는 성향에 대해 우리는 무엇을 알고 있는가?

확실한 것은, 일단 정체성이 형성되면 삶에서 아주 큰 역할을 하기 때문에 일가친척에게 사랑을 느끼고, 심지어 좋아하는 스포츠 팀을 결정하게 만들기도 하지만, 이질적이거나 아주 약간만 다른 점이 있는 사람에 대해서는 차가운 마음을 갖게 만든다. 수많은 예 가운데 종교라는 집단 정체성을 생각해 보면, 오늘날에 이르기까지 수 세기에 걸쳐 셀 수 없이 많은 사람이 오직 자신의 종교만이 진짜라는 믿음으로 목숨을 바쳐 왔다. 사실 종교적 정체성도 일반적으로 환경에 따라 부여되는데 말이다. 똑같은 유전자를 지닌 사람이라도 이스라엘에서 태어나면 유대인이 되고, 사우디아라비아에서 태어나면 이슬람교도가 되며, 인도에서 태어나면 힌두교도가 되는 것이다.

그렇다면 이 정체성은 언제 확정되는 것일까? 또는 확정되기는 하는 것일까? 진화학자들은 여전히 각인이 언제 어떻게 일어나며, 언제 어느 정도로 영구화되는지 알아내기 위해 노력하고 있다. 새와 다른 동물에게 일어나는 각인은 우리 인간에게 일어나는 현상의 거울이 되어 준다. 물론 지나치게 단순화시킨 반영일 테지만, 인간 아기와 다른 동물에게서는 같은 방식으로 각인이 일어나지 않기 때문이다.

이것은 일정 부분 인간이 거위나 병아리보다 상대적으로 덜 자란 상태로 세상에 나온다는 사실에서 연유한다. 예를 들어 갓 태어난 아기는 뇌가 완전히 성장하려면 아직 더 많은 시간이 필요하며 운동 능력도 거의 발달하지 않은 상태다. 출생 시 인간의 두뇌가 불완전하다는 것은 다른 동물보다 오랜 기간에 걸쳐 변화될 여지가 많다는 뜻이다.[4] 따라서 정체성 형성을 포함해 인간의 행동 패턴은 다른 동물들에 비해 덜 엄격하고, 덜 항구적이다. 이러한 사실은 편견을 연구하는 우리에게 많은 시사점을 준다. 우리는 이 연구로부터 두 가지 결론을 이끌어 냈다. 우리가 애착을 형성하는 방식은 물새를 포함한 다른 많은 동물과 유사하지만, 그 과정의 유동성에서는 다른 동물과 차이가 있다는 것이다.

아기들의 편 가르기 본능

우리는 아기들이 익숙한 것과 낯선 것을 구분한다는 것을 알고 있다. 아기들은 자궁 속에 있을 때 들었던 말투, 멜로디, 이야기 들을 태어난 뒤에 들은 것과 구별할 줄 안다. 생후 며칠에서 몇 주일밖에 안 된 아기들도 엄마의 목소리를 타인의 목소리와 구분할 수 있고 타인의 얼굴보다 엄마의 얼굴을 더 좋아한다. 만약 처음 자신을 돌봐 준 사람이 여성일 경우 아기들은 남성의 얼굴보다 여성의 얼굴을 더 좋아한다.

생후 석 달이 되면 자신과 같은 인종의 얼굴을 자신에게 덜 익숙한 인종의 얼굴보다 오래 쳐다본다. 출생 직후에는 이처럼 인종을 구분하지 않는 것으로 미루어, 이와 같은 선호도는 후천적으로 생긴다는 것이 명백하다. 하지만 굉장히 빠른 속도로 이루어진다. 부화하기 전에 들었던 소리에 병아리가 반응하는 것처럼, 아기들도 복잡한 사회적 선택들을 비롯해 호불호를 가릴 준비가 된 상태로 세상에 나오는 것이다. 또한 아기들이 보여 주는 선호도의 근거는 언제나 친숙함인 것처럼 보인다. 아기들은 늘 이전에 접한 적 있는 감각 정보에 끌리는 경향이 있고, 이것을 낯설고 처음 보는 시각, 청각, 기타 감각들보다 선호한다.[5]

일단 친숙해지면 이미 갖고 있던 토대 위에서 새롭게 대상을 학습하는 일이 용이해진다. 예를 들어 여성 보호자와 친숙한 아기는 남성의 얼굴보다 여성의 얼굴을 더 쉽게 구분한다.[6] 친숙한 범주에 속한 둘 이상의 구성원을 인지적으로 구분하는 능력은 인종이라는 사회적 범주로 확장된다. 생후 9개월 된 아기들은 같은 인종에 속한 두 얼굴을, 다른 인종에 속한 두 얼굴보다 더 잘 구분한다. 하지만 자신이 속한 집단의 얼굴을 더 쉽게 구분하는 능력에는 또 다른 면이 있다. 이것은 성인이 지닌 특이한 마인드버그의 기반이 될 수도 있다.

그 마인드버그란 자신이 속한 집단의 구성원이 아닌 다른 이들은 (그 행동까지도) 다 '비슷하게' 보이는 것이다. 그래서 많은 백인 미국인의 눈에 동아시아인은 모두 비슷해 보이고 잘 구분되지 않는 것이다. 친숙하지 않은 범주에 속한 것들을 잘 구분하지 못하는 현상은 충분히 입증되어 왔으며, 이것을 지칭하는 외집단 동질성 효과out-group homogeneity effect라는 심리학 용어도 있다.[7]

그러나 이런 능력이 지닌 유연성을 입증하는 훌륭한 증거가 있다. 이미 살펴봤듯이 백인 아기는 흑인이나 아시아인의 얼굴을 잘 구분하지 못한다. 하지만 프랑스의 두 발달 심리학자는 외집단에 속한 얼굴(백인 아기의 경우, 아시아인의 얼굴)을 세 가지만 보여 줘도 아기의 외집단 감각 능력이 향상된다는 사실을 입증했다. 이와 같은 사소한 개입만으로도 "얼굴 처리 능력을 확대"시키기에 충분한 것이다.[8] 이제 우리는 아기들의 정신이 우선 친숙한 인종을 선호하지만 선호의 범위를 확장시킬 새로운 정보에도 열려 있다는 것을 알게 됐다.

아기들의 선호를 연구하는 연구자들은 말 못하는 아기들의 행동이 나타내는 의미를 파악하기 위해 척도를 따로 만들어야 했다. 그 척도 중 하나가 아기들이 대상을 들여다보는 시간이었다. 하지만 그런 척도들은 아기들의 머릿속에서 어떤 일이 벌어지는지 정확히 알아내기 위해 해석을 거쳐야 하는데 이 또한 쉬운 일이 아니다. 예를 들어 어떤 아기에게 여성들의 얼굴을 연달아 보여 준 뒤 한 남성의 얼굴을 보여 주면 아기는 새로 접한 남성의 얼굴을 더 오래 본다. 이것을 통해 아기가 남성과 여성이 다르다는 것을 '안다'고는 말할 수 있어도, 어떤 쪽을 더 좋아하고 선호하는지는 알 수 없는 것이다.[9]

이 경우, 아기의 주의를 끄는 것은 선호도가 아니라 그저 새로움일 수 있다. 또한 남성과 여성의 얼굴을 동시에 보여 줬을 때 아기가 어느 한쪽을 더 오래 본다고 해도 이 역시 그 이유를 확실하게 단정할 수는 없다. 더 오래 보는 쪽을 어떤 의미로든 '선호'하는 것일까? 아니면 좋아한다기보다 더 오래 들여다보게 만든 다른 이유가 있는 것일까?

아기들의 선호에 대한 정보가 제한적이어서, 아기들이 뭔가를 바라보는 시간은 최근까지 우리가 가진 몇 안 되는 증거 가운데 하나였다. 하지만 새로운 측정법 덕분에 물건을 잡을 수 있을 만큼 자란 아기들의 선택에서 진짜 선호를 보다 확실하게 가늠할 수 있었고, 이에 따라 측정 가능한 행위들의 범위를 상당히 넓힐 수 있었다.

리즈 스펠크Liz Spelke와 그녀가 가르치는 하버드 대학교 재학생들은 일련의 연구를 통해 아기가 장난감을 든 두 사람 가운데 누구의 장난감을 받는지 알아봤다.[10] 지금은 시카고 대학교 교수로 있는 케이티 킨즐러Katie Kinzler는 각각 영어와 프랑스어를 쓰는 두 사람에게 생후 10개월 된 미국 아기와 프랑스 아기에게 모두 똑같이 좋아 보이는 인형을 건네게 했다. 이런 간단한 실험을 통해 연구진은 미국 아기들은 영어 사용자의 장난감을 받는 경우가 더 많고 프랑스 아기들은 정반대의 선호를 보인다는 것을 밝혀냈다. 우리가 다룬 병아리들처럼 아기들도 익숙한 소리를 더 좋아하는 것이다.

이러한 언어와 억양의 선호도 연구는 자신이 속한 집단의 구성원을 더 좋아하는 경향이 영아기의 아주 이른 시기에 나타나며 이것은 상당 부분 친숙함에 근거하고 있음을 확인시켜 주었다. 이런 성향은 아기들이 자신을 좋아해 주고, 따라서 안전을 제공해 줄 가능성이 높은 사람과 유대 관계를 맺게 해 준다는 점에서 의심의 여지없이 생존에 도움을 준다. 또한 태어난 지 몇 달 안 된 아기들도 사회적으로 중립의 위치에 있지 않다는 것을 보여 주는 분명한 징후이기도 하다.

아기들은 같은 물건을 건네는 두 사람 가운데 어느 한쪽만 선택한다든지 하는 단순한 선호를 통해 '우리와 같은 사람'과 '우리와 다른 사람'의 구분을 표현한다. 하지만 아기들의 두뇌가 급속도로 발달하고 지식을 저장할 공간이 급격히 커지면서 각각의 상호 작용은 집짓기 블록이 되어 기존의 토대를 강화하고 결국 그 위에 보다 완전한 사회적 존재가 우뚝 서게 된다. 우리가 정체성이라고 부르는 이 토대는 저마다 고유한 특성을 가지고 있으며, 이 정체성이 진짜 '우리'를 집단으로서 규정하는 특성과 깊게 결부되어 '그들'과 '우리'를 구분 짓게 한다.

본능 vs 학습

어린아이들은 성장기의 각기 시점에, 예를 들면 자신이 여자이고, 아일랜드계이고, 중산층에, 갈색 눈을 가졌으며, 운동에 소질이 있다는 점을 알게 된다. 한 동료 직원은 어린 시절에 자신이 9남매 가운데 하나라는 말을 하면 늘 "가톨릭이니?"라는 질문을 받는다는 사실을 깨달았다.[11] 그녀는 이런 경험이 자신이 집단 간 문제에 관심을 갖게 된 계기라고 말한다. 사투리 억양이 강한 사람들은 볼 것도 없이 항상 "어디어디 출신입니까?"라는 말을 들을 것이다.

어떤 집단 정체성은 서서히 자라나며 자유롭게 선택할 수 있다. 예를 들어 자신을 운동선수나 학자로 규정하는 일은 오랜 시간 수많은 경험을 거치고 나서 자신이 그 분야에 분명하게 속하는지 확인한 뒤에야 가능할 것이다. 이런 경우 자신이 정말 잘하는 일이 집단 정체성의 근간이 된다. 반대로 '우리'와 '그들'을 나누는 어떤 경계선은 난데없이 불쑥 나타나며 선택의 여지가 없다. 어느 아프리카계 미국인 동료는 어린 시절 한 아이가 너는 분명 초콜릿으로 만들어졌을 거라며 혹시 핥아도 되는지 물어봤다고 했다. 즉각 그녀는 다른 아이들과 자신의 차이를 알게 되었다. 이런 깨달음은 불시에 계시처럼 나타난다.

배에 새겨진 별, 피부 색깔, 목소리 등 외관상의 차이로부터 유사점과 차이점을 인지하는 능력이 시작된다. 하지만 언어가 개입되기 시작하면 그저 말의 힘만으로도 순식간에 집단 정체성의 의미에 '도장'을 찍을 수 있다.

하버드 대학교 앤디 배런Andy Baron의 최근 연구는 정체성 확립에 사용되는 언어의 역할을 훌륭하게 보여 준다. 그는 세 살에서 다섯 살 사이의 아이들에게 각각 보라색과 빨간색으로 칠한 두 종류의 만화 캐릭터를 보여 줬다. 한쪽은 장난감을 부수거나 교통사고를 내는 등 나쁜 짓을 하고, 다른 한쪽은 사람들을 돕는 등 착한 일을 한다.

아이들은 서로 다른 색깔의 캐릭터들이 서로 다른 행동을 하는 모습만 봤을 때는 집단 정체성을 부여하지 않았다. 하지만 캐릭터의 이름을 알려 주면("얘들은 니프야", "얘들은 루프야"), 얼른 누가 착한 편이고 누가 나쁜 편인지 판단했다. 다르게 말해 그 연령대의 아이들에게 캐릭터의 외관상 차이(빨강 대 보라)는 이들을 집단에 소속시킬 즉각적인 단서로 보이지 않던 것이다. 하지만 집단이 이름을 갖는 순간, 아이들은 그들 사이의 차이점을 인지하고 서로 다른 범주에 속한다는 사실을 이해했다.[12] 고정관념의 출발인 것이다.

성별은 자신을 집단의 일원으로 규정하게 만드는 강력한 근거가 된다. 여성과 남성의 구분은 아이들이 가장 이른 시기에 만들어 내는 사회적 구분에 속한다.[13]

최근의 한 연구에서는 세 살짜리 남녀 아이들을 한 명씩 앉혀 놓고 비디오 화면을 통해 난생처음 보는 사물을 든 남자아이와 여자아이를 보여 줬다. 비디오의 남자아이는 이렇게 말한다. "내 이름은 벤이야. 나는 스푸들을 좋아해. 스푸들은 내가 제일 좋아하는 음식이야!" 여자아이는 이렇게 말한다. "내 이름은 벳시야. 나는 블리켓을 좋아해. 블리켓은 내가 제일 좋아하는 음식이야!" 그런 다음 연구진은 비디오를 본 아이들에게 물었다. "스푸들과 블리켓 중에 뭐를 더 먹고 싶니?"

이 실험을 진행한 크리스틴 슈츠Kristin Shutts는 다른 유사한 실험에서도 집단 소속감이 어린아이들의 선호도 형성에 미치는 영향을 관찰했다. 만약 성별이(다른 실험에서는 피부색과 연령 등을 실험했다) 집단 정체성으로서의 역할을 하지 않았다면 비디오를 본 아이들의 선택은 임의적이었을 것이다.

하지만 성별 실험에서 크리스틴은 남자아이들의 65퍼센트가 벳시가 아니라 벤이 들고 있던 스푸들을 선택하는 것을 발견했다. 여자아이들은 그보다 더 확실하게 85퍼센트가 벤이 아니라 벳시가 들고 있던 블리켓을 선택했다. 그럼에도 아이들은 이러한 집단 기반 선호를 인식하지 못했다. 스푸들이나 블리켓을 고른 이유를 물었을 때 가장 많이 나온 대답은 "잘 모르겠어요"였고, 그다음은 "좋아하니까요!"였다.

슈츠의 연구는 아이들의 선택이 자유로워 보이지만 사실은 자신이 속한 성별 '클럽'의 다른 구성원의 선택에 강한 영향을 받았다는 사실을 보여 준다. 그 외에도 연령이 같다든지 하는 식으로 아이들이 감정을 이입하는 다른 클럽들 역시 아이들의 선택에 영향을 미치는 것처럼 보였다.

낙관도 비관도 가능하지만, 이 증거를 어떻게 해석하느냐는 또 다른 문제다. 이렇게 이른 시기에 여자인 '나'와 '그녀'를 일치시킴으로써 음식이나 장난감, 옷 등에 대한 선호를 결정하는 것이 좋은 일일까, 아니면 꼭 좋지만은 않은 일일까? 물론 답은 우리가 개인의 자유와 선택에 어떤 가치를 부여하느냐에 따라 달라진다.

성별에 따른 흉내 내기(혹은 다른 집단이 행위에 미치는 영향들)가 자연스럽고 적절한 일이며 이를 토대로 사회 활동에 윤활유가 되는 여러 행동을 학습할 수 있다고 생각하는 사람들에게는, 이것이 사회가 전통적인 방식으로 작동할 수 있게 해 주는 훌륭한 방법이 될 것이다. 반면에 각 개인은 자신만의 고유한 길을 자유롭게 갈 수 있어야 한다고 생각하는 사람들은, 그런 '일치시키기'에 따른 결과가 우려될 것이다. 맹목적이고 자동적인 흉내 내기는 선택에 제한을 가할 수 있고, 그로 인해 각 개인과 그가 속한 사회 집단이 잠재력을 끌어내지 못하게 된다는 생각 때문이다.

연구를 진행하며 슈츠는 흥미로운 점을 발견했다. 아이의 부모들은 아이가 동성이 건네는 물건에만 호감을 표시해도 전혀 걱정하지 않는 모습이었다. 차라리 성별을 따라 흉내 내는 모습에 안심하는 기색이었다. 하지만 아이들이 인종에 따라 선택하는 모습을 볼 때는 별로 유쾌한 표정이 아니었다. 자신의 백인 아이가 흑인 아이가 아닌 다른 백인 아이의 것과 똑같은 장난감이나 음식을 선택하자 부모들은 꽤 당황하는 것처럼 보였다(실험이 진행된 곳이 정치적으로 자유로운 분위기가 강한, 매사추세츠에 있는 '케임브리지 인민공화국'이었다는 사실을 기억하라. 이곳 부모들은 아이들을 좋은 학교에 보내려는 노력 못지않게 인종 편견이 없는 아이들로 키우려고 온 힘을 쏟는다).

이처럼 성별에서 받는 영향과 인종에서 받는 영향을 사람들이 다르게 받아들인다는 점이 흥미롭다. 정체성에서 비롯된 영향을 받은 선택들이 모두 동등한 것은 아니다. 아이들이 성별에 따라 선택을 일치시킬 때, 우리는 이것을 수긍할 뿐만 아니라 안심하기까지 한다. 하지만 인종에 따른 선택이라면, 문화적이고 사회적인 맥락에 따라 크게 당황할지도 모른다(그리고 이에 대해 변명하려고 할 것이다). 어찌 됐든 두 정체성 모두 선호와 선택 방식을 형성하는 데 똑같이 중요한 역할을 하며, 이를 통해 어른이 된 뒤에 얻는 기회와 성과가 결정된다.

왜 그토록 편 가르기에 집착하나

균형 잡힌 생각을 위해서는 우리의 인종 정체성이 다른 사람을 대할 때 여러 가지 방식으로 영향을 미친다는 사실을 알아야 한다. 브렌트 스테이플스가 자신을 두려워하는(스테이플스는 흑인이다) 행인들을 안심시키기 위해 비발디를 흥얼거린 경우를 생각해 보자. 인종을 포함한 '우리/그들' 이분법은 양방향으로 적용될 수 있으며, 실제로 흑인과 백인 모두 자신과 다른 이들을 더 두려워하는 경향이 있다.

뉴욕 대학교 엘리자베스 펠프스Elizabeth Phelps 연구소에서 진행된 한 연구에서 백인 미국인과 흑인 미국인에게 백인의 사진과 흑인의 사진을 보여 줬다. 연구진은 컴퓨터 화면에 사진이 나타날 때마다 참가자들의 손끝에 참을 수 있을 만큼의 전기 충격(충격의 강도는 참가자들이 선택했다)을 가해 화면의 얼굴을 보면 공포가 느껴지는 조건을 만들었다.[14] 심리학 전공 학생들은 이 과정이 파블로프식 조건 형성 또는 고전적 조건 형성 과정임을 알 수 있을 것이다.

예상했던 대로 연구진은 이미 증명된 바와 같이 충격과 연관된 얼굴을 보면 그렇지 않은 얼굴을 볼 때보다 손바닥에 더 많은 땀을 흘리도록 참가자들을 조건화할 수 있었다. 그 뒤 연구진은 똑같은 사진을 보여 주며 이번에는 전기 충격을 가하지 않을 경우 이전에 느꼈던 공포 반응이 얼마나 지속되는지 알아보았다. 또한 실험 참가자들의 인종이 전통적인 조건화 실험에서 말하는 공포 반응의 소멸에 영향을 미치는지도 조사했다.

그 결과 백인 미국인에게는 흑인 얼굴보다 백인 얼굴과 연관된 공포가 더 빠르게 소멸되고, 흑인 미국인은 그 반대로 흑인 얼굴에 대한 공포에서 빨리 회복된다는 사실을 발견했다. 즉 상황에 따라 두 인종 모두에게 공포를 느낄 수 있지만(실험을 통해 충격을 가할 수도 있고, 실제 생활에서 누군가의 행동에서 공포를 느낄 수도 있다), 백인과 흑인 모두 자신과 같은 인종이 공포를 불러일으킨 경우 공포에서 좀 더 빨리 회복할 수 있다는 것이다.

이를 통해 인종에 대한 부정적인 연관성이 모든 사회적·직업적 상황에서 지속적으로 나타날 수 있다고 믿어도 크게 틀리지 않다는 결론을 도출할 수 있다. 흑인 상사가 어떤 백인 직원과 안 좋은 일을 겪었다고 해보자. 사건이 일어난 지 오랜 시간이 흘러 이제는 부정적인 느낌을 자극할 만한 일이 없는데도 흑인 상사는 백인 직원에 대해 반감이나 거리낌을 느낀다. 또는 연구를 논평한 펠프스 연구소의 연구원이 언급한 대로 같은 집단의 구성원이 저지른 테러 행위는 이질적인 집단에 속한 사람이 저지른 그와 유사한 테러 행위보다 빨리 잊힐 수 있다.[15]

오늘날까지 고집스럽게 남아 있는 이런 부정적 반작용도 한때 생존을 위한 가치가 있었을 테지만, 그 필요성이 사라진 지 오래다. 현대 세계에서는 우정 및 협력 관계와 경제 전체가 상호 의존에 따른 고도의 연결망에 의해 전 세계로 확장되고, 인종과 국적, 문화의 경계를 넘어 협력하는 능력이 삶의 질 증진과 번영, 높은 생산성, 그리고 우리의 생존을 가능하게 해 줄 것이기 때문이다.

인종 정체성이 성 정체성만큼이나 깊어질 수 있다는 것은 누구나 쉽게 알 수 있다. 하지만 집단 정체성은 아주 사소한 차이만 가지고도 만들어질 수 있다.

1970년대 영국 과학자 헨리 타이펠Henri Tajfel은 사회심리학에서 가장 중요하다고 할 수 있는 사실 한 가지를 발견했다.[16] 집단 정체성이 어떻게 차별로 이어지는지에(이번에는 자신의 집단에 상대적으로 많은 자원을 배분하고 다른 집단의 자원을 빼앗아 오는 경우다) 흥미를 느낀 그는 학생들과 함께 간단한 실험을 진행했다. 연구진은 참가자들에게 선천적으로 '과대평가하는 사람'이라거나 '과소평가하는 사람'이라고 말하는 간단한 방법을 통해 최소한의 집단 정체성을 부여했다. 그들은 무엇을 과대평가하거나 과소평가했을까? 임의적인 패턴으로 그려진 점의 개수가 전부였다.

실제로 평가 같은 것은 하지도 않았다. 참가자들은 자기도 모르게 임의로 '과소평가하는 사람'이나 '과대평가하는 사람'이라는 딱지가 붙은 것이다. 연구진은 참가자들 간의 우호나 적대에 아무런 실제적 근거가 없다는 것을 더 확실히 하기 위해, 집단 내에서도 집단 밖에서도 상호 접촉하지 않도록 했다. 사실상 참가자들이 받은 것이라고는 컴퓨터로 치른 과제에 다른 사람들이 얼마나 자신과 비슷하거나 다른 점수를 입력했는지 알려 주는, 가장 빈약한 집단 정체성이라고 할 수 있는 참가자들의 식별 번호뿐이었다.

차이의 근거는 완전히 무의미한 것이었지만, 타이펠은 두 집단 모두 자신이 속한 집단에 더 많은 자원을 배분해 다른 집단을 차별한다는 것을 발견했다(이것은 캠프 활동에서 색깔을 통해 편을 가르는 것이 차라리 근본적인 차이로 보이게 만든다).[17]

매년 이것에 대해 가르치는 우리조차 최소 집단 정체성의 역학에 대한 타이펠의 발견에 끊임없이 놀란다. 타이펠 자신도 놀라기는 마찬가지였다.

그의 연구 결과는 집단 정체성이 빈 공간을 아주 싫어한다는 사실을 보여 준다. 개인과 집단 사이의 자의적인 연결고리를 만들고 저쪽 편에 그 연결고리를 갖추지 못한 다른 사람들이 있다는 단서만 있으면, '우리'와 '그들'을 나누는 심리가 여지없이 달려가 빈 공간을 메운다. 집단을 구성하는 근거가 합당하든 그렇지 않든 선이 그어지고 나면 차별이 자연스럽게 뒤따른다.

최초로 진행된 '최소 집단' 실험에서, 집단 구성원들은 같은 집단에 더 많은 자원을 할당할 뿐 아니라 개인적으로 얻을 게 전혀 없다고 하더라도, 아니 그보다 놀랍게도 자신들의 자원을 사용해 가면서까지 '우리'와 '그들'의 차이를 극대화하고자 했다. 집단 이기심도 모자라 자신의 손해까지 감수하다니, 도대체 설명하기가 어려운 결과다.[18]

이 발견 이후 몇 년 사이, 집단 정체성의 다양한 측면을 더 깊이 알아보기 위한 수백 건의 실험이 진행되었다. 발전하는 사회는 개인들이 어떻게 그처럼 쉽고 완벽하게 사회 집단에 묶이는지 이해하기 위해 힘을 쏟고 있다.[19] 우리는 우리와 비슷한 사람들과 우리와 다른 사람들을 생각할 때 신경이 어떻게 반응하는지 관찰해 보고자 했다.

뇌 속에서 은밀히 진행되는 편 가르기

뇌 영상 촬영 기술의 급격한 발전으로 뇌가 어떻게 우리와 그들을 구별하는지, 다른 사람들은 보통 어떻게 생각하는지 직접 관찰하면서 사회 인지에 관한 신경 과학 분야도 커다란 영향을 받았다. 하버드 대학교 제이슨 미첼Jason Mitchell은 학부생들에게 존과 마크라는 두 사람의 사진과 설명을 제시한 뒤 그들에 대한 인상을 기억해 두라고 했다. 학생들이 읽은 두 사람에 대한 설명은 다음과 같다.

> 존은 자신을 평범한 대학생이라고 생각한다. 존은 신앙을 존중하지만 정치적으로는 비교적 좌파에 가깝다. 그는 어떻게 조지 부시George Bush 가 대통령이 됐는지 아직도 믿기지 않는다. 그는 전공 공부 외에도 여러 활동을 하느라 바쁘다. 예를 들면 지난해에는 교내 체육 대회에 참가했고 학생회 일을 도왔다. 졸업한 뒤 석사 과정을 밟기 전 한두 해 정도 학교를 떠나 있을 생각이다. 존은 궁극적으로 보람 있고 보수도 좋은 직업을 얻고 싶어 한다.

> 마크는 지난 4년간 자신을 근본주의 기독교도라고 생각했다. 그는 매주 일요일 교회에 나가고 자신이 다니는 미드웨스턴 대학교 학내 예배에도 몇 번 참석했다. 그는 종교적 확신에서 공화당을 강력하게 지지한다. 공화당이 가진 정견에 강한 확신을 갖고 있다. 사실 마크는 지난 선거 기간 동안 다양한 신앙 활동을 통해 부시의 선거 자금을 모금하는 교내 형제 교회 공화당 지지 모임United Republican Brethren에서 열성적으로 활동했다. 졸업 후에는 자리를 잡고 가정을 꾸리고 싶어 한다. 미래의 아내가 집에서 가정을 돌보길 바라며, 대가족을 이룰 수 있는 직업을 얻고자 한다.

설명을 읽은 학생들은 뇌 영상을 촬영할 수 있는 fMRI 기계 속에 누워 존과 마크에 대한 수십 가지 질문에 대답했다. 대표적으로 다음 두 가지 질문을 들 수 있겠다.

· 존이 추수감사절에 고향에 갈 일을 기대할 가능성은 얼마나 된다고 생각하는가?
· 마크가 할리우드 영화보다 유럽 영화가 더 낫다고 생각할 가능성은 얼마나 된다고 생각하는가?

대부분의 사람은 존에 관한 질문에 대답하기 위해 사용되는 신경과 마크에 관한 질문에 대답하기 위해 사용되는 신경이 당연히 같은 종류일 것이라고 생각할 것이다. 하지만 뇌 활동을 관찰한 결과 그렇지 않았다.[20]

타인에 대해 생각할 때 뇌는 두 가지 다른 영역이 활동하는 것으로 나타났고, 어느 영역이 활성화되는가는 대상과 자신을 얼마나 동일시하느냐에 달려 있었다. 이번 검사의 경우, 참가자 대부분이 자유주의적인 동부 해안 지역 학생들이었고 마크보다는 존과 자신을 동일시했다(미리 검사를 통해 이를 측정했다). 자신을 존과 동일시하는 학생들은 존에 대해 생각할 때 내측 전전두피질mPFC의 아래쪽 영역에 있는 신경들을 사용했다. 마크에 대해 생각할 때는 그와 달리 mPFC의 위측 영역에 분포한 신경들을 사용했다.

거의 비슷한 영역 안에서 서로 다른 위치가 사용된다는 것은 임의적인 현상이 아닌 것 같다. 그보다 앞서 다트머스 대학교에서 진행된 실험을 통해, 우리는 타인에 대해 생각할 때보다 자기 자신에 대해 생각할 때 아래쪽 mPFC가 활성화된다는 것을 알았다.[21] 하버드에서 있었던 미첼의 연구는 더 나아가 자신과 비슷한 사람의 행동을 예측할 때도 같은 영역을 사용한다는 사실을 말해 준다. 심리학자들은 이와 같은 선택적 뇌 영역 활성화가 다른 사람의 입장을 생각해 보는 것과 관련 있다고 말한다. 하지만 분명한 것은 우리가 자신을 누군가와 동일시하면 그 사람에 대해 생각할 때 뇌의 특정 영역을 사용한다는 것이다.

동일시하는 정도에 따라 누군가에 대해 생각할 때 서로 다른 뇌 영역을 사용한다는 사실을 우리는 인지하지 못하기 때문에, 이 결과는 앞서 아이들의 집단 소속감이 가져올 수 있는 가능성의 제한을 이야기했을 때와 유사한 우려를 불러일으킨다. 예를 들어 판사를 생각해 보자. 그녀는 일상적으로 다른 사람들에 대한 판결을 내린다. 어떤 사람은 그녀와 비슷할 것이고 어떤 사람은 다를 것이다. 말하자면 (그녀와 비슷한) 전문직 여성이 부부 문제를 겪고 있다고 할 때와 (그녀와 다른) 전문직 남성이 같은 처지에 있다고 할 때, 그녀의 판단이 서로 다른 신경 작용에 영향을 받는다는 것을 그녀가 무슨 수로 고려하겠는가?

어찌 됐든 생각하는 대상에 따라 서로 다른 뇌 영역이 활성화된다는 것을 알려 줄 만한 신체적 감각이 전혀 없기 때문에, 그녀는 이러한 선택적 신경 활동이 자신의 결정에 영향을 미친다는 사실을 알 수 없을 것이다. 예를 들어 앞서 말한 전문직 여성과 남성에게 구속 결정을 내릴 때 여성을 자신과 동일시하고 남성을 동일시하지 않는다면 구속 결정에 영향을 미치지 않을까? 영향을 미친다고 생각하는 편이 합당할 것이다.

일상 속 차별이 드러나지 않는 이유

'최소 집단' 정체성 현상을 연구한 심리학자 헨리 타이펠은 제2차 세계 대전의 경험 때문에 편견에 관한 심리학에 관심을 갖게 되었다. 폴란드에서 유대인으로 태어난 그는 홀로코스트로 직계 가족을 모두 잃고, 전쟁이 끝난 뒤 원래 전공했던 화학을 포기하고 심리학을 공부했다. 그가 심리학에 관심을 갖게 된 이유는 대학살을 감행한 나치의 반유대주의 때문이었지만, 그는 '우리'와 '그들'이라는 정체성이 아주 빈약한 기반 위에서도 성립될 수 있으며 자기 집단에 속한 구성원에게 더 많은 자원을 안겨 주기 위해 다른 사람들의 손실을 초래하는 일이 히틀러 치하에서 일어났던 만행보다 훨씬 더 미묘한 형태로, 그럼에도 차별받는 사람들에게는 그에 못지않은 큰 비용을 치르게 하면서 일어날 수 있다는 사실을 알았다.

집단 소속감에 따른 자원 배분이라는 문제는 마자린과 함께 일한 적 있는 동료의 이야기를 통해 생생하게 들을 수 있다. 1980년대 후반, 예일 대학교 미국 문학 조교수였던 칼라 캐플런Carla Kaplan은 실제 나이보다 어려 보이는 20대 후반의 젊고 실력 있는 학자였다. 그녀는 또한 퀼트에 아주 열성적이었다. 천 조각을 들고 있을 때면 패턴과 색의 세계로 저 멀리 떠나 있을 수 있었고 자신이 창조하는 세계 말고는 모두 잊을 수 있었다.

어느 날 저녁, 부엌에서 크리스털 그릇을 설거지하던 그녀는 그만 그릇을 놓치고 말았다. 그릇을 붙잡으려다가 그릇이 싱크대에 부딪혀 산산조각 났고 날카로운 크리스털 조각이 손바닥 가운데부터 손목까지 선명한 선을 남겼다. 온 바닥에 피가 튀었고 서둘러 붕대를 감은 뒤 남자 친구가 운전하는 차를 타고 대학과 연계된 예일 뉴헤이븐 병원 Yale-New Haven Hospital 응급실로 향했다.

남자 친구는 응급실 레지던트에게 퀼트는 칼라에게 아주 중요한 일인데 혹시라도 운동 신경에 문제가 생겨 그토록 사랑하는 퀼트를 못하게 될까 봐 그녀가 잔뜩 겁먹었다는 사실을 분명하게 전했다. 의사는 이해한 것 같았고, 얼른 봉합만 하면 괜찮을 거라고 자신 있게 말했다.

의사가 칼라의 손을 봉합할 준비를 하고 있을 때 근처에서 일하던 자원봉사 학생이 칼라를 알아보고 외쳤다. "캐플런 교수님! 여기서 뭐하세요?" 이 말에 의사는 하던 일을 멈췄다. "교수?" 그가 물었다. "예일 대학교 교수님이세요?" 잠시 후 칼라는 이송용 침대에 누웠고, 외과 의료진이 그녀를 둘러쌌다. 코네티컷에서 가장 실력 좋다는 외과 의사가 호출되었고, 수술 팀이 몇 시간에 걸쳐 칼라의 손을 완벽하게 치료했다. 좋은 소식은 칼라가 다치기 전과 똑같은 훌륭한 운동 능력으로 타자도 치고 퀼트도 하고 무엇이든 다 할 수 있을 만큼 손을 사용하게 되었다는 것이다.

명백하게 드러나지는 않지만 칼라가 응급실을 방문했을 때 벌어진 '우리/그들'의 차별을 알아챌 수 있겠는가? 그 후 이 사건은 일상에 나타나는 숨은 편향의 복잡함을 상징적으로 보여 주는 사례로 기억되어 마자린의 머리에서 떠나지 않았다. 여기서는 남에게 피해를 입히는 차별이 있었던 게 아니라 의사가 '예일 대학교 교수'라는 정보를 받아들인 뒤 제공한 도움이 바로 차별이었기 때문에 차별 행위를 알아채기가 쉽지 않았다. '예일 대학교 교수'라는 말이 의사로 하여금 자신과 환자의 공통된 집단 정체성을 인식하게 했고, 손이 피투성이가 된 퀼트 애호가를 예일 대학교 내집단의 동료로 만들었으며, 이로써 그녀는 갑자기 일류급 치료를 받을 자격을 갖춘 것이다.

최근 칼라에게 이 이야기를 확인받기 위해 편지를 보냈더니 자세한 설명을 전해 주었다. "갑자기 사람들이 뉴잉글랜드에서 제일 유명한 손 전문의를 불렀어요. 완전히 180도 달라진 거죠. 내가 퀼트 애호가란 사실은 내 오른손 엄지에 필요한 신경 복구와 아무런 상관이 없었어요. 하지만 예일 대학교 교수라는 사실은 고가의 복잡한 수술을 받게 만들었죠."

만약 칼라가 아니라, 칼이 헝클어진 트위드 재킷을 입고 파이프가 재킷 주머니 위로 삐져나온 채 병원에 들어섰다면, 다친 손의 미래는 전혀 걱정할 필요가 없었을 것이다. 그런 경우라면 학생 자원 봉사자가 그와 같은 집단의 일원임을 확인시켜 줄 필요도 없었을 것이다. 칼라의 이야기는 거리를 두고 살펴봐야만 퀼트 애호가보다 예일 대학교 교수를 더 잘 치료해야 한다는 의사의 결정에서 어떤 면이 윤리적 규범을 위배했는지 분명해질 것이다. 가까이서 들여다본다면, 대부분의 사람들은 중요한 환자를 성의껏 치료한 의사의 조치가 칭찬받을 만하다고 생각할 것이다. 여기서 다소 급진적인 의견을 제시한다면, 그것은 집단 간 차별은 외집단에 대한 공격 형태로 나타나기보다 내집단에 도움을 주는 일상적인 행위로 나타나기가 훨씬 쉽다는 것이다.

퀼트 애호가로서 칼라가 받은 차별은 적절한 조치를 받지 못했다는 것이다. 부록 1에 나온, 도움을 주는 행위를 연구한 1970년대의 수많은 실험 결과 중 몇 개를 살펴보자. 이 연구들은 지금까지 줄곧 백인 미국인이 흑인 미국인보다 많은 도움을 받았다는 사실을 보여 준다. 연구에서 흑인 미국인이 받은 유일한 피해는 아무런 조치도 받지 못했다는 것, 도움을 받지 못했다는 것이다. 그 때문에 도움을 받은 백인 미국인이 이득을 얻었지만 흑인 미국인은 거기에서 제외됐다. 칼라의 수술 이야기에 차별이 숨겨져 있었던 것처럼, 우리는 이것을 숨은 차별이라고 부를 수 있을 것이다.

차별을 인지하기 어려운 것은 우리가 두 사람 중 누구를 도울지 결정을 내려야 하는 상황에서 그 차별이 분명하게 제 모습을 드러내지 않기 때문이다. 이런 행위들은 결과적으로 누군가는 도움을 받았고 누군가는 그러지 못했다는 사실을 맹점에 남겨 둔다. 실제로 칼라의 이야기에 포함된 '우리'와 '그들'에 대한 편향은 최소한 네 가지 방법으로 은폐됐고, 그 가운데 두 가지는 우리가 여태껏 숨은 편향이라고 정의해 온 것과 비슷하다. 즉 편향이 편향을 가진 사람에게도 보이지 않게 숨겨져 있었던 것이다.

첫 번째로, 레지던트 스스로도 자신이 특정 집단 구성원(예일 대학교 교수)을 다른 집단 구성원(기능인)보다 선호하는 내재적 태도를 지녔다는 것을 인지하지 못했다는 점에서 편향은 은폐되어 있었다. 두 번째 역시 의사가 인지하지 못했던 문제로, 눈에 보이는 아무런 해도 끼치지 않았다는 사실 때문에 예일 대학교 교수인 칼라에게 두 가지 유용한 방법 가운데 더 훌륭한 치료법을 제공함으로써 자신이 편향을 드러내고 있다는 것을 파악하지 못한 것이다.

세 번째로 편향을 숨길 수 있었던 이유는 의사의 행위로 인해 다친 사람이 아무도 없다는 점이다. 유일하게 의사의 행동에 영향을 받은 칼라는 예일 대학교 교수라는 신분이 밝혀짐으로써 도움을 받았다. 마지막 네 번째는 이 상황에서 손해를 입은 집단을 쉽게 찾을 수 없다는 것이다. 굳이 어떤 집단이 차별을 받았는지 말해야 한다면, 우리는 그저 "똑같이 특별 치료를 받지 못한 모든 사람"이라고 말해야 할 것이다.

칼라의 이야기에서 중요한 점은, 행해진 행위를 파악함으로써가 아니라 행해지지 않은 행위를 파악함으로써 숨은 편향이 작동하는 방식에 대한 우리의 지각을 넓힐 수 있다는 것이다. 이제 우리는 이야기의 주연 배우였던 의사처럼, 필요한 행동을 하지 않은 책임을 져야 할 사람들이 대체로 남을 돕는 일을 미덕으로 여기는 좋은 사람들이라는 사실을 알 수 있다. 우리가 말할 수 있는 것은, 책임 있는 치료 전문가인 의사는 퀼트 애호가로서의 칼라를 차별할 의도가 없었다는 것이다. 그럼에도 불구하고 그는 분명 칼라를 차별한 것이며, 칼라가 내집단의 일원임을 인지하지 못한 경우 발생할 피해 또한 실재하는 피해로 보아야 한다.

칼라 이야기의 교훈은, 분명히 (같은 집단의 구성원을 돕겠다는) 선한 의도에서 나온 차별이라고 하더라도, 그 차별은 집단에 속한 사람과 속하지 못한 사람 모두에게 중대한 영향을 끼친다는 것이다. 우리가 다른 심리학자들처럼 전통적인 방식에 따라 외집단에 대한 적대적이고 부정적인 표현을 살펴봄으로써 숨은 편향을 연구하려 했다면, 불타 주저앉은 외집단의 예배당이나 이슬람 사원의 수를 헤아려 편향을 측정하려 했다면, 사회 밑바닥 계층에 돌아갈 자원을 태어나면서부터 좋은 지위를 누리는 특권 계층에게 돌림으로써 현상을 유지하는, 더욱 널리 퍼져 있는 숨은 편향을 알아보지 못했을 것이다. 그렇다면 배에 별을 단 녀석들이 언제나 별이 없는 녀석들보다 좋은 것을 더 많이 차지하는 일도 놀랍지 않을 것이다.

　대부분의 경우 내집단에 속함으로써 받는 이익은 좀처럼 눈에 띄지 않는다. 지배 계층이나 다수 집단에 속하는 이들이 자신들이 받는 이득을 지적받았을 때 당혹스러워하는 것도 그런 이유일 것이다. 맹점은 차별과 특권을 은폐하며 차별하는 행위와 차별받는 사람도, 특권을 누리는 행위와 특권을 누리는 사람도 잘 드러나지 않게 만든다. 경기장의 균형을 바로잡으려는 의식적인 시도가 그러한 저항에 부딪히는 것도 놀라운 일은 아니다.

8장

공정한 판단은 가능한가?
마인드버그 다루기

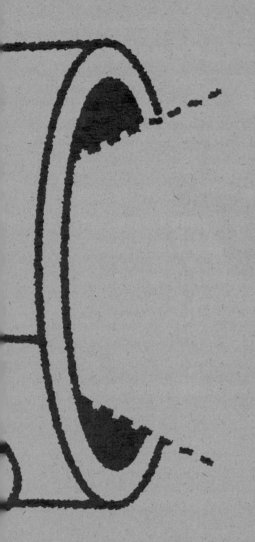

Blindspot : Hidden Biases of Good People

기계 속이기

워싱턴 대학교 심리학과는 디지털 시대의 산물이라고 할 만한 훌륭한 서비스를 제공한다. 오래된 책을 전자 문서로 만들어 주는 것이다. 토니는 최근 그렇게도 바라던 40년 된 책의 한 챕터를 전자 문서로 만들기 위해 신청했다. 그런데 파일을 받은 그는 짝수 페이지의 모든 행에서 오른쪽에 위치한 단어가 한두 개씩 누락된 것을 발견했다. 그는 담당자에게 문제를 알리고 수정을 요청했다.

다음 날 다시 파일을 받았으나 문제는 여전했다. 토니는 문제가 수정되지 않은 데 실망을 표하며 다시 한 번 파일을 돌려보냈다. 고치기 어려운 문제일 리 없는데 말이다! 세 번째로 파일을 받았을 때에야 모든 페이지가 제대로 변환되어 있었다.

왜 그런 일이 생겼는지 궁금했던 토니는 사무실에 들러 무엇이 문제였는지 물었다. 그 답은 '지능적인' 복사기가 챕터의 모든 페이지 여백이 같아야 한다고 '생각했기' 때문이라는 것이었다. 하지만 원본은 짝수 페이지와 홀수 페이지의 여백이 달랐기 때문에 짝수 페이지의 글자들이 홀수 페이지보다 좀 더 오른쪽으로 옮겨 갔던 것이다. 해결 방법은 두 페이지의 여백이 엇비슷하도록 종이 사본을 만든 뒤 이것을 전자 문서로 변환시키는 것이었다.

이 문제를 해결한 담당자는 이렇게 말했다. "비결은 기계를 속이는 거죠." 기계를 속인다는 아이디어는 더 큰 문제를 앞에 두고 있던 우리에게 핵심을 짚어 주었다. 바로 인간의 두뇌가 그 안에 살고 있는 마인드버그들을 속이게 만들어야 하는 문제 말이다.[1] 분석적이고 반성적인 두뇌가 속임수를 사용해 의도하지 않은 결과를 만들어 내는 자동적이고 반사적인 사고를 막을 수 있을까? 다시 말해 우리가 가진 숨은 편향의 기계적 작동을 속여 넘길 수 있을까?

마인드버그 속이기

1970년, 미국의 주요 교향악단에서 여성 연주자가 차지하는 비율은 10퍼센트에 못 미쳤고, 신규 고용되는 비율도 20퍼센트가 안 됐다. 하지만 이것을 문제라고 여긴 사람은 많지 않았다. 많은 사람이 훌륭한 연주자가 될 재능은 선천적으로 여자보다 남자에게 많다고 생각했다. 세계 최고의 연주자들을 떠올려 보면 이것은 즉시 명백해졌다. 스비아토슬라프 리히터Sviatoslav Richter, 다비드 오이스트라흐David Oistrakh, 블라디미르 호로비츠Vladimir Horowitz, 파블로 카살스Pablo Casals, 므스티슬라프 로스트로포비치Mstislav Rostropovich, 예후디 메뉴인Yehudi Menuhin, 야사 하이페츠Jascha Heifetz, 세르게이 라흐마니노프Sergei Rakhmaninov, 글렌 굴드Glenn Gould, 프리츠 크라이슬러Fritz Kreisler까지 모두 남자인 것이다.[2]

혹은 아닐 수도 있다. 다르게 보면 대부분의 명연주자가 남성인 것은 자연의 선물 때문이 아니라 남성의 재능을 알아보고 격려하고 지지하는 문화의 선물 때문일 수 있다. 하지만 미국에서 문화적 힘을 갖춘 페미니즘이 이러한 불균형을 알아보고 의문시하기 시작한 40년 전만 해도 이런 생각을 하는 사람은 많지 않았다. 보스턴 교향악단이 최고의 트롬본 연주자를 뽑았을 때, 과연 그 사람이 최고의 인재였을까? 만약 그렇지 않다면 보스턴 교향악단은 맹점에 가려 최고의 연주자를 뽑지 못한 게 아니라고 어떻게 확신했을까?

오랜 전통에 따라 입단 지원자들은 대부분 해당 교향악단 출신의 대가들로 이루어진 심사위원단 앞에서 연주를 했다. 1970년대부터 미국의 몇몇 주요 교향악단은 지원자와 심사위원단 사이에 가림막을 설치해 연주는 들리되 연주자는 볼 수 없게 하는 심사 방법을 실험하기 시작했다. 여성 연주자들이 차별받는다는 우려에서 채택한 방법은 아니었다. 그보다는 그 수가 많지 않은 유명한 선생들의 제자들에게 마음이 기울까 봐 우려한 것이었다.

20년이 지나 흥미로운 결과가 나왔다. 가림막을 사용하고부터 주요 교향악단의 여성 연주자 비율이 20퍼센트에서 40퍼센트로 두 배 증가한 것이다. 돌이켜 봤을 때 '명연주자＝남성'이라는 고정관념이 부적절하지만 강력한 마인드버그였다는 사실을 쉽게 알 수 있다.

가림막을 도입한 입단 심사에서 두 가지 특징이 눈에 띈다. 먼저 그 방법은 완전히 실험이었다는 것이다. 자신의 심사 능력을 의심하는 대가들은 많지 않았다. 두 번째로, 해결 방법이 간단하고 비용이 저렴했다는 것이다. 천 한 조각이면 됐다. 이 마인드버그를 속이는 데는 문제의 발견, 개선하려는 의지, 개선 방법이 필요했다. 복잡할 필요도 없고 돈을 많이 들일 필요도 없었다.[3]

가림막을 이용한 심사가 연주자 선발에 존재하는 '명연주자＝남성'이라는 고정관념을 속이는 탁월하고 효과적인 방법이었다는 데는 의심의 여지가 없다. 그렇다면 다른 상황에서도 이와 비슷한 전략을 사용할 수 있는지 생각해 보자. 예를 들어 고등학교와 대학교에서 교사가 학생의 에세이를 채점할 때 학생의 신원을 모르게 하거나 그 밖에 글의 형태를 갖춘 모든 시험에서 채점자가 피채점자를 모르게 할 수 있다.

하지만 안타깝게도 신원을 모르게 하는 전략은 직원 채용이나 업무 평가 등 대부분의 업무 상황에서 불가능하다. 구직자의 이력서에서 이름을 지울 수는 있지만 남아 있는 다른 정보들에서 성별은 어떻게든 드러날 것이다. 예를 들어 지원자가 여성 축구팀 주장이었다는 정보가 그럴 것이다. 이름을 지운 추천서라 해도 곳곳에 나오는 대명사가 지원자의 성별을 알려 줄 것이다.

그리고 당연하게도, 거의 모든 직원 채용 상황에서 개별 면접을 포기하는 일이 가능하기는 하겠지만 극히 어려울 것이다. 직원들의 업무 평가에서도 일반적으로 평가자가 해당 직원이 누구인지 모르게 하기는 불가능하다. 마찬가지로 병원에서나 형사 재판, 집을 구하는 일 등 얼굴을 마주 봐야만 하는 다른 수많은 상황에서도 상대를 모르게 하여 차별을 유발하는 마인드버그를 막기는 불가능하다. 의사가 환자를 보지 않고 진료할 수는 없는 일이고, 판사와 배심원도 익명의 피고를 보지 않고는 판결을 내릴 수 없다. 디지털 시대가 되어 직접 찾아가지 않고도 빈집에 대한 수많은 정보를 알아볼 수 있지만, 최종적으로 집주인에게 자신을 드러내지 않고 집을 빌리거나 살 수는 없다. 무엇보다 기술의 발달로 거의 모든 사람에 관해 그 어느 때보다 쉽게 인구통계학적 정보를 얻을 수 있게 되었다. 인터넷 검색 덕에 이름만 알면 마우스 클릭 몇 번으로 개인 정보를 손에 쉽게 넣을 수 있게 된 것이다.

제거할 수 없다면 돌아가라

마인드버그를 속이려고 하지 말고 컴퓨터 프로그래머가 프로그램 버그를 처리하듯 마인드버그를 찾아내 없애 버릴 수는 없을까? 안타깝게도 숨은 편향을 조장하는 마인드버그를 확실하게 제거할 방법은 아직 없다.

마인드버그를 제거하는 어려움과 관련해 롤러코스터를 타는 것 같은 일을 겪은 적이 있다. 1990년대 후반 IAT가 처음 나왔을 때, 마자린과 토니는 몇 가지 검사를 수차례 반복했다. 존재하지 않기를 바랐던 연상 작용의 결과가 나타나는 것도 실망스러웠지만, 더 실망스러운 것은 시간이 지나고 검사를 반복해도 그 결과가 거의 바뀌지 않는다는 것이었다. 숨은 편향의 존재를 아는 것만으로는 이것을 제거하는 데 별 도움이 되지 않는 듯했다. 적어도 검사를 계속하는 동안에는 변화를 찾아볼 수 없었다.

IAT가 나온 지 얼마 되지 않았을 때, 우리는 IAT를 통해 발견된 마인드버그가 좀처럼 변하지 않을 거라고 생각했다. 숨은 편향을 제거할 수 없을 거라며 실망하고 있을 때, 다른 연구자들이 IAT로 측정된 마인드버그를 약화시키거나 어쩌면 제거할 수도 있다는 생각으로 여러 가지 방법을 개발해서 실험하기 시작했다. 이 문제를 최초로 연구하기 시작한 사람들 가운데 닐란자나 (부주) 다스굽타Nilanjana (Buju) Dasgupta는 1990년대 후반

경력을 막 시작했을 때 우리와 함께 일한 적이 있다.

부주는 유명한 미국인 스무 명의 사진을 이용한 혁신적인 실험을 고안했다. 인종 IAT에서 백인 자동 선호가 경감되는지 알아보기 위한 실험으로, 우선 참가자들에게 선행 과제를 통해 상당히 존경받는 흑인 인물로 마틴 루터 킹Martin Luther King Jr.이나 콜린 파월Colin Powell, 마이클 조던Michael Jordan, 덴젤 워싱턴Denzel Washington, 빌 코스비Bill Cosby 등의 사진을 보게 했다. 각 인물별로 두 가지 설명이 주어졌는데, 모두 긍정적인 설명이었지만 하나는 사실, 하나는 거짓이었다.

참가자들은 이 중에서 사실을 골라야 했다. 예를 들어 콜린 파월의 사진에서는 "전 미국 국방부 합참의장"(사실)이라는 설명과 "UN 주재 미국 대사"라는 설명 중 하나를 선택해야 했다. 열 명의 흑인 미국인 사진과 함께 잘 알려지지 않은 백인 미국인 사진도 주어졌는데, 그중에는 연쇄 살인범 제프리 다머Jeffrey Dahmer, 테드 번디Ted Bundy, 찰스 맨슨Charles Manson, 테드 카신스키Ted Kaczynski와 대량 살상범 티머시 맥베이Timothy McVeigh도 있었다. 이들의 사진을 보고도 두 가지 설명 중 하나를 선택해야 했는데, 모두 끔찍한 설명들이었다. 예를 들어 카신스키의 사진에는 "폭탄이 든 소포로 사상자를 낸 폭탄 배달범"(사실)이라는 설명과 "유죄 판결을 받은 소아 성애자"라는 설명이 달렸다. 참가자들은 각 정보에 대한 노출을 확실히 하기 위해 스무 장의 사진에 대한 답을 각각 두 번씩 고른 뒤 인종 IAT를 실시했다.

자신의 IAT 점수가 좀처럼 바뀌지 않는 걸 보고 그 가능성에 회의를 느낀 토니는 부주의 실험이 성공하지 않을 거라 생각하고 5달러짜리 내기를 했다. 그는 그 자리에서 돈을 잃었지만 아쉬움은 없었다. 실험에 참가해 존경할 만한 열 명의 흑인 미국인과 열 명의 끔찍한 백인 미국인의 사진을 본 학생들은, 비교 집단으로 참가해 존경할 만한 백인 미국인이나 꽃, 곤충 등의 사진을 보고 IAT를 한 학생들보다 '백인＝좋음' 편향이 더 약했던 것이다.

부주는 곧이어 진행한 비슷한 실험에서 참가자들에게 마더 테레사Mother Teresa, 월터 크롱카이트Walter Cronkite, 엘리노어 루스벨트Eleanor Roosevelt, 알베르트 아인슈타인Albert Einstein 등 존경할 만한 노인 열 명의 사진을 보여 줬다. 결과는 비슷했다. 존경스러운 노인을 본 참가자들은 존경스러운 젊은 사람들의 사진을 본 참가자들보다 '젊음＝좋음' 편향이 약했다. 이런 IAT 결과를 보고 우리는 숨은 편향의 변화 가능성과 마인드버그의 제거 가능성에 대한 생각을 즉시 바꾸었다.[4]

부주가 실험을 진행할 즈음에 다른 몇몇 연구소에서 내놓은 실험 결과들도 고정관념이나 암시적인 태도들이 비교적 간단한 방법을 통해 변화될 수 있다는 믿음을 지지해 주었다. 예를 들어 콜로라도 대학교의 아이린 블레어Irene Blair는 대학생 남녀에게 "강한 여성이란 어떤 사람인지, 그녀가 왜 강한지, 그녀가 무엇을 할 수 있는지, 그녀는 어떤 취미 생활을 즐기고, 어떤 활동을 하는지" 간단히 상상하게 했다. 이런 단순한 정신 활동을 통해서도 IAT에 나타나는 '남성＝강함' 연상을 효과적으로 약화시킬 수 있었다. 이 결과는 다른 상상을 한 뒤 IAT를 실시한 참가자들과 비교했을 때 더욱 분명해졌다.[5]

과학 분야에 몸담고 있어서 좋은 점 중 하나는 연구 결과에 따라 생각을 변화시킬 기회가 늘 있다는 것이다. 이때가 그럴 때였다. 애초에 우리는 개선될 필요가 있는 연상 작용을 변화시키기 위해서는 오랜 기간에 걸쳐 상당한 노력이 필요하다고 믿었다. 하지만 실험 결과들은 숨은 편향에 따른 마인드버그가 비교적 간단한 조정을 통해 약화될 수 있다는 것을 보여 주었다. 어쩌면 실험에 사용한 것과 같은 간단한 조정을 오랫동안 반복하면 마인드버그를 없앨 수 있을지도 모를 일이었다.

종종 우리는 숨은 편향을 경감시키기 위해 어떤 방법을 사용하느냐는 질문을 받곤 한다. 마자린은 한 가지를 생각해 냈다. 편향의 변화 가능성을 말해 주는 결과들이 많아지는 데 자극을 받은 그녀는 머릿속 마인드버그를 몰아내겠다고 컴퓨터 화면 보호기를 사람들에 관한 다양한 이미지들로 채워 넣었다. 일상에서 늘 한정적인 사람들만 만나는 그녀는 세상의 다양성을 잊지 않는 데 그 이미지들이 도움을 줄 거라고 생각했다. 또한 그녀는 고정관념과 반대되는 이미지들을 선호했다. 키 작고 머리가 벗겨진 고위직 남성 이미지가 그녀가 좋아하는 이미지 중 하나였다. 안전모를 쓰고 아기에게 모유를 수유하는 건설 노동자가 그려진 〈뉴요커〉지의 표지도 그중 하나였다. 그녀는 일상이나 미디어를 통해 접하는 고정관념과 반대되는 이미지를 연상할 수 있는 힘을 축적하고자 했다.

부주의 연구가 실시된 이후 10년 넘는 동안 그와 유사한 실험들이 이어지면서 비슷한 결과들을 내놓았다. 꾸준히 좋은 결과가 나오는 만큼, 우리는 과학적 이해를 통해 숨은 편향의 기계적 작동을 멈추는 법에 대해 높은 기준을 세워야 할 것이다. 아아, 하지만 지난 10년간의 연구에서도 아직 (우리가) 확신할 수 있는 지속성 있는 방법은 발견되지 않았다. IAT

로 측정된 연상에서 가장 오랫동안 효과가 지속된 실험은 거미 공포증을 치료하기 위한 3주 과정의 프로그램에 관한 연구이다. 모든 과정을 마치고 한 달 뒤까지 공포증 완화 효과가 지속되었다.[6]

이제 우리는 다스굽타나 블레어 등의 연구에서 나타난 변화들을 '탄성' 있는 변화들로 이해해야 하는 것은 아닌지 의심하고 있다. 마치 잡아당겼다가 놓은 고무줄처럼, 실험을 통해 변화된 연상 작용이 대개는 짧은 시간 안에 교정 전으로 돌아가는 것이다. 이처럼 탄성 있는 변화들도 큰 의미가 있을 수 있지만 이것을 활성화시키려면 매번 교정 과정을 다시 거쳐야 한다. 이 방법으로는 마인드버그를 억제했다고 볼 수는 있어도 제거했다고 볼 수는 없다.

다른 고무적인 발견들도 있다. 부주 다스굽타는 여성 대학생들이 여성 교수에게 지속적으로 수업을 받은 뒤 '여성＝지도자'라는 연상과 '여성＝수학'이라는 연상 작용이 강해지는 것을 발견했다. 여성 교수들의 수업을 많이 들은 여학생일수록 이런 고정관념이 약하게 나타났다. 위스콘신 대학교에서 진행된 아직 발표되지 않은 연구에서 퍼트리샤 더바인Patricia Devine은 IAT로 측정된 백인 선호 편향을 완화시킬 목적으로 복합적인 요소로 구성된 훈련 과정을 실험했다. 그녀는 훈련이 끝난 뒤 최대 6주까지 완화 효과가 지속되는 것을 발견했다. 하지만 이런 긍정적인 연구에도 불구하고 우리는 마인드버그가 무서울 정도로 완강하다고 볼 수밖에 없다.[7]

최소한 당분간은, 마인드버그 대처법을 찾을 필요가 있어 보인다. 그러니 다시 이 기계적 작동을 속이는 방법으로 돌아가자. 제거는 못해도 속이는 것은 가능한 경우가 많은데, 특히 치료가 불가능한 질병에 대처할 때 그렇다. 말라리아를 예로 들면, 모기장을 사용하거나 보균 모기를 불임시킴으로써 이것을 예방할 수 있고, HIV의 경우라면 성 접촉을 통한 전염을 막기 위해 콘돔을 사용하거나, 어쩌면 가장 기발한 방법일 수 있는, 다양한 항레트로바이러스 약품을 사용할 수도 있는 것이다.

미리 가이드라인을 만들어 두라

6장에서 조앤 A에 대해 이야기했다. 그녀의 주치의 M은 48세인 그녀는 심혈관 질환을 걱정할 이유가 없다고 생각했다. 그의 판단은 중년 여성은 중년 남성보다 심장 질환 위험이 낮다는, 타당한 의학적 지식에 어느 정도 근거를 두고 있었다. 그녀의 적은 체중과 높은 활동량에 대한 지식도 그 같은 판단을 내린 한 이유였다. 하지만 조앤의 요구로 혈중 콜레스테롤 수치를 검사했을 때 의사 M은 자신의 예측과 반대로 조앤의 콜레스테롤 수치가 조치를 취할 만큼 높은 것을 발견했다.

조앤 A와 의사 M의 이야기는 약 25년 전 여성의 심장 질환에 대한 경각심이 오늘날만큼 크지 않았던 때의 일이다. 이제는 일반적으로 여성의 심장 질환 위험이 남성보다 낮지만, 그래도 위험성이 있기 때문에 검사를 받아야 한다는 것을 모두 알고 있다. 설령 날씬하고 활동적인 여성이라고 해도 말이다. 결과적으로 의료계 종사자들은 콜레스테롤 수치 검사를 위한 다양한 방법을 사용하고 있다.

국립 심장, 폐, 혈액 연구소National Heart, Lung, and Blood Institute, NHLBI는 가이드라인을 통해 20세 이상인 사람은 누구나 적어도 5년에 한 번 콜레스테롤 수치를 검사받도록 권고하고 있다. NHLBI의 가이드라인은 가이드라인일 뿐 필수 사항은 아니다. 물론 일상적인 진료 상황에서 어떤 의사들은 아직도 '여성=심장 질환 위험 낮음'이라는 고정관념에 따라 콜레스테롤 검사를 권고할 것이다. 하지만 최신 가이드라인을 따르기로 한 의사들은 더 이상 중년 여성의 심장 마비 가능성에 대해 어떤 판단을 내릴 필요가 없어졌다. 정기 검진만 권고하면 더 이상 생각할 필요가 없다. 환자에따라 상대적인 위험도를 고민할 필요 없이 가이드라인을 따름으로써 적절치 못한 고정관념이 개입될 가능성을 아예 차단하는 것이다.

'여성=심장 질환 위험 낮음'이라는 고정관념은 누구나 떨쳐 내기를 바라는 마인드버그일 것이다. 하지만 어떤 고정관념은 반드시 속여야 한다는 사실이 잘 와 닿지 않는다. 예를 들어 최근 토니에게 아메리칸 스태퍼드셔 테리어를 몇 마리 키우는 견주가 찾아와 이 견종에 대한 부정적인 고정관념을 불식시키기 위한 캠페인을 하고 싶다며 조언을 구했다. 어리둥절할 수도 있겠지만, 이 개가 흔히 핏불이라고 알려져 있다는 것을 알면 이해될 것이다.

미국에 등록된 개들 가운데 핏불은 1~2퍼센트에 불과하지만 (여러 자료에 따르면) 개에게 물렸다고 신고된 사고의 25퍼센트가 핏불에 의한 것이고, 개에게 물려 사망한 경우도 핏불이 비슷한 비율을 차지하고 있다. 최근 워싱턴 주의 시애틀은 핏불에 물린 주민이 핏불 반대 웹사이트를 개설하면서 핏불을 싫어하는 사람들 사이에 화제가 되고 있다. 시애틀이 아마 대표적인 도시일 텐데, 이곳 동물 보호소에서 안락사시키는 개들 가운데 절반이 핏불로 알려져 있다. 이처럼 광범위하게 이루어지는 스태퍼드셔 테리어에 대한 안락사를 막고 고정관념을 불식시키기 위해 핏불 주인이 토니에게 조언을 부탁한 것이었다.[8]

당신도 '핏불=사납다'라는 고정관념을 갖고 있는가? 만약 그렇다면 그런 관점과 그에 따른 행동 방식을 바꾸려고 노력해야 할까? 다음 세 가지 질문을 통해 이에 대한 답을 찾을 수 있을 것이다. 처음 두 질문은 우리가 대신 대답해 줄 수 있다.

(1) 핏불은 평균적으로 다른 개보다 사나울까? 그렇다고 할 수 있을 것이다. 이것은 고정관념에 어느 정도 타당성이 있다는 뜻이다. 핏불 옹호자들은 공격성이 있는 경우는 일부러 그렇게 훈련을 시켰거나 비인간적인 대우를 받았기 때문이라고 주장하지만, 그렇다고 해도 여전히 이 고정관념에는 타당성이 있다.

(2) 모든 핏불이 사나운가? 물론 그렇지 않으니, 대답은 '아니요'이다. 사랑을 듬뿍 받는 핏불은 고양이라든가 다른 애완동물처럼 어린아이들과도 안전하고 얌전하게 잘 어울린다.

(3) 처음 보는 핏불을 맞닥뜨렸을 때 개가 사나울 거라 여기고 대응해야 할까?

마지막 질문의 답을 생각했다면, 그것에 대응하는 중년 여성의 심장 질환 발병 여부와 관련된 세 가지 질문을 생각해 보자.

(1) 중년 여성은 중년 남성보다 심장 마비를 일으킬 확률이 적은가? 대답은 '예'이다. 타당성 있는 고정관념이다.

(2) 모든 중년 여성이 좀처럼 심장 마비에 걸리지 않는 것일까? 물론 아니다. 많은 중년 여성이 심장 마비를 일으킨다.

(3) 중년 여성을 진료할 때 의사는 심장 질환 위험이 없다고 판단해도 될까? 우리가 알다시피 이 질문의 답은 NHLBI 가이드라인으로 성문화되어 있다. 20세 이상이라면 누구나 정기적으로 콜레스테롤 수치를 검사하도록 권고하므로 대답은 '아니요'이다.

많은 독자가 이것을 쉽게 받아들이지 못할 테니, 핏불의 사례를 좀 더 다루어야겠다. 독자들은 여기서 핏불을 다른 개와 똑같이 대하게 만들어 주는 (NHLBI의 가이드라인과 같은) 간단한 해결책을 찾기 어려울 것이다. 많은 독자가 중년 여성과 핏불, 두 가지 경우가 서로 대응하지 않는다고 반박할 것이다. 핏불을 다른 개들과 다르게 대하는 데에는 적절한 이유가 있다고 생각할 것이다.

우리는 이것에 대해 얼마든지 논의할 수 있다. 우리 입장에서는 양쪽 의견에 모두 근거를 제시할 수 있다. 두 상황이 서로 대응한다고 주장하는 것은 간단하다. 두 상황 모두 각 범주에 속한 개체들을 일반화하여 불공정하게 대우하게 만드는 고정관념의 작동을 그대로 보여 준다. 두 상황이 서로 대응하지 않는다는 것은 '핏불=사납다'라는 연상이 사실상 고정관념 이상이라는 말로 설명할 수 있다. 핏불의 첫 번째 특성을 '사나

움'으로 생각하는 것은, 방울뱀의 첫 번째 특성을 '강력한 독성'으로 생각하는 것만큼이나 타당성 있는 이야기일 수 있다. 이 주장에 담긴 문제는, 사나움이 핏불의 본질적 특성이 아니라는 것을 우리가 확실히 알고 있다는 점이다. 소수의 핏불을 제외한 다른 모든 핏불까지 사납다고 말할 만한 근거가 없는 것이다.

핏불을 다른 개와 다르게 보는 것을 정당화하는 최선의 방법은 공포를 그 이유로 설명하는 것이다. "핏불을 멀리하는 데는 이유가 있어요. 보기만 해도 죽을 것처럼 무섭거든요." 이렇게 보면 핏불에 대한 반응은 고정관념이라기보다 자연스러운 공포라고 할 수 있을 것 같다. 고정관념이 아니라 공포로 바라보는 일이 큰 의미가 있는 것은 혐오감의 원인이 개가 아니라 개를 바라보는 사람에게 있기 때문이다. 하지만 핏불 옹호자들은 공포증을 통한 정당화가 근거 없다는 사실을 찾을 수 있을 것이다.

우리는 간단한 공격성 검사를 거친 뒤 공격성이 없는 것으로 판명된 개들만 표식을 달고 다니는 세계를 상상할 수 있다. 의사들이 지위를 나타내는 표식으로 청진기를 걸듯이 말이다. 이 세계가 완전히 현실과 동떨어졌다고 할 수 없는 것은, 개의 공격성 검사가 실제로 존재하기 때문이다. 하지만 타당성 있는 검사를 위해서는 훈련받은 인력과 검사 내용에 대한 확실한 기준이 필요한데, 현재로서는 정기적으로 시행할 준비가 되어 있지 않다.[9]

의사 M과 조앤 A의 상황에서 나타난 마인드버그는 가이드라인의 적용을 통해 검사를 시행할 것인가 말 것인가 하는 판단 자체를 제거함으로써 피해 갈 수 있지만, 추상적으로 유사한 핏불의 고정관념에는 큰 효력이 없다. 특정 마인드버그를 속일 수 있는 방법은 대개 다른 상황에서는 그만한 효력을 갖지 못한다. 더 많은 방법이 필요하다. 몇 년 안에 기계적 마인드버그를 속이는 수많은 방법이 연구를 통해 나오기를 기대한다.

혈중 콜레스테롤 농도 검사나 개의 공격성 검사가 성공적으로 이루어질 수 있다면 수치화된 점수라는 바람직한 결과를 내놓을 수 있을 것이다. 이런 검사는 만병통치약으로 보이기 쉽다. 수치로 표현된 결과를 통해 편견 없는 객관성을 얻을 수 있다고 생각하기 쉬운 것이다. 하지만 숫자 그 자체로는 숨은 편향에 따른 마인드버그나 그보다 복잡한 편견으로부터 자유로울 수 있다고 보장할 수 없다. 이것은 2002년 솔트레이크시티 동계올림픽 피겨스케이팅 종목에서 아홉 명의 심사위원이 채점한 점수가 국제적 스캔들을 불러일으킨 데서 명백하게 나타난다.

피겨스케이팅 종목의 국제 대회는 채점 방식이 아주 복잡해, 각각의 심사위원이 스케이팅 연기의 다양한 구성 요소를 점수로 평가한다. 평가는 크게 기술 점수와 표현 점수로 나뉜다. 편향에 영향을 받을 수 있다는 의심을 받아 온 이 채점 방식은 결국 솔트레이크시티 경기장에서 경기를 관람한 관중이나 TV로 경기를 본 시청자 그 누가 봐도 캐나다 복식조에 뒤진 러시아 복식조가 금메달을 받으면서 오명을 뒤집어썼다.

대회 직후 프랑스 심사위원이 다른 심사위원과 공모해 다른 대회에서 프랑스 선수를 지지해 주는 조건으로 러시아 선수들에게 높은 점수를 준 사실을 인정했다는 보도가 나왔다. 경기가 있은 지 일주일도 지나지 않아 국제 올림픽 위원회와 국제 스케이팅 연맹은 캐나다 복식조에게 두 번째 금메달을 수여하기로 결정하면서 채점 방식의 문제를 인정하는 조치를 취했으나 충분하지 못한 대응이라는 여론이 많았다.

2002년 스캔들 이후 국제 스케이팅 연맹은 객관성을 높이기 위해 심사 방식을 전면 재정비했다. 하지만 새로운 심사 방법이 도입되고 수년이 지나도록 부분적 개선 이상의 모습은 보이지 않는다. 새로운 심사 방식은 회전 기술과 점프 기술을 비디오 판독을 통해 심사함으로써 기술 점수에서 주관적인 판단을 배제할 수 있도록 한 듯 보였다. 하지만 표현 점수는 '프로그램 점수'로 이름만 바뀌었을 뿐 여전히 주관적 판단의 여지가 남아 있고 편향에도 취약하다. 그리고 당연한 얘기지만 숫자를 사용한다고 해서 점수 거래나 다른 정교한 형태의 부정을 막을 수 있는 것은 아니다.[10]

숨겨진 차별을 상상하라

'좋은 사람들'이란 다른 좋은 특징들과 더불어 의식적으로 다른 인종보다 특정 인종을 좋아하지 않는 특징을 가진 사람들이다. 하지만 스스로를 평등주의자라고 생각하는 사람들도 인종 IAT를 치러 보면 '백인 자동 선호' 결과가 나온다. 우리도 알다시피 그 수는 적지 않다. 인터넷으로 IAT를 실시한 150만 명 넘는 백인 가운데 40퍼센트에 달하는 사람이 의식적으로는 평등을 지향하면서도 인종 IAT에서는 백인 자동 선호를 가진 것으로 나타났다.

사회심리학자 새뮤얼 게르트너Samuel Gaertner와 잭 도비디오Jack Dovidio는 그들이 '회피적 인종 차별주의자'라고 부르는 미국인들을 집중적으로 연구했다. 회피적 인종 차별주의자란 스스로는 평등주의자라고 말하지만 누군가를 도와야 할 때는 흑인보다 백인을 더 기꺼이 돕는 등의 미묘한 방식으로 인종을 차별하는 백인 미국인을 가리킨다. 여기서 '회피적'이라는 말은 이러한 백인 평등주의자들이 다른 인종을 만날 때 쉽게 불안해하고 불편해하며 결과적으로 다른 인종을 만나는 자리를 피하거나 물리려 한다는 뜻이다.

우리 역시 게르트너와 도비디오의 회피적 인종 차별주의 이론을 인정하지만 이름만은 달리 부르고 싶다(인종 관련 문제의 명칭에 대해서는 부록 1에서 자세히 다룬다). 그 이유는 IAT에서 백인 자동 선호를 나타내는 사람들에게 '인종 차별주의자'라는 이름을 붙이는 것이 불합리한 이유와 비슷하다. 게르트너와 도비디오가 말하는 회피적 인종 차별주의 성향을 보이는 이들을 '불편한 평등주의자'라고 부를 수 있을 것이다.

불편한 평등주의자에 대해서는 할 말이 좀 있다. 우선 그런 사람들이 아주 많다는 것이고, 우리 역시 그 안에 포함될 수 있다는 것이다. 현재 우리의 추정대로라면 백인 미국인과 아시아계 미국인의 40퍼센트 이상이 여기에 속하며, 그보다 낮은 비율로 히스패닉계 미국인도 포함되어 있다. 훨씬 더 적긴 하지만 흑인 미국인 역시 무시할 수 없는 비율로 여기에 포함된다.

두 번째는, 백인과 흑인에 서로 다르게 나타나는 이들의 태도가 흑인이 겪는 차별에 큰 몫을 담당한다는 것이다(여기에 대해서는 부록 2에서 상세하게 다룬다). 아마 세 번째가 가장 많은 설명이 필요할 것이다. 불편한 평등주의자는 인종에 따라 다른 행동을 보이는 자신의 태도가 흑인이 겪는 차별에 어떻게든 기여한다는 사실을 거의 인지하지 못한다는 것이다.

불편한 평등주의자를 이해하기 위해 7장에 나온 칼라의 손을 치료한 의사 이야기를 다시 꺼낸다면 비약처럼 보일지도 모른다. 하지만 실제로 이 둘은 꽤 가깝게 연결되어 있기 때문에, 의사 이야기가 불편한 평등주의자가 자신의 차별적 행동을 알아채지 못하는 이유를 이해하는 데 도움이 될 것이다. 불편한 평등주의자는 아마 숨은 편향을 가진 전형적인 '좋은 사람들'일 것이다. 그들은 자신이 다른 사람들에게 많은 도움을 준다고 생각하지만, 그들의 도움은 선택적으로 제공되며, 이것은 다른 인종을 만날 때 불편을 느끼는 데에서 어느 정도 연유한다. 그들은 주로 자신과 닮은 사람들, 친구나 지인이라고 할 만한 사람들, 다시 말해 자동 선호를 가진 집단에 한해 도움을 주고자 한다는 점에서 차별적 행위를 하고 있다.

7장에서 칼라의 손을 치료한 의사가 칼라가 자신의 내집단에 속한다는 사실을 알고 치료 방법을 바꿨을 때, 그는 칼라에게 큰 도움이 됐던 그 행동이 의료 행위에 존재하는 나이, 성별, 인종, 계급에 따른 불평등에 어떤 식으로든 기여했다는 사실을 깨닫지 못했다. 그는 그저 환자를 치료하는 데 '좀 더 신경 썼을 뿐'이라고 생각했을 것이다. 이것은 분명 의사들이 일상적으로 베푸는 친절이다. 이 의사처럼 불편한 평등주의자도 내집단에 대한 자신의 노력과 헌신이 외집단에 속한 사람들에게 보이는 노력이나 헌신과 다르다는 사실을 깨닫지 못할 것이다.

독자들은 아마 한쪽에만 도움을 주는 불편한 평등주의자의 행동이 왜 차별인지 궁금할 것이다. 어째서 같은 집단 구성원을 돕는 행위가 차별이란 말인가? 이에 답하려면 우선 내집단의 종류를 구분해야 한다.

만약 당신에게 자녀가 있다면, (우리를 포함한) 그 누구도 왜 당신 아이들은 먹여 주고, 입혀 주고, 재워 주고, 학교 숙제도 도와주면서 이웃 아이들에게는 그러지 않느냐고 비난하지 않을 것이다. 마찬가지로 당신이 타인이 아닌 형제자매에게 신장을 기증한다고 해서 당신을 비난할 사람은 아무도 없을 것이다.

그렇다면 이제 당신이 직원을 뽑아야 하는 상황에서 대학 동창이나 교회 친구를 뽑았다고 해 보자. 그 과정에서 당신은 다른 지원자들을 탈락시켰을 것이고, 그중에는 아마 능력은 더 뛰어나지만 당신이 개인적으로는 알지 못하는, 어쩌면 국적, 종교, 인종 또는 민족이 다른 사람들도 있었을 것이다. 만약 당신이 장기이식위원회에 속한 의사인데, 이식 수술 대기자 명단에서 당신과 종교가 같은 대기자를 그보다 더 적합한 자격을 갖췄지만 종교가 다른 대기자보다 우선순위에 놓는다면, 사람들은 당신이 차별했다고 말할 것이다. 만약 학교의 인사 책임자인 당신이 인종이 같은 교사는 승진시키면서 업무 평가가 비슷하거나 더 우수한 다른 인종의 교사를 승진시키지 않는다면 사람들은 당신이 차별했다고 말할 것이다.

위의 두 문단에 나온 예는 어렵지 않은 것들이다. 어려운 것은 명백하게 차별이 아닌 행동(자식을 향한 부모의 헌신)과 명백하게 차별인 행동(가까운 사람을 채용하는 일) 사이에 있는 것들이다.

분명 훌륭한 행동이지만 의도치 않게 내집단의 사회적 우위를 강화한 사례를 살펴보자.

백인 미국인인 당신이 자선 단체에 기부를 한다고 가정하자. 이 단체는 주로 형편이 어려운 사람들을 돕는데, 공교롭게도 백인 미국인이 우선 대상이다. 당신의 기부는 의도치 않게 인구통계학적으로 이미 유리한 위치에 있는 사람들에게 혜택을 준다. 당신은 인권과 관련한 어떤 법률 조항도 어기지 않았지만 당신의 행동은 이미 상대적으로 혜택을 받는 백인 미국인의 이익을 강화시켰고, 그럼으로써 다른 인종의 상대적 불평등에 기여했다. 다른 많은 사람들도 당신과 같은 행동을 할 테니 누적 효과는 상당히 클 것이다.

또 다른 어려운 예도 있다. 은행 관리직에 있는 당신이 다른 관리직 동료에게 은행에 접수된 대출 신청서에 대해 이야기한다. 신청인은 당신의 친구거나 친척이거나 학교 동창인데, 당신은 동료에게 그 신청서를 '주의 깊게' 봐 줬으면 좋겠다고 말한다. 아니면 친구가 대학 교수인 당신에게 자식을 위해 대학 입학 추천서를 써 달라는 부탁을 할 수도 있다(우리도 그런 부탁을 받은 적이 있다).

이런 상황은 세상 사람들을 (돈이나 사회 계급, 직업 또는 불평등하게 분배되는 다른 특권 덕분에) 끈을 가진 사람들과 그렇지 못한 사람들로 나누어 버린다. 그런 끈을 이용하는 과정에서 누군가의 선의에서 비롯된 행동은 상대적으로 이미 혜택을 받고 있는 사람에게 또 다른 혜택을 안겨 주는 부작용을 일으킬 수 있다.

거듭되는 연구를 통해 차별에 대한 이해가 바뀌면서 우리는, 지금 다루고 있는 종류의 선택적 도움(내집단 선호in-group favoritism라는 익숙한 용어로 잘 표현되고 있다)이 어쩌면 흑인 미국인이나 상대적 불평등을 겪는 다른 집단이 받는 차별의 가장 큰 부분을 구성할지도 모른다는 믿음에 이르렀다.

물론 이들에게 적극적인 위해를 가하는 사람들도 있고 그들의 행동이 이 집단들이 받는 차별에서 상당 부분을 차지하는 것은 맞다. 하지만 이처럼 명백한 편견에 사로잡힌 사람들은 미국인의 일부에 지나지 않으며, 아주 소수라는 것을 우리는 알고 있다.

흑인보다 백인에게 더 많은 도움이 돌아가고 내집단 선호가 일반적인 사회에서는 일상적으로 제공되는 도움이 백인의 우위에 더욱 기여할 것이다. 사회학자 로버트 K. 머턴Robert K. Merton이 "부자가 더 부자가 될수록 가난한 사람은 더 가난해진다"라는 '매슈 효과Matthew effect'를 설명할 때도 이러한 내집단 선호에 따른 축적 효과를 염두에 두었을 것이다.[11]

당신이 한쪽으로 기울어진 사회라는 경기장을 바로잡고 싶어 하는 평등주의자라면 어떻게 매슈 효과를 피할 수 있을까? 그 방법에 관한 보기 드문 사례가 하나 있다. 우리가 좋아하는 한 친구는 자신이 졸업한 대학에 꽤 큰 금액을 기부하려다가 선의에서 나온 행동이 의도치 않게 이미 혜택을 받는 사람들의 우월한 지위를 더욱 강화할 수 있다는 이야기를 듣고 자신의 기부가 가져올 영향에 대해 고민하기 시작했다. 그녀의 모교는 전통적으로 인종 화합이 잘 이루어져 왔고 차별도 없지만 백인 학생이 흑인 학생보다 훨씬 많은 것이 사실이었다. 그러므로 그녀의 기부는 결국 백인이 받는 혜택을 강화시킬 터였다. 이것은 그녀가 의도하는 일이 아니었다.

우선 그녀는 그런 상황에서도 기부를 해야 하는지 스스로에게 물었다. 결국 상상력을 통해 그녀는 (더 많은 비용이 들긴 했지만) 모교에도 기부하고 같은 금액을 미국흑인대학펀드United Negro College Fund에도 기부함으로써 딜레마도 해결하고 원래 목적도 이루었다. 흥미롭게도 그녀는 내집단 선호를 일으키는 마인드버그를 속인 것도 아니고 제거한 것도 아니었다. 마인드버그를 중화시킨 것이다.

자신을 다른 사람의 눈으로 보지 말라

대부분의 여성은 남성이 선천적으로 사회생활에 적합하다거나 과학, 수학, 음악 등의 특정 분야에 우월하다는 고정관념을 지지하지 않는다. 그렇기 때문에 많은 여성이 성별−사회생활 IAT(여러분도 6장에서 해 보았기를 바란다) 결과를 보고 크게 놀라곤 한다. 자신들이 바로 그런 종류의 '여성＝가정생활, 남성＝사회생활'이라는 강력한 자동 고정관념을 갖고 있음을 발견했기 때문이다. 힘 있는 위치에 있는 남자들이 이런 연상 작용에 의지해 사회 경력을 쌓아 가는 여성들을 방해할 것이고, 그에 따라 '남성＝사회생활' 연상이 우선적으로 여성의 사회생활에 영향을 미칠 것이라고 생각하는 사람들도 있을 것이다. 하지만 이것은 고정관념이 끼칠 여러 영향 중 한 가지일 뿐, 가장 중대한 영향은 아닐 수 있다.

자동 성 고정관념을 가진 여성은 그 때문에 사회생활에 방해를 받을 수 있다는 사실이 최근 연구 결과 드러났다. 여성이 스스로에게 자동 성 고정관념을 적용시킬 위험이 있는 것이다. '여성＝가정생활, 남성＝사회생활'이라는 연상은 여성이 사회생활에만 매진하거나 육아를 소홀히 할 때면 눈에 띄지 않게 불편한 마음이 들게 함으로써 여성에게 지속적으로 미묘한 영향을 미친다.

자신에게 해를 끼치는 마인드버그로는 '노인 = 쇠약하다'라는 고정관념
이 고연령층의 건강에 알게 모르게 악영향을 미친다거나, 아시아계와 백
인이 흑인이나 히스패닉계보다 학문에 강하다는 등의 고정관념을 들 수
있다(5장에서 다룬 바 있다). 후자의 고정관념은 흑인과 히스패닉계로 하여
금 학문 분야를 멀리하게 만드는 효과가 있다는 것이 정설이다.[12]

우리는 아직 우리 자신을 겨냥하고 있는 마인드버그를 어떻게 제거하거
나 속일 수 있는지 모른다. 하지만 역할 모델을 만나면 이런 마인드버그도
바뀔 수 있다. 다스굽타가 여대생들을 연구했을 때, 여성 교수들에게 수
학 수업을 들은 학생들은 '남성 = 수학' 고정관념이 약화됐다. 워싱턴 대
학교에 함께 재직 중인 사프나 셰리언Sapna Cheryan은 상황 조정을 통해 여
성들이 가진, 여성과 컴퓨터 과학 분야 진출 가능성의 연상 작용을 (적어
도 일시적으로는) 강화시켰다. 그녀가 사용한 방법은 놀랍도록 간단했다. 그
중 하나는 컴퓨터 과학 강의실을 전형적인 여성 취향으로 장식하는 것이
었다.[13]

대중 매체는 고정관념을 깨는 다양한 역할 모델을 제시해 줄 수 있다.
예를 들어 대중 매체에 매력적이고 건강하고 활력 넘치는 노인들이 나
온다면 자동적인 '노인 = 쇠약' 연상에 따른 마인드버그를 약화시킬 수
있을 것이다. 이런 추론 덕분에 최근 미국퇴직자협회American Association of
Retired Persons 협회지 표지에 매력 넘치는 60대 남녀 인기 배우가 자주 등
장하는지도 모른다. 오프라 윈프리가 대중 매체에 등장한 지 25년이 흐르
고 버락 오바마가 미국 대통령에 당선되면서, 이제 아프리카계 미국인은
대중 매체에서 자신들에 대한 고정관념을 바꿀 수 있을 만큼 충분한 영

역을 차지하고 있는지도 모른다. 그 말은 우리가 스스로에게 겨눈 마인드버그가 다른 사람들을 향해 겨눈 마인드버그만큼 끈질기지는 않을 거라고 생각해도 좋다는 뜻이다.

자기 자신을 겨눈 고정관념의 마인드버그를 극복하려는 노력은 18세기 스코틀랜드 작가 로버트 번스Robert Burns가 역시 다른 종류의 버그bug, 즉 벌레를 보고 쓴 시를 떠오르게 한다. 그는 교회에서 앞에 앉은 부유한 숙녀의 모자 주름에 이가 기어 다니는 모습을 발견하고 〈이에게To a Louse〉라는 시를 썼다. 그는 저 멋진 숙녀가 자신이 그녀를 보는 눈으로 자신을 볼 수 있다면 어떨지 상상하면서, 쉽게 말해 우리가 다른 사람의 눈을 통해 자신의 모습을 보면 어떨지 상상하면서, 다음과 같은 유명한 구절을 남겼다.

오, 어떤 힘이 우리에게 작은 선물을 주어
다른 사람의 눈으로 우리 자신을 볼 수 있다면!
수많은 부끄러움과 바보 같은 생각에서
벗어날 수 있을 텐데!
드레스와 걸음걸이에 담긴 허세에서도.
심지어 기도에서도!

우리가 이야기하는 소속 집단에 대한 마인드버그는 공교롭게도 우리로 하여금 다른 이의 시선으로 스스로를 바라보게 한다. 비록 우리는 이것을 인지하지 못하지만 말이다. 마인드버그가 사회적 고정관념을 우리 스스로에게 적용시킨 형태로 나타날 때, '다른 사람의 눈으로 우리 자신을 볼 수 있다'고 해도 번스의 생각처럼 (부끄러움이나 바보 같은 생각에서 벗어나고 드레스나 걸음걸이의 허세에서 자유로워지는) 이로운 결과들이 나타나지 않는다는 점이 흥미롭다.

자신을 향한 고정관념의 위험성을 알고 나면 번스의 시를 고쳐 쓰고 싶어진다. (번스의 스코틀랜드 고어가 아닌 현대 영어로 쓴) 우리의 수정본은 우리 자신을 다른 사람의 눈으로 보지 않는 일의 가치를 담고 있다.

> 마인드버그에게
>
>
> 오, 어떤 힘이 우리를 자유롭게 하여
> 타인의 시선으로 우리를 보지 않아도 된다면!
> 드레스와 걸음걸이에 담긴 마인드버그와 제약들이
> 우리를 내버려 둘 텐데!
> 어떤 목표와 계획이, 또 열망이
> 우리를 즐겁게 해 줄지!

편견 없는 세상을 향하여

우리는 이 책을 마인드버그의 개념을 소개하며 시작했는데, 이 용어는 컴퓨터 과학자 커트 반렌Kurt VanLehn이 실제로 적용했을 때 의도하지 않은 오작동을 일으키는 암산 습관에 붙인 이름에서 빌려 온 것이다. 우리는 반렌의 개념을 단순한 계산을 넘어 의도하거나 바란 적 없는 결과를 만들어 내는 자동적인 정신 작용으로까지 확장했다. 정신의 자동적인 작동은 적당한 환경에서는 쉽게 마인드버그를 일으키지만 깊은 사고를 요구하는 의식적인 일에서는 힘을 쓰지 못하기도 한다.

우리는 서문에서 망막의 맹점을 아주 일상적인 순간에 우리의 눈을 가리는 숨은 편향의 메타포로 사용했다. 그보다 더 잘 알려진 맹점이 또 다른 유용한 메타포를 제공해 준다. 자동차를 운전하는 사람이라면 잘 알텐데, 차의 양쪽 사이드 미러에 존재하는 사각지대가 그것이다. 아마도 머지않아 사이드 미러의 사각지대에 다른 차가 다가오면 레이더가 신호를 보내는 새로운 장비가 나와 널리 보급될 것이다. 센서가 뭔가 감지하면 운전자가 이에 주의하여 사고를 피할 수 있도록 경고하는 것이다.

IAT는 맹점에 머물며 숨은 편향의 자리를 마련해 주는 머릿속 연상 작용을 감지하는 방법으로서, 새로운 차량 장비 같은 기능을 제공할 수 있다. IAT는 의도하지 않은 차별 행위를 피하고 싶은 사람들에게 경고를 줄 수 있다. 아직은 가능하지 않지만, 미래에는 중요한 판단이 숨은 편향에 오염되지 않도록 IAT가 실시간으로 경고해 주는 모습을 상상할 수 있다.

숨은 편향에 의한 의도치 않은 차별을 피하는 방법은, 현재로선 사이드 미러의 사각지대로 들어온 차량과의 충돌을 피하는 것만큼 쉽게 설명할 수 없다. 그래도 숨은 편향을 상대하는 몇 가지 훌륭한 무기가 있다. 교향악단의 여성 연주자 비율을 높인, 가림막을 사용하는 방법은 많은 상황에서 유용하게 활용될 수 있음에도 아직까지 활용률이 저조한 훌륭한 전략이다. 입증된 사실에 근거한 가이드라인을 제시하는 '생각할 필요가 없는' 방법 또한 충분히 사용되지 않지만 숨은 편향이 작동할 만한 곳에서 차별을 막아 줄 수 있는 방법이다. 확신을 갖고 사용한다면 정교하게 발전시킨 가이드라인을 통해 숨은 편향이 활동할 여지를 최소화할 수 있을 것이다.

지속적인 연구를 통해, 몇 년 안에 마인드버그를 속이거나 없앨 수 있는 방법들이 축적되기를 기대한다. (현재로선) 마인드버그를 완전히 제거할 수 있다고 낙관할 수 없지만, 마인드버그를 속일 방법을 발전시키고 정교화하는 연구들을 보면 별로 비관적이지 않다.

마인드버그를 속이는 효과적인 방법이 마땅치 않은 상황에서 가장 골치 아픈 일은 아무렇지 않게 이루어지는 일상적 내집단 선호에 따라 의도치 않게 외집단이 불이익을 겪는 것이다. 책 제목의 '좋은 사람들'에는 이처럼 숨은 편향이 작동할 상황을 파악하고 편견을 제압할 수 있기를 염원하는 사람들이 포함될 것이다.

그리고 이를 위해서는 많은 고민이 필요할 것이다.

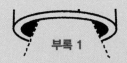

미국은 인종 차별주의 국가인가?

인종 차별은 더 이상 대수롭지 않은 일이 되었다.

생각이 있는 사람이라면 인종 차별을 지지하지 않는다.

영향력 있는 사람도 인종 차별을 호소하지 않는다.

그것은 빠르게 추악한 기억이 되어 가고 있다.

—토니 스노Tony Snow

(조지 W. 부시 대통령의 공보비서가 되기 직전인) 2002년 10월

인종 차별에 대한 이야기는 많이 들리는데

실제로 눈으로 확인하기가 어려운 걸 보면 늘 놀랍다.

—디네시 디수자Dinesh D'Souza

《미국은 뭐가 그리 대단한가?What's So Great About America?》

1960년 이후에 태어난 미국인은 1930년 이전의 40년 동안 1년에 린치를 당하는 흑인 미국인이 평균 50명에서 100명에 이르렀다는 사실을 이해하기가 힘들 수 있다.[1] 1964년 공민권법이 발효되기 전에는 많은 주에 학교, 버스, 호텔, 음식점 등의 공공장소에서 흑인과 백인의 차별을 허용하거나 요구하는 법이 있었다는 것은 알 수도 있다. 하지만 이들에게 그런 세상은 상상하기 힘들 만큼 먼 얘기처럼 들릴 것이다. 스노와 디수자의 발언은 지난 50년간 일어난 극적인 변화를 반영하며, 아프리카계 미국인이 미국의 대통령으로 당선된 지금, 이들의 진술은 미국의 인종 차별이라는 주제에 종지부를 찍기에 적절해 보일 수도 있다.

그러나 많은 과학자들은 스노와 디수자의 진술이 피상적인 측면만 표현한 것이라고 본다. 부록 1에서는 인종적 태도라는 주제를 가지고 100년 가까이 진행되어 온 수많은 과학적 연구를 살펴본다. 이 역사는 왜 많은 과학자들이 미국인의 인종 편견이 사라졌다기보다는 그저 더 분간하기 어려운 형태로 탈바꿈한 것뿐이라고 생각하는지 이해할 수 있는 근거를 제공할 것이다. 그전보다 겉모습은 더 부드러워졌지만 이렇게 진화된 편견의 형태는 여전히 인종 차별의 근원으로서 강한 힘을 유지하고 있다.

1950년 이전 공공연하게 퍼져 있던 인종 차별

미국 내 차별에 대한 초기 과학 연구들은 미국의 거의 모든 민족 집단과 인종 집단에 대한 편견을 문서화했다. 사회학자 에머리 보가더스Emory

Bogardus는 편견에 근거한 태도를 과학적으로 연구한 최초의 인물이다. 1920년대 초 그는 미국인에게 40개 '인종'의 구성원과 얼마나 가까이 지낼 수 있을지 물었다. 이 40개 인종의 거의 대다수는 오늘날의 미국인들이 인종보다는 '국적'이나 '민족'이라고 부르는 것들이었다.

그중에서 그림 1에 명시된 그리스인, 멕시코인, 흑인은 보가더스가 새로 만든 사회적 거리 척도Social Distance Scale를 사용하여 수행한 첫 연구에서 대상으로 삼았던 집단들이다. 보가더스가 질문한 1,725명의 응답자 중 절반을 크게 웃도는 숫자가 그리스인, 멕시코인 또는 흑인과는 아무리 멀리

그림 1. 보가더스의 세 집단에 대한 사회적 거리 측정

첫 느낌에 따라 각 인종(여기서 말하는 인종은 하나의 계층으로서의 인종을 말하며 본인이 알고 있는 최상의 구성원도, 최악의 구성원도 아님)의 구성원을 기꺼이 인정할 수 있는 범위에 X로 표시하시오.

	결혼을 통한 친족 관계 형성	개인적 친구로서 같은 동호회에서 활동	이웃으로 같은 동네에 거주	우리나라에 거주하면서 같은 직장에 근무	우리나라 시민	우리나라를 찾은 방문객	우리나라에서 배제
멕시코인	——	——	——	——	——	——	——
그리스인	——	——	——	——	——	——	——
흑인	——	——	——	——	——	——	——

떨어진 형태의 접촉이라도 그 가능성이 달갑지 않다고 대답했다. 심지어 그러한 집단의 구성원이 미국을 방문하지 않았으면 좋겠다고까지 대답했다.

몇 년 후 심리학자 루이스 L. 서스톤^{Louis L. Thurstone}은 '국적 선호' 기준을 만들어 시카고 대학교의 백인 남학생 239명을 대상으로 테스트했다. 그림 2는 이 학생들에게 제시된 질문의 한 형태를 보여 준다. 그러나 서스톤은 그림 2에 나타난 네 쌍의 국적 중에서 선호하는 쌍의 국적을 고르라고 한 것이 아니라 그가 연구한 21개 국적으로 만들 수 있는 210개 쌍 전체를 제시하며 선호하는 국적을 고르라고 했다. 각 학생의 210가지 판단을 수학적

그림 2. 서스톤의 1928년 국적 선호 연구에 사용된 210개 판단 중 4개

다음은 인종 및 국적에 대한 태도를 알아보는 실험 연구이다. 쌍을 이루는 두 개의 국적 중에서 그나마 어울리고 싶은 국적 또는 인종에 밑줄을 그으면 된다. 예를 들어 첫 번째 쌍은 다음과 같다.

그리스인 − 멕시코인

대체로 멕시코인보다는 그리스인과 어울리고 싶다면 그리스인에 밑줄을 긋고, 대체로 멕시코인과 어울리는 게 더 낫다고 생각하면 멕시코인에 밑줄을 그으면 된다. 둘 중 하나를 고르기가 어렵더라도 일단 하나를 선택하고 넘어간다. 두 개의 국적을 비슷하게 좋아한다면 모든 종이의 밑줄 개수가 비슷할 것이다. 짐작해서 선택하는 경우라 해도 둘 중 하나는 꼭 선택하고 넘어가야 한다는 점을 명심하라.

미국인 − 힌두교인
영국인 − 스웨덴인
흑인 − 터키인

으로 분석한 서스톤은 21개 그룹 각각에 대한 태도를 측정할 수 있었다.

보가더스가 연구한 40개 '인종' 중 20개가 서스톤의 21개 '국적'에도 포함되어 있었기 때문에 두 방법이 인종 태도에 대해 무엇을 밝혀 줄 것인가 하는 문제를 두고 얼마나 일치하는지 쉽게 그려 볼 수 있었다(그림 3).

그림 3의 오른쪽 상단에는 '미국인'이 있다. 보가더스의 응답자 중 대다수는 미국인이 '가족과 결혼'하는 것을 얼마든지 환영할 수 있다고 대답해 미국인에게는 가장 가까운 관계까지 허용했다. 이 결과와 거의 근접하

그림 3. 보가더스의 결과와 서스톤의 결과 비교

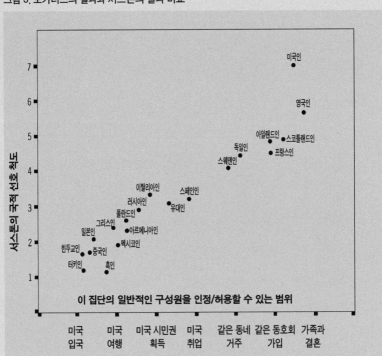

게, 서스톤의 거의 모든 응답자도 다른 19개 집단보다 미국인 집단을 선호했다.

그림 3의 왼쪽 하단에는 '터키인'이 있다. 터키인처럼 낮은 점수가 나오기 위해서는 서스톤의 학생 대부분이 터키인만 아니면 괜찮다는 대답을 해야 한다. 보가더스의 학생들도 마찬가지로 극명한 대비를 보였다. 대다수가 터키인을 미국에서 제외시키기를 원했다. 서스톤의 학생들은 터키인보다 흑인에 대한 선호가 더 낮았지만 보가더스의 학생들은 일본인, 중국인, 터키인, 힌두교인을 흑인보다 더 미국에서 제외시키고 싶어 했다. 어쩌면 이 같은 차이는 보가더스의 학생들이 '흑인'은 이미 미국에 완전히 정착한 상태여서 이들이 미국으로 들어오지 못하게 하려면 그저 입국을 거부하는 것보다 훨씬 극단적인 강제 추방 조치가 필요하리라는 것을 알고 있음을 나타낼 뿐일 수도 있다.

그림 3에서 왼쪽 하단에서 오른쪽 상단까지 직선에 가까운 모양으로 뻗어 있는 선을 보면 보가더스의 결과와 서스톤의 결과가 어느 정도 수렴하는지 가늠할 수 있다. 두 학자의 서로 다른 절차가 본질적으로는 동일한 심리적 현상—1930년대 사회심리학자들이 다양한 집단에 대한 '태도'라고 언급하기 시작한 정신적 속성—을 건드렸으며 그러한 태도에 대해 유사한 결론을 내린 것으로 볼 수 있다.

이 단순한 그래프에서 도출되는 반박할 수 없는 한 가지 결론은 덜 좋아하는 집단에 대한 태도는 그 부정적 성향이 극단적으로 나타난다는 것이다. 예를 들어 보가더스 학생들의 대다수는 20개 집단 중 절반 이상의 집단에 대해 그 구성원을 동료나 이웃으로 인정하고 싶어 하지 않았다.

1950년 이전의 미국인이 지녔던 인종 태도의 부정적 성향은 E. D. 힝클리E. D. Hinckley가 '흑인에 대한 태도'라는 또 다른 척도를 도입해 사람들에게 아프리카계 미국인에 대한 32개 진술에 동의하는지 물었던 1929년 이후 훨씬 더 분명하게 나타났다. 그 진술 가운데 6개가 그림 4에 나와 있다.

1번 진술 "정규 교육을 받은 흑인은 사법 제도에 덜 부담되므로 교육받은 백인보다 의존적이거나 불완전한 사람이 될 가능성이 낮다"를 생각해

그림 4. 힝클리가 흑인에 대한 태도를 측정하는 데 사용한 6개 진술

이것은 흑인에 대한 태도를 알아보는 연구이다. 아래에 흑인에 대한 여러 가지 태도를 표현한 6개의 진술이 나와 있다.

진술에 동의할 경우 V 표시를 하라.

진술에 동의하지 않는 경우 X 표시를 하라.

어느 쪽도 결정할 수 없다면 ?로 표시해도 좋다.

이것은 시험이 아니다. 이 문제에서 옳고 그름에 대한 의견은 사람마다 다를 수 있다.

본인의 태도를 잘 생각하여 동의하면 V 표시를, 동의하지 않으면 X 표시를 하라.

___ 1. 정규 교육을 받은 흑인은 사법 제도에 덜 부담되므로 교육받은 백인보다 의존적이거나 불완전한 사람이 될 가능성이 낮다.

___ 2. 정신이 깨어 있는 흑인은 신체적으로는 백인보다 우수하며 다른 측면에서는 백인과 동등하다.

___ 3. 흑인도 충분히 백인과 사회적으로 평등해질 수 있지만 그렇게 인정받기 위해서는 더 많은 교육을 받아야 한다.

___ 4. 흑인의 풍요로운 정신적 삶은 흑인이 지닌 결점을 적절하게 보상한다.

___ 5. 흑인을 백인 수준까지 교육시켰다고 하더라도 둘 사이에는 건널 수 없는 격차가 존재할 것이다.

___ 6. 흑인은 정신이 박약해 고등동물보다 약간 더 높은 사회적 수준에 머물 수밖에 없다.

보자. 오늘날의 미국인은 이 진술이 동의하기도, 거부하기도 힘들 만큼 무례한 표현이라고 여길 것이다. 그러나 힝클리의 응답자들은 전혀 주저함이 없었다. 1번 진술에 대한 잦은 지지 표현은 흑인 미국인에 대한 우호적 태도의 신호로 해석되었다.

이제 6번 진술 "흑인은 정신이 박약해 고등동물의 그것보다 약간 더 높은 사회적 수준에 머물 수밖에 없다"를 보자. 이 진술은 (여기 나와 있지는 않지만 힝클리의 연구에 사용된 다른 상당수의 진술과 마찬가지로) 오늘날의 미국인에게 너무나 모욕적이어서 질문지를 찢어 버린다거나 이런 방법을 고안한 학자의 해고를 요구하는 등의 반응을 보일지도 모른다.

보가더스, 서스톤 및 힝클리의 연구 결과는 20세기 초반 미국인들이 강한 인종 편견을 언제든지 거리낌 없이 표현했다는 것을 분명하게 보여 준다. 실제로 20세기 초 미국의 문화적 풍토에서는 의견을 표현하지 않는 것이 21세기 초 미국에서 편협함을 표현하는 것만큼 정치적으로 정당하지 못한 일이었을 것이다.[2]

인종에 대한 태도의 변화, 1950~2000년

20세기 후반 설문 조사 방식의 연구 절차가 발전하면서 학자들은 이전에 수십 년간 사용된 질문 기법을 계속해서 정교하게 다듬어 미국인들의 인종에 대한 태도를 기록했다. 그 초점이 점차 흑인—백인 관계로 옮아가면서 이것은 가장 활발하게 연구되는 편견의 형태가 되었고, 오늘날까지 유지되고 있다. 인종에 대한 태도를 비롯한 여러 가지 태도가 시간이 흐르면서 어떻게 바뀌었는지 추적하기 위해 학자들은 몇 년 주기로 동일한 질문을 반복해서 하는 설문 조사를 진행했다.

아래의 질문 1과 질문 2는 1960년에서 2000년까지 40여 년 동안 설문 조사에서 반복적으로 사용된 질문의 예다. 이 기간 동안 응답에서 나타난 변화는 20세기 후반의 다른 수많은 연구가 보여 준 것과 비슷한 이야기를 들려준다.

질문 1. 백인 학생과 흑인 학생이 같은 학교에 다녀야 한다고 생각합니까, 아니면 서로 다른 학교에 다녀야 한다고 생각합니까?

질문 2. 백인은 원한다면 흑인을 이웃으로 삼지 않을 권리가 있고, 흑인은 이 같은 권리를 존중해야 한다고 생각합니까?

그림 5는 질문 1과 질문 2에 대한 백인 미국인의 대답이 40년 동안 어떻게 바뀌었는지 보여 준다. 1960년대 초에는 백인 미국인의 약 60퍼센트만이 인종이 통합된 학교를 선호했다. 1995년에 이르러서는 그 같은 지지가 거의 100퍼센트까지 증가했다. 그 후 이 질문은 더 이상 설문 조사에 나타나지 않았다. 이제는 아무런 정보를 제공하지 않기 때문이다. 백인 미국인의 주택가 통합 지지도 시간이 지나면서 마찬가지로 빠르게 상승해 1960년대 초에는 40퍼센트에도 못 미쳤으나 1990년대에는 80퍼센트 이상으로 늘어났다.

질문 3 및 질문 4는 미국인의 인종 태도 설문 조사에서 규칙적으로 반복되는 또 다른 질문으로, 흑인 미국인을 지원하는 정부의 태도가 적절한지 묻는다.

질문 3. 워싱턴의 정부가 흑인과 기타 소수 집단의 사회적·경제적 지위 향상을 위해 가능한 한 모든 노력을 기울여야 한다고 생각합니까?

질문 4. 흑인은 그토록 오랜 기간 차별을 받아 왔기 때문에 정부는 이들의 삶의 질을 높이기 위한 특별한 의무가 있다고 생각합니까?

그림 5. 백인 미국인의 인종 차별 거부 증가(1963~1996)

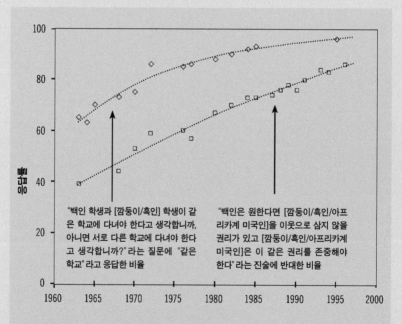

자료 출처: Schuman, H., Steeh, C., Bobo, L., and Krysan, M. (1997) Racial attitudes in America. Cambridge, Mass.: Harvard University Press. Table 3.5A.

혹자는 이 두 질문이 질문 1, 2와 마찬가지로 흑인 미국인에 대한 태도가 점차 우호적으로 바뀌고 있다는 증거를 제공하리라고 기대할 수도 있겠다. 그러나 그림 6에서 볼 수 있듯이 30년 동안 질문 3과 질문 4에 대한 응답에는 큰 변화가 없다. 위쪽 선은 아프리카계 미국인에 대한 정부 지원에 반대하는 숫자가 점차 늘어남을 보여 준다. 아래쪽 선은 이 질문을 활용한 설문 조사가 이루어졌던 30년간 아프리카계 미국인의 지원에 대한

그림 6. 소수 집단에 대한 정부 지원에 꾸준히 반대하는 백인 미국인(1970~1996)

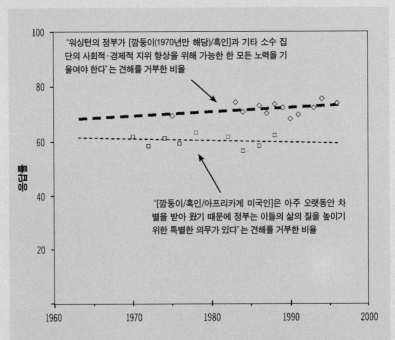

자료 출처: Schuman, H., Steeh, C., Bobo, L., and Krysan, M. (1997) Racial attitudes in America. Cambridge, Mass.: Harvard University Press. Tables 3.1A and 3.1B.

다수의 반대 의견이 일정하게 유지되고 있음을 보여 준다.[3]

1960년과 2000년 사이 백인 미국인이 소수 집단에 대한 정부 지원에 일관되게 반대하면서도 인종 통합에 대해서는 꾸준히 지지하는 모습을 어떻게 해석해야 할까? 과학자들 사이에서도 이 두 가지 상반되는 추세를 해석하는 데 의견이 분분했다. 질문 1과 질문 2 같은 질문에 대한 응답에 주로 근거를 둔 한 진영에서는 미국인의 인종 편향이 대부분 사라졌다고 믿는가 하면, 질문 3과 질문 4 같은 질문의 답변에 더 설득력이 있다고 보는 다른 진영은 미국인의 인종 편향이 형태만 달라졌을 뿐 여전히 존재한다고 주장한다.

편견이 사라지고 있다고 보는 진영은 미국인이 소수 집단 지원에 대해 일관되게 반대하는 모습을 보이는 것이 인종 차별적 태도의 표현이 아니라 미국이 이제 모두에게 동등한 기회를 제공하기 때문에 흑인도 더 이상 지원을 받을 필요가 없다는 믿음의 표현이라고 해석한다. '원칙에 입각한 보수주의' 관점이라고 불리는 이 입장에 따르면, 미국은 이제 흑인 미국인과 백인 미국인에게 동등한 권한과 기회가 주어지는 공평한 경쟁의 장을 제공한다. 공평한 경쟁의 장이 마련된 이상 정부가 덜 부유한 사람들에게 혜택을 주고자 개입한다는 것은 타당한 이유가 되지 못한다는 것이다.[4]

사회과학자들의 대다수는 (질문 3과 질문 4의 답변으로 드러난) 정부의 소수 집단 지원에 대한 전반적인 반대는 인종 편향의 표현으로 보아야 한다며 원칙에 입각한 보수적 시각에 반대한다. 이들은 미국의 인종 편향은 감지하기가 어려운 은밀한 형태로 탈바꿈한 것일 뿐 여전히 존재한다고 말함으로써 편향이 줄고 있다는 증거(질문 1과 질문 2에 대한 답변)에 반박한다. 이 '은밀한 편향' 진영은 공개적으로 평등주의 시각을 표현하는 미국인의 대다수가 개인적으로는 차별의 강력한 근원으로 남아 있는 인종 편향을 조용히 숨기고 있다고 믿는다.

21세기에 접어든 지 10년이 넘은 지금까지 약 30년 동안 이 두 진영 간의 논쟁은 결론을 내리지 못하고 계속되고 있다. 오랜 기간 지속되어 온 이 논란을 잠재우기 위한 시도로 최근 한 연구에서 1,077명의 백인 미국인을 대상으로 정부 지원에 대한 두 질문을 포함한 설문 조사를 실시했다. 각각의 설문 조사 응답자는 두 질문 모두에 응답했다. 그중 절반은 여성 지원에 대해 묻는 다음 질문을 먼저 받았다.

> 여성은 과거에 차별 대우를 받았기 때문에 채용과 승진 시 혜택을 주어야 한다는 의견이 있습니다. 반대로 채용과 승진 시 여성에게 그러한 혜택을 주는 것은 남성에 대한 역차별이므로 잘못되었다는 목소리도 있습니다. 당신의 생각은 어떻습니까? 여성의 채용과 승진에 혜택을 주어야 한다는 입장에 찬성합니까, 아니면 반대합니까?

반대로 응답자의 나머지 절반에게는 다음 질문을 먼저 했다. 네 단어('여성'을 '흑인'으로 세 번, '남성'을 '백인'으로 한 번 변경했다)를 제외하면 위 질문과 동일했다.

> 흑인은 과거에 차별 대우를 받았기 때문에 채용과 승진 시 혜택을 주어야 한다는 의견이 있습니다. 반대로 채용과 승진 시 흑인에게 그러한 혜택을 주는 것은 백인에 대한 역차별이므로 잘못되었다는 목소리도 있습니

다. 당신의 생각은 어떻습니까? 흑인의 채용과 승진에 혜택을 주어야 한다는 입장에 찬성합니까, 아니면 반대합니까?

연구 결과 백인 응답자들은 흑인에게 채용 혜택을 줄 때보다 여성에게 혜택을 줄 때 덜 반대하는 것으로 나타났다. 이 결과를 바탕으로 학자들은 다음과 같이 은밀한 편향 관점의 손을 들어 주는 결론을 내렸다. "사람들이 여성보다 흑인에 대한 차별 철폐 조치에 더 반대한다는 결과는 인종이 여전히 차별 철폐를 가로막는 중요한 요인으로 남아 있음을 단적으로 보여 주는 표시 중 하나다."

이 해석도 어느 정도 타당하긴 하지만, 이 같은 해석만 가능한 것은 아니다. 설문 조사 응답자의 대다수는 정부의 여성 지원과 흑인 지원을 모두 반대했는데 이는 원칙에 입각한 보수주의 입장과 일치한다. 또한 흑인 지원에 대한 질문이 채용 혜택의 잠재적 흑인 수혜자의 성별을 언급하지 않았기 때문에 설문 조사 응답자들은 이 질문이 주로 흑인 남성에 관한 것이라고 추정했을 수 있다. 만일 그렇다면 채용 혜택에 대한 이들의 반대 의견은 어떤 면에서 모든 인종의 남성에게 채용 혜택을 주는 것에 반대하는 데서 비롯되었을 수 있다.

이 흥미로운 연구 결과를 고려할 때 다음과 같은 결론을 내릴 수 있다. 정부의 흑인 지원이 타당한지 묻는 질문에 30년 동안 변함없는 응답자들의 답변에는 은밀한 편향 시각과 원칙에 입각한 보수주의 시각이라는 두 가지 해석이 모두 가능하다는 것이다. 그리고 이 두 해석은 실제로 서로를 부정하거나 배제하지 않기 때문에 각각이 일정 부분에서는 옳다고 보는 것이 가장 합리적일 수 있다. 다시 말해 정부 지원에 반대하는 사람들 중에는 인종 편향적인 사람도, 원칙에 입각한 보수주의적인 사람도, 이 둘 모두에 해당하는 사람도 다 포함된다.[5]

비간섭적 연구 방법

질문하기 방법에 기반을 둔 연구에서 결론을 도출할 때의 어려움으로 인해 1970년대 학자들은 1930년대의 유명한 두 가지 실험에 뿌리를 둔 대체 방법을 개발하기 시작했다.

1934년, 리처드 라피에르Richard LaPiere는 자동차를 핵심 연구 장비로 사용한 기발한 연구 결과를 발표했다. 1930년에서 1932년 사이 라피에르는 한 중국인 부부와 함께 미국 남서부를 여행하면서 251개의 호텔, 모델, 캠핑장, 음식점에서 숙박을 요청했다. 251군데 중 단 한 군데를 제외한 250군데에서 숙박에 성공했다.

251개 숙소를 각각 방문하고 약 6개월 뒤, 라피에르는 각 숙소의 소유주에게 편지를 보내 다음과 같은 질문에 대한 답변을 요청했다. "중국인을 귀하의 시설에 손님으로 맞이할 수 있습니까?" 놀랍게도 그가 받은 답변의 90퍼센트 이상이 그러지 않겠다고 했다. 참으로 의아했다. 편지로 묻는 질문에는 한결같이 부정적인 답변을 한 사람들이 왜 세 명의 여행객을 직접 마주한 자리에서는 다들 약속이나 한 듯 긍정적이었을까?

라피에르가 사용한 방법의 몇 가지 특징 때문에 그의 연구 결과를 해석하는 데는 다소 어려움이 따른다. 우선, 각 시설에 보낸 편지에 회신한 사람이 반드시 여행 중인 세 사람에게 숙소를 제공한 동일인은 아니었다. 무엇보다 라피에르의 중국인 여행 친구는 젊고 예의 바른 중산층이었는데 편지의 질문에 답변한 사람이 반드시 이런 중국인을 떠올렸으리라고 볼 수는 없다. 이처럼 복잡한 요인들에도 불구하고 라피에르의 연구가 과학적으로 중요한 위치를 차지하는 이유는 질문하기 방법 외에 행동 관찰하기 방법을 사용할 때의 가치를 보여 주었기 때문이다.

흑인 어린이들이 인종 차별을 내면화하는 방식에 관심을 가졌던 아프리카계 미국인 심리학자 메이미 P. 클라크Mamie P. Clark와 케네스 B. 클라크Kenneth B. Clark는 '인형 연구'로 알려지게 된 충격적인 실험들에 대해 발표했다. 이 연구들은 메이미 클라크가 1930년대 후반 하워드 대학교 대학원생으로 있던 시절에 행한 연구로 시작되었다. 클라크의 실험은 3세에서 7세의 흑인 어린이들에게 흑인 인형과 백인 인형 중 어느 인형을 가지고 놀지 고르라고 하면 3분의 2가 백인 인형을 고른다는 것을 보여 주었다.

이 연구는 그 후 1954년 미국 대법원이 '브라운 대對 교육위원회' 사건에 대해 공립학교의 인종 차별이 위헌이라는 판결을 내리는 데 중요한 역할을 하면서 법조계 학자들 사이에서 유명해졌다. 대법원은 판결문에서 클라크의 연구 결과를 인용해, 대법원장 얼 워런Earl Warren의 말을 빌리자면, "인종 차별은 열등감을 조장해 … 어린이의 정신과 마음에 돌이킬 수 없는 방식으로 영향을 미칠 수 있다"라고 판시했다.[6]

라피에르의 연구와 메이미 클라크 및 케네스 클라크의 연구가 가진 공통점은 라피에르와 그 동행이 방문한 건물 소유자나 클라크의 연구에서 인형을 선택했던 어린아이들이 숙소를 제공하거나 인형을 선택하는 자신들의 행동이 기록되고 있다는 사실을 전혀 몰랐다는 점이다. 물론 이러한 행동이 인종에 대한 태도를 추론하는 데 사용되리라는 것도 몰랐다. 이것이 최초의 비간섭적 연구 방법이었다.

그러나 실제로 '비간섭적 연구 방법'이라는 이름이 사용된 것은 1960년대 후반부터였다. 그리고 두 가지 요인이 차별을 연구하는 학자들에게 비간섭적 연구 방법이 매력적이라는 결론을 내리게 만든 것은 1970년대에 들어서였다. 하나는 긴장 속에서 간혹 폭력적인 대치 상황으로까지 치닫기도 하는 1960년대 인종 관계로 인해 편견에 대한 과학적 관심이 확장된 것이고, 다른 하나는 질문하기 방식의 연구 방법에서 점점 더 많은 문제점이 발견된 것이다. 사회심리학자들은 연구 참가자들이 인상 관리—다른 사람들이 좋아할 만한 모습으로 보이고 싶어 하는 욕구—의 희생양이 되는 경향이 있다는 점을 인식하게 되었다(2장 참조).

1970년대에 새로운 인종 편향 연구 방법을 개발하는 최초의 학자들은 백인들이 다른 백인들을 돕는 횟수만큼 흑인들도 도울지 보고 싶었다. 더 나아가, 연구 대상들이 자신들의 행동을 누군가 관찰하고 있다는 것을 전혀 모르는 채로 관찰하기를 원했다. 사회심리학자 새뮤얼 게르트너와 레너드 빅먼Leonard Bickman은 표본으로 추출한 뉴욕 브루클린 거주민들이 도움을 구하는 흑인과 백인의 전화에 어떻게 반응할지 보기 위해 '잘못 건 전화'라는 기법을 개발했다. 게르트너와 빅먼에게 훈련을 받은 백인 569명과 흑인 540명, 총 1,109명이 브루클린 거주민에게 전화를 걸었다(브루클린 지역은 1970년경 극단적인 인종 분리가 있었기 때문에 전화를 받는 사람이 백인 거주민일지 혹인 거주민일지 거의 확실하게 알고 있었다. 게다가 전화를 거는 사람들도 인종 특유의 어투를 사용했기 때문에 받는 사람이 인종을 쉽게 구분할 수 있었다).

모든 통화는 이렇게 시작됐다. "여보세요… 랠프 정비소인가요? 조지 윌리엄스라고 하는데… 공원도로에서 차가 멈춰 섰어요… 여기로 와서 차를 좀 봐 주실 수 있을까요?" 전화를 건 사람은 랠프 정비소가 아니라는 확인을 받고 전화를 잘못 건 데 대해 사과한 뒤 (자신이 처한 괴로운 상황을 드러내며) 공중전화에서 마지막 남은 동전을 다 써 버렸다고 말하고 재빨리 중요한 부탁을 했다. "혹시 정비소에 전화해서 제가 여기 있다고 알려 주실 수 있을까요? 번호를 알려 드릴게요… 그쪽에서 저를 알고 있거든요."

결과는 전화를 받은 백인들이 인종을 차별한 것으로 나타났다. 즉 전화를 건 사람이 백인(65퍼센트)이었을 때보다 흑인(53퍼센트)일 때 덜 도와준 것이다. 전화를 건 흑인을 도와주지 않은 것을 인종 차별로 볼 수도 있지만, 다른 요인이 있을 수도 있다. 랠프 정비소의 전화번호를 잘못 들었거나 틀리게 받아 적었을 수도 있고 그냥 잊어버렸을 수도 있다. 이 필연적 불확실성으로 인한 문제는 모든 수신자가 흑인 또는 백인에게서 무작위로 전화를 받도록 설정함으로써 극복되었다. 이 같은 무작위 추출은 실험 방법에서 굉장히 중요한 요소이며, 이것이 실험 결과를 더욱 설득력 있게 만들어 주기도 한다. 이후 반복된 세 번의 실험에서도 동일한 결과가 나오면서 각 실험에서 전화를 건 사람의 인종이 중요하다는 점을 확인시켜 주는 데에도 이 무작위 추출이 도움이 되었다. 이러한 후속 실험에서는 전화를 건 흑인이 백인에 비해 상당히 적은 도움을 받았다.

비간섭적 방법을 사용한 또 다른 혁신적 연구에서 학자들은 주소를 적고 우표까지 붙인 봉투에 대학원 입학 원서를 넣고 밀봉하지 않았다(밀봉하지 않았다는 점이 중요하다). 이 봉투들을 여행객의 눈에 잘 띄는 공항 전화 부스에 놓아두었다. 관찰 결과는 백인 여행객의 것만 고려되었다.

우연히 봉투를 발견하고 (당연히) 내용물을 보게 된 604명의 백인 여행객은 입학 원서에 붙은 백인 또는 흑인의 사진을 볼 수밖에 없었다. 봉투에는 '아빠'에게 원서를 부쳐 달라고 적은 메모를 넣어 지원자의 아버지가 지원서를 잃어버린 것으로 보이게 만들었다. 이번에도 도와줄 것인지 결정하는 데 인종이 결정적이었다. 봉투를 발견한 백인 여행객들은 지원자의 사진이 흑인(37퍼센트)이었을 때보다 백인(45퍼센트)이었을 때 원서를 더 많이 부친 것이다. 추가로 발견한 흥미로운 사실은 두 인종 모두 외모가 매력적일수록 도움을 받은 비율이 높았다는 점이다.

1970년대에 수행된 수십여 가지 다른 실험에서도 관찰 대상이 되고 있다는 사실을 모르는 잠재적 실험 대상인 백인이 흑인을 도와주는 횟수와 백인을 도와주는 횟수를 측정했다. 도움을 구하는 내용은 떨어진 필통을 주워 달라거나 잔돈을 바꿔 달라거나 크리스마스 시즌에 구세군에 돈을 기부해 달라는 등 대부분 사소한 부탁이었다. 몇몇 실험에서는 지하철 선로에 떨어졌거나 고장 난 차를 옆에 두고 도로에 서 있는 흑인 또는 백인을 도와주는 등 도움의 내용이 좀 더 무게 있는 것이었다.

1980년 사회심리학자 페이 크로스비Faye Crosby, 스테파니 브롬리Stephanie Bromley, 레너드 색스Leonard Saxe는 이 같은 비간섭적 연구를 통해 얻어진 대량의 결과를 검토한 뒤, 비간섭적 방법으로 얻은 인종 차별의 결과는 과거 질문하기 방법을 통해 인종 편견을 측정하던 연구에서 예상했던 결과와 일치하지 않는다는 결론을 내렸다. "비간섭적 연구에서는 설문 조사 자료에 근거했을 때 예상되는 것보다… 인종 차별적 행동이 더 만연하게 나타났다."

크로스비와 그녀의 동료들은 또한 인종 편향이 도움을 주는 사람과 도움을 받는 사람이 직접 대면하지 않는 '원격' 상호 작용에서 더 뚜렷하게 나타난다는 것을 알아냈다. 이 결론은 중국인 여행객을 환영하느냐고 묻는 편지에 회신하는 원격 상황에서만 여행객에 대한 차별이 표현되었던 40년 전 라피에르의 관찰과 아주 잘 맞아떨어진다.

1970년대에 행해진 잃어버린 편지 연구를 비롯한 기타 비간섭적 측정 연구는 자연스러운 상황에서 '몰래 카메라' 기법으로 행동을 포착한다는 특징이 있었으며, 이는 분명 인종 편향이 비록 20세기 초 공공연하게 표현되던 인종 차별과는 매우 다른 은밀한 형태를 띠기는 하지만 여전히 강한 영향력을 행사한다는 과학적 믿음에 힘을 실어 주었다. 1980년 이후 이 같은 형태의 연구 방법은 관찰 대상이라는 것을 모르는 사람들을 관찰한다는 사실을 꺼리는 학자들이 늘어나면서 조금씩 사라졌다. 하지만 비간섭적 연구 방법은 지금도 간간이 이용되며 아직도 도움을 주지 않는 형태로 나타나는 인종 차별을 밝혀 주고 있다.[7]

질문에 대답하기

우리가 염두에 두고 있는 질문은 이 부록의 제목으로 쓴 "미국은 인종

차별주의 국가인가?"이다. 미국이 더 이상 인종 차별 국가가 아니라는 가
장 강력한 근거는 그림 5에 나와 있는 질문 1과 질문 2 같은 질문을 사용
하는 설문 조사 결과다. 이러한 질문을 포함해 인종 차별에 대한 태도를
묻는 다른 질문들은 40년에 걸친 태도 변화를 보여 주었고, 그 40년이 지
난 지금 미국에서 인종 차별에 대한 지지를 표현하는 사람은 거의 찾아볼
수 없게 되었다.

미국 사회가 더 이상 인종을 차별하지 않는다는 결론을 뒷받침하는 또
다른 근거는 미국 법과 제도에 광범위하게 채택된 평등주의 원칙들이다.
공적 생활에서 모든 형태의 인종 차별을 금지하는 연방법이 존재한다는
점 외에도, 이제 기업, 정부 기관, 학교, 병원, 자선 단체를 포함한 모든 대
규모 조직은 직원을 대우하고 고객에게 서비스를 제공하는 과정에서 평등
주의 원칙을 지키기 위해 노력한다는 내용을 공개적으로 명시한 정책을
의무적으로 마련해야 한다.

게다가 평등주의 원칙은 이제 비형식적인 공개 담화에서도 일상적으로
등장한다. 1960년대 미국의 주요 시민권법이 통과한 뒤 수년간 편견이나
고정관념을 말이나 글로 표현하는 것을 효과적으로 금지하는 강한 사회
적 압박이 있어 왔다. 사람들이 종종 비아냥거리며 '정치적 정당성political
correctness'이라고 부르는 그것이다. 오늘날 정치적 정당성이 갖는 힘은 심
각한 인종적·민족적 편견을 가진 것으로 해석되는 언급을 했다가 부정적
여론의 뭇매를 맞아 스스로 명예를 실추시키고 주요 직위에서 해고까지
당한 유명 인사들만 보아도 쉽게 알 수 있다. 대표적인 인물로는 라디오 진
행자 돈 아이머스Don Imus(2007년 4월), 노벨상 수상 생물학자 제임스 왓슨

James Watson(2007년 10월), 배우 멜 깁슨Mel Gibson(2010년 7월), 라디오 토크쇼 진행자 로라 슐레진저Laura Schlessinger(〈닥터 로라Dr. Laura〉, 2010년 8월), TV 뉴스 앵커 릭 산체스Rick Sanchez(2010년 10월), 라디오 뉴스 분석가 후안 윌리엄스Juan Williams(2010년 10월)가 있다.

인종적 혹은 민족적으로 민감하고 예민한 발언으로 홍역을 치른 이러한 유명 인사들 외에 두 가지 사건을 더 언급할 필요가 있겠다. 2006년 11월 나이트클럽 코미디 쇼 중 진행을 방해하는 객석 손님들을 향해 흑인을 비난하는 장광설을 늘어놓았던 마이클 리처즈Michael Richards(장수 TV 코미디 시리즈 〈사인펠드〉에서 코스모 크레이머Cosmo Kramer 역)는 며칠 후 TV에 출연해 자신의 잘못된 행동에 대해 공개적으로 사과하기도 했다. 2010년 7월에는 미국 농무부의 고위 공직자 셜리 셰로드Shirley Sherrod가 정치 반대파에 의해 인종 차별주의자라는 오해를 사도록 편집된 것으로 보이는 발언 때문에 해임되기도 했다. 며칠 후 셰로드는 그녀를 해임한 사람들로부터 공식 사과를 받고 복직을 제안받았지만 돌아가지 않았다.

이처럼 미국이 인종 차별주의를 거부한다는 분명한 사례들에도 불구하고 많은 연구들이 여전히 편견과 차별이 남아 있음을 보여 주는 증거를 제시하고 있다(여기에 대해서는 부록 2에서 자세히 설명하겠다). 많은 사람들이 미국이 드디어 인종 차별에서 벗어났다는 증거로 해석하는 2008년 버락 오바마의 대통령 당선조차 그 자체로 강력한 인종적 영향력이 미국 정치에 지속되고 있음을 분명하게 보여 준다. 오바마가 백인 미국인 유권자에게만 의지해야 했다면 압도적인 표차로 낙마했을 것이다. 출구 조사에서 오바마가 백인 표 12퍼센트를 잃은 것으로 나타났기 때문이다. 오바마의 백인 득

표수가 8퍼센트 부족한 것으로 예측한 선거 전 조사와 비교하면 이 12퍼센트 차이는 상당히 큰 것이다. 예측 조사와 실제 투표 간에 4퍼센트라는 큰 격차가 나타났다는 것 자체가 사람들이 여론 조사 요원에게 투표 의사를 설명할 때 인종적 요소가 포함되었다는 것을 나타낸다.[8]

인종 차별적 태도가 미국 사회에 여전히 남아 있다고 하지만 오늘날의 미국을 인종 차별 국가로 규정하는 것은 잘못이다. 적어도 지금까지 이해되어 왔던 그런 의미의 인종 차별은 아니다. 대다수의 미국인은 인종적 평등을 옹호한다. 아프리카계 미국인 및 기타 소수 집단에 대한 미국 정부의 지원에 반대하는 일부 미국인은 내재적 또는 명시적 인종 편향의 표현으로 그럴 수 있지만, 대부분의 사람들은 이 부록을 열었던 두 개의 인용구처럼, 미국이 이미 인종적 평등에 도달했다고 보며 이 같은 정책적 입장은 평등주의 원칙에 입각한 것이라고 믿는다.

그와 동시에 미국을 인종 차별에서 완전히 벗어난 사회로 그리는 것 역시 아무리 좋게 말해도 '어설프게 비슷하다' 정도밖에 되지 않는다. 비간섭적 연구는 분명 그와 다른 결과를 보여 준다. 많은 사회과학자들이 그림 6에 나타난 것처럼 소수 집단에 대한 지원에 반대하는 백인 미국인의 태도가 20세기 초 그토록 공공연하게 내보이던 인종 차별주의와는 사뭇 다른 은밀한 형태로 인종 편향이 존재하는 표시라고 해석한다.

우리는 미국 사회에 끈질기게 붙어 있는 인종 편향이 두 가지 유형의 숨겨진 편향으로 구성된 강한 암류라고 본다. 둘 중 강도가 덜한 유형은 그 소유자에 의해 인지되고 지지되는 편향들로 구성되지만 정치적 정당성과 인상 관리의 압박이라는 그럴듯한 이유 때문에 공개적인 표현은 의도적으로 억제된다. 우리가 볼 때 숨겨진 편향 중 더 강한 부분은 소유자가 그 존재를 인식하지 못한다는 아주 단순한 이유 때문에 바깥으로 표현되지 않는 것들이다. 이것들이 3장에서 설명한 IAT로 측정할 수 있는 연상 지식의 형태를 띠는 편향이다. 종합하자면 이 두 가지 유형의 숨겨진 편향이 아마도 갈수록 줄어드는 소수 집단 미국인, 다시 말해 인종적·민족적 반감을 기꺼이 공개적으로 표현하는 소수 집단 미국인의 공공연한 편견보다 미국의 인종 차별에 더 많은 기여를 하고 있을 것이다.

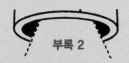

미국인의 인종 편향 실태에 대한 일곱 가지 결론

 이 책은 여성, 동성애자, 종교, 민족 집단, 노인, 비만을 포함해 수많은 편향의 대상에 대해 다루고 있다. 그러나 우리는 그중에서도 인종 차별에 가장 많은 관심을 할애했다. 이것은 미국에서 인종 차별이 지니는 사회적 중요성 때문이기도 하지만, 그 어떤 편향보다 자주 과학적 연구 대상으로 관심을 받아 왔기 때문이기도 하다. 많은 과학적 지식이 축적된 두 가지 중요한 질문을 다룰 이 부록에서도 그 관심을 계속 이어 가려고 한다.

 먼저, 많은 사람이 원하는, 흑인과 백인이 똑같이 발을 디디고 설 수 있는 '공평한 경쟁의 장'이 어느 정도까지 존재하는지에 대해 과학적으로 알려진 바에 대해 묻는다(이 문제에 대해 솔직하게 말하자면 우리는 경쟁의 장이 결코 공평하지 않다고 결론 내렸다). 둘째, 우리는 과학적 연구가 흑인이 불리한 위치에 서 있는 이유에 대해 어떤 실마리를 던져 주었느냐에 대해 한층 더 어렵고 꽤 논란이 될 만한 질문을 던진다. 우리의 목표는 과학적 연구에서 확실하게 정립된 것으로 널리 인정받고 있는 결론들을 뽑아 보는 것이다.

뽑아 낸 결론들

먼저, 우리는 과학적으로 확실하게 자리를 잡았다고 널리 여겨지는 흑인-백인 인종 관계에 대한 열 가지 결론들로 초기 목록을 작성했다. 그러나 우리 스스로가 그러한 결론을 받아들였다고 해도 다른 사람들과는 공유하지 못할 수 있음을 알기에 스무 명 넘는 사회과학자 동료들에게 연락해 열 가지 결론 중 그들이 인정하는 결론은 무엇인지, 논란의 여지가 있다고 보는 결론은 무엇인지 물었다.

결국 우리가 연락을 취한 모든 또는 대부분의 동료가 과학적으로 정립되었다고 여기는 결론은 일곱 가지뿐이었다. 최종적으로 걸러 낸 일곱 가지 결론 중 첫 번째는 가장 보편적으로 받아들여지는 것으로 보인다. 여기에는 과학적 반대가 없다.

결론 1: 흑인 부당 대우는 존재한다

백인 미국인에 비해 흑인 미국인은 경제적으로 중요한 의미가 있는 거의 모든 분야에서 백인보다 못한 결과, 즉 부당 대우를 경험한다. 대표적인 예로 소득, 교육, 주택, 고용, 사법 제도에서의 지위, 건강을 들 수 있으며, 여기에 대해서는 이 부록의 후반부에서 더 자세히 이야기하겠다.

결론 1은 흑인 부당 대우에 대한 가능한 설명에 의도적으로 침묵한다. 흑인 부당 대우의 원인에 대한 우리의 지식에 확신을 표하기 전에 먼저 짚고 넘어가야 할 사항이 있다.

흑인 부당 대우에 대한 집단 책임론

흑인이 부당한 대우를 받는 이유에 대한 이론은 크게 두 가지 범주로 나눌 수 있다. 한 가지 범주는 흑인 미국인 본인들에게 그들이 경험하는 부당 대우에 대한 모든 책임을 돌리는 것이다. 우리는 이것을 '집단 책임론'이라고 부른다. 다른 범주는 '타자 책임론'으로, 모든 책임을 다른 곳에 두는 것이다. 이 두 가지 범주의 차이점은 미국 사회가 기존에 있던 흑인 부당 대우를 가장 잘 해결할 수 있는 정책을 구상하려고 할 때 굉장히 중요하다.

불리한 위치에 있는 집단을 다루는 데 초점을 맞춘 정책은 '책임주의'를 적용하는 경우가 많다. 말하자면 문제를 일으킨 책임이 있는 사람이 문제를 해결할 책임도 있다는 것이다. 이 원칙은 아주 어린 시절부터 우리의 정신 속에 굉장히 깊이 뿌리박혀 있다. 오빠가 좋아하는 장난감을 망가뜨린 동생 수지는 오빠에게 사과하고 가능하면 피해를 복구하거나 수정해야 한다는 것을 안다. 장난감을 고칠 수 없다면 울고 있는 오빠에게 수지가 가진 소중한 무엇인가를 내주기라도 해야 할 것이다. 마자린과 토니는 서로 지구 반 바퀴나 떨어진 먼 나라에서 자랐지만 대부분의 어린아이들처럼 피해를 입히면 그럴 의도가 없었다고 생각되더라도 뒤처리를 해야 할 책임이 있다는 것을 이해하도록 길러졌다. 마자린이 언니에게 저녁 식사 직후 물구나무서기를 시켰을 때처럼 말이다.

집단 책임론에는 최소 두 가지 종류가 있다. '생물학적' 형태의 이론은 흑인 미국인이 인종과 연관된 유전자 때문에 폭력에는 강한 성향을 보이고 어쩌면 생산적인 작업에는 약한 성향을 보이는 것일 수 있다고 추정한다. '문화적' 형태의 집단 책임론은 흑인 미국인이 범죄를 좇고 자기 계발 기회에서 멀어지게 만드는 것은 흑인 문화라는 시각이다.[1]

흑인 부당 대우 가운데 일부는 집단 책임 진영에도, 타자 책임 진영에도 쉽게 들어맞지 않는다. '페어플레이'라는 기업이 있다고 하자. 페어플레이의 인사 기록을 훑어봤더니 평균적으로 흑인 사원이 백인 사원에 비해 눈에 띌 정도로 낮은 급여를 받고 있다는 사실이 드러난다. 이것은 부정할 수 없는 부당 대우다. 또 페어플레이 회사 기록에는 채용된 흑인 사원이 같은 조건의 백인 사원에 비해 전문 기술이 덜 필요한 업무를 배정받는 것으로 나타난다. 흑인 사원이 차별을 받을 가능성에 대해 문제를 제기하면 페어플레이 경영진은 흑인 사원과 백인 사원의 학력이 다르다는 점을 지적한다. 경영진은 페어플레이의 모든 직원이 능력과 제품 및 서비스에 대한 기여도를 바탕으로 적절한 급여를 받고 적절한 직위에 배정된다고 자신 있게 주장한다.

이 페어플레이 사례에는 흥미로운 점이 있다. 페어플레이의 흑인 사원이 부당한 대우를 받고 있다는 데는 의심의 여지가 없지만 페어플레이의 정책이 문서상으로나 실질적으로나 백인 사원과 흑인 사원에게 다르게 적용되지 않는다면 페어플레이는 차별 대우를 하지 '않은' 것이다. 관리자는 짐작건대 채용 결정이나 업무 배정, 성과 평가, 급여 인상, 승진 등에서 차별하는 게 아니다. 페어플레이의 백인 사원이 평균 급여와 직위가 더 높은 것은 순전히 백인 사원의 교육적 배경이 더 탄탄하기 때문일 수 있다. 페어플레이가 사원을 차별한다는 이유로 고소당한다면 미국 법원은 아마 근거 부족으로 사건을 기각할 것이다. 페어플레이의 부당 대우는 고용 상황과 관계없는 외부의 사회적 요인에 기인한 것이고, 이에 대해 페어플레이는 법적 책임이 없기 때문이다.

차별: 흑인 부당 대우에 대한 타자 책임론

다양한 '타인'을 흑인 부당 대우에 책임이 있는 주범으로 보는 몇 가지 차별 이론이 있다. 이 중에서도 가장 오래 존속해 온 이론은 흑인 부당 대우가 공공연하게 벌어지는 의도적 인종 차별의 결과라고 주장한다. 굉장히 다른 유형의 한 타자 책임론에서는 차별할 의도가 없고 차별한다는 인식조차 없는 사람들이 차별하는 것이라고 주장한다. 이들의 차별적 행위는 숨겨진 편향이 작동한 것으로 설명할 수 있다. 기관 차별은 세 번째 유형의 타자 책임론으로 정부, 학교, 법원, 병원, 기업 등 사회의 중요한 기관이 지닌 구조적·규범적 특징을 흑인 부당 대우의 원인으로 본다.

미국에서 기관 차별이 흑인 부당 대우의 원인이 되었다는 것은 부정할 수 없는 역사적 사실이다. 문서 형태의 기관 차별로는 지금은 기능을 상실한 짐 크로 법Jim Crow law이 있다. 이 법은 1960년대까지 학교, 화장실, 식수대, 대중교통 등에서 백인과 흑인을 구분했다.

1960년대 미국의 공민권법은 미국에서 노골적인 형태의 기관 차별을 끝낼 것을 명령했지만 그렇다고 기관 차별이 사라진 것은 아니었다. 그저 노골적인 형태의 차별만 사라졌을 뿐이다. 아직까지 남아 있는 기관 차별의 예를 하나만 들면, 2000년과 2004년 미국 대통령 선거에서 미국 뉴스 매체는 투표 장소에서 행해지는 차별적 행동에 관해 대대적으로 보도했다. 한 예로, 대통령 선거일 선거구 공무원들은 흑인 유권자에게는 유권자 자격법을 철저하게 적용한 반면 백인 유권자의 자격 유무에 대해서는 그와 동등한 조사를 실시하지 않았다. 투표권법의 선택적 적용은 기관 구조 및 절차를 통해 표현되는 노골적인 차별 행위로 볼 수도 있다.[2]

새로운 차별 수단의 역할

부록 1에서는 1970년대 폭발적으로 늘어난 비간섭적 측정 실험을 통해 관찰 대상이 되고 있음을 모르는 사람들에게 흑인 또는 백인이 도움을 구하려고 다가갔을 때 보이는 행동에서 인종 차별이 드러난다는 점을 설명했다. 정비소에 연락하려는 길 잃은 운전자, 대학생 아들의 대학원 입학 원서를 전화 부스에 두고 간 아버지, 25달러짜리 동전을 바꿔 달라는 행인, 소액 기부를 청하는 구세군 자원봉사자, 실수로 연필 한 상자를 떨어뜨린 척하는 연구원 등이 그러한 연구에서 도움이 필요한 사람으로 등장했다. 관찰 대상은 도움을 구하는 흑인 또는 백인에게 무작위로 배정되었기 때문에, 백인들이 백인보다 흑인을 덜 도와주는 한결같은 모습을 보였다는 연구 결과를 도움을 구하는 사람의 인종 외에 다른 요인이 설명해 주기는 힘들 듯했다.

많은 비간섭적 측정 실험에서 흑인 미국인이 당하는 부당 대우는 비교적 사소한 형태의 도움을 거절당하는 것이기 때문에 별로 대단한 것이 아니었다. 이러한 실험이 행해지던 거의 같은 시기에, 유사한 방법을 사용하여 훨씬 더 큰 경제적 의미를 포함한 결과에 인종이 미치는 영향을 조사하기 위한 다른 연구들이 시작되고 있었다. 주택 차별은 이러한 연구로 철저한 검토가 이루어진 가장 중요한 영역이었다.

주택

1950년대에는 주택을 찾는 흑인 및 히스패닉계 미국인을 상대로 벌어지는 차별에 대해 조사하고자 후에 '감사' 방법으로 불리게 되는 것의 비공식적 버전이 사용되었다. 비록 법에는 경제적 여건이 되는 모든 미국인이 어떠한 집이든 임대하거나 구매할 권리가 있다고 규정되어 있지만 집을 임대하거나 구매하려는 흑인 및 히스패닉계 미국인이 차별을 받았다는 내용의 일화들이 수없이 보고되었다. 관심을 가졌던 아파트나 주택이 임대되거나 팔렸다는 얘기를 들었는데, 나중에 알고 보니 이후 방문한 잠재 세입자나 구매자로 보이는 백인 고객에게는 집이 아직 소개되고 있었던 것이다.

이처럼 일찍이 차별을 없애고자 기울인 노력으로 개발된 엄격한 감사 방법에서 연구자들은 소수 민족 고객이 임대업자나 부동산 중개업자에게 거절당했다는 사실을 확인하기 위해 기다리지 않았다. 대신 인종이나 민족 외에는 모든 특징이 유사해 보이는 백인 및 소수 민족 테스터들을 선정해 교육시킨 뒤 각각의 임대업자 또는 판매업자를 따로 방문해 광고한 집을 살 수 있는지 알아보도록 했다. 한 쌍을 이룬 백인 테스터와 소수 민족 테스터가 각 임대업자 또는 판매업자와 접촉하는 순서는 임의로 정해 백인 테스터와 소수 민족 테스터가 광고한 집을 먼저 찾는 횟수가 비슷하도록

했다.[3)]

미국 주택도시개발부는 1977년 최초로 국가 차원의 주택 차별 감사 연구를 실시했다. 그 뒤 1989년과 2000년에도 두 차례 국가적 감사가 이어졌다. 현재 흑인 및 히스패닉계 세입자나 구매자에 대한 차별을 문서화한 수많은 주택 차별 감사 중에서 이 세 가지가 가장 중요하다.

이 주택 감사 연구는 또한 흑인 및 히스패닉계 구매자가 주택 대출을 이용할 때도 부당 대우를 받았다고 기록했다. 흑인 및 히스패닉계 주택 구매자는 대출을 거부당하거나 다른 유사한 대출을 이용할 때 백인보다 높은 이자를 내라는 요구를 받기도 했다. 이 외에도 소수 집단 구매자는 원하는 주택에 대한 보험을 구입할 때 더 큰 어려움에 부딪혀 실질적으로 백인 거주 지역에서 집을 구입하기가 불가능하다는 문제도 있었다.

보험이나 대출을 이용하는 과정에서 흑인과 히스패닉계 사람들이 겪은 어려움은 인근 지역의 인종적 동질성을 유지하고자 하는 은행과 보험사의 의도적 정책의 결과이기도 했다. 특별 경계 지역 지정redlining이라고도 알려진 이 같은 정책은 지금은 불법이다. 2000년도 국가 주택 감사는 "주택 차별이 집을 찾는 (소수 집단의) 비용을 늘리고, 주택 소유 및 선택에 장벽으로 작용하며, 인종과 민족 차별의 고착화에 기여하고 있다"고 결론을 내렸다.

이 세 가지 국가 주택 감사 연구는 각각 차별의 '순 추정치'를 도출하기 위해 설계되었다. 말하자면 백인 테스터를 선호한 횟수와 같은 쌍의 소수 집단 테스터를 선호한 횟수를 비교한 것이다. 순 추정치 비율이 양수로 나오면 소수 집단 테스터보다는 백인 테스터를 선호하는 것이다. 1989년 감사의 경우 순 추정치는 아파트를 구하는 백인을 흑인보다 13퍼센트 선호하고 백인 주택 구매자를 흑인 주택 구매자보다 17퍼센트 선호한다는 것을 보여 주었다. 이 수치는 아파트와 주택 모두 8퍼센트가 나왔던 2000년도 감사보다는 낮았지만 2000년도의 낮은 수치가 주택 차별이 감소하는 추세가 지속적으로 이어지는 증거라고 단정 짓기에는 이른 감이 있다.[4]

고용

국가 차원의 고용 감사는 아직 없지만 엄격한 방법을 활용한 수많은 지역 감사가 있다. 고용 감사는 주택 감사에서 사용한 방식과 마찬가지로 백인 구직자와 소수 집단 구직자 한 명씩을 대응 쌍으로 사용한다. 또한 차별 순 추정치를 사용하는데, 대부분의 경우 흑인 구직자와 히스패닉계 구직자 모두 차별을 당하는 것으로 나타났다. 주택 감사에서처럼, 쌍을 이루는 두 구직자는 지원 자격이 일치하도록 준비시켜 그러한 자격 사항으로 얻을 수 있는 객관적인 기준을 동등하게 함으로써 순수한 차별의 원인을 설명할 수 있는 근거가 인종 또는 민족뿐인 상황을 만들었다. 이러한 고용 감사 연구 결과를 요약하면서 경제학자 마크 벤딕Marc Bendick은 흑인 구직자보다 백인 구직자를 선호하는 평균 순 추정치는 16퍼센트이고 히스패닉계 구직자보다 백인을 선호하는 추정치는 14퍼센트라는 것을 알아냈다.

최근의 두 고용 감사 실험에서는 고용 결정 시 인종이 영향을 미친다는 한층 더 많은 증거가 제기되었다. 그중 하나는 경제학자 매리언 버트런드 Marianne Bertrand와 센딜 멀레이너선Sendhil Mullainathan이 실시한 것으로, 연구원들은 보스턴과 시카고에서 신문에 실린 수많은 구인 광고에 모든 관련 자격 조건이 동등하게 매력적인 두 개의 이력서를 각각 따로 보냈다. 우편으로 보낸 2,435개 쌍의 이력서에서 조직적으로 변화를 준 유일한 요소는 구직자의 이름이었다. 각 쌍에서 한 지원자는 에이샤, 에보니, 다넬, 하킴처럼 흑인 미국인임을 시사하는 이름을 가졌고, 다른 지원자는 크리스틴, 메레디스, 닐, 토드처럼 일반적인 백인 미국인처럼 보이는 이름을 가졌다. 버트런드와 멀레이너선은 그런 다음 전화가 울리기를 기다렸다. 백인 이름을 가진 지원자의 경우 답신 전화 비율이 9.7퍼센트인 데 반해 흑인 이름을 가진 지원자는 6.5퍼센트에 불과했다. 버트런드와 멀레이너선은 "백인 구직자는 지원서를 보낸 10군데당 평균 1통의 답신 전화를 기대할 수 있지만 아프리카계 미국인 구직자가 1통의 답신 전화를 받기 위해서는 15군데에 지원서를 보내야 한다"고 결론을 내렸다.

사회학자 데바 페이저Devah Pager는 위스콘신 주의 밀워키에서 실시한 고용 감사 연구를 통해 놀라운 결과를 발표했다. 페이저는 실험자들을 두 명씩 짝지어 경력은 필요 없고 고등학교 졸업장만 있으면 되는 채용 공고에 직접 지원하게 했다. 실험자들이 채용 사이트에서 지원서를 작성해 제출한 결과, 백인 지원자가 같은 쌍의 흑인 지원자에 비해 면접을 보러 오라는 연락을 받을 확률이 두 배 이상 높았다. 무엇보다 놀라운 것은 바로 스스로 전과가 있다고 기록한 백인 지원자(17퍼센트)가 비슷한 자격 조건에 전과가 없는 흑인 지원자(14퍼센트)에 비해 더 많은 면접 요청 전화를 받았다는 것이다. 이것은 과거에 수행된 어떠한 감사 연구에서도 보고된 적이 없는 결과였다. 전과가 있는 백인에게 면접 요청 전화가 걸려 온 비율이 17퍼센트라는 것은 전과가 있는 같은 쌍의 흑인 지원자에게 전화가 걸려 온 비율이 훨씬 낮은 5퍼센트라는 점과도 비교된다.[5]

의료

미국 국립과학원 산하 기관인 의학 연구소Institute of Medicine, IOM는 의회로부터 인종 및 다른 인구학적 요소가 미국 의료 부문에서 행사하는 역할에 대해 조사해 달라는 요청을 받았다. 이렇게 작성된 〈불평등한 대우Unequal Treatment〉라는 2002년도 보고서에서는 환자의 연령, 성별, 인종에 따라 의료 진단, 치료 및 건강 결과를 조사한 600여 가지 연구가 실렸다. IOM의 결론은, 흑인 미국인을 비롯한 기타 소수 집단 사람들이 의료 격차로 백인 미국인에 비해 덜 효과적인 치료를 받고 있다는 것이었다. 이러한 격차는 소수 집단 환자와 백인 환자가 사회경제적 지위가 동등하고 보험 혜택도 동일하게 받고 있는 것으로 알려진 경우에도 나타났다.

IOM 연구에서 의료 격차는 심장병, 신장병, 암, HIV/AIDS에서 나타났다. 소수 집단 구성원은 정기 검사를 받는 횟수가 더 적었고, 진통제 처방 횟수도 더 적었으며, 수술, 투석, 장기 이식 등에서도 혜택을 받는 횟수가 더 적었다. 그뿐 아니라 소수 집단 사람들은 덜 선호하는 치료를 받기도 했다. 소수 집단 사람들에게 당뇨병이 불균형적으로 많이 발병하고 당뇨 합병증의 심각성도 훨씬 높다는 점을 감안할 때 당뇨병과 관련한 사례는 특히 충격적이었다. 예를 들어 소수 집단에서는 조기 진단이나 좀 더 면밀한 예방 관리가 있었다면 피할 수 있었을 사지 절단이 훨씬 많이 나타났다.

〈불평등한 대우〉의 결론 4-1에서는 내재적 편향이 의료 격차의 결정적 원인은 아니더라도 가능한 원인은 될 수 있다고 지적했다.

위원회는 편향, 고정관념, 편견 그리고 사회 인지 연구와 '내재적' 고정관념 등 다양한 출처에서 비롯된 임상적 불확실성이 큰 역할을 하고 있다는 강력한 증거를 발견했지만 이것은 어디까지나 정황 증거일 뿐이므로, 언제 어떤 방식으로 이러한 과정이 발생하는지 확인하기 위해 연구가 더 많이 진행되어야 한다고 촉구했다.[6]

IOM 보고서가 촉구한 '사회 인지 연구'를 수행하기란 쉽지 않다. 의료 기관 역시 다른 수많은 대규모 조직과 마찬가지로 편향이 드러날 수 있는 조사에 스스로를 노출시키기를 꺼린다. 그럼에도 불구하고 일부 선구적 연구는 의료 환경에서 IAT의 내재적 편향 측정 기법을 사용하고 있다. 아직까지 강력한 결론을 이끌어 내기에는 연구가 턱없이 부족하지만 지금까지 발견된 사실들은 IAT로 측정한 의사들의 인종 태도로 그들이 제공하는 의료 품질을 예측할 수 있음을 보여 주었다. IAT에서 백인 선호를 더 강하게 드러낸 의사들은 흑인 환자에 비해 백인 환자에게 더 우호적인 심장 치료 결정을 내렸다. 다른 두 가지 연구에서는 백인 선호를 강하게 나타낸 의사의 흑인 환자들이 의사가 도움이 되지 않는다고 생각하는 경향이 더 강했다.[7]

사법 제도

미국 사법부[DOJ]의 2006년도 연구는 미국 죄수의 40퍼센트가 흑인이라고 보고했다. 이 40퍼센트라는 수치는 당시 미국 인구에서 흑인이 차지하는 비율(약 12퍼센트)을 고려할 때 상당히 지나친 것이다. 재소자 가운데 폭력

범죄로 수감된 흑인 재소자의 비율은 백인 재소자의 해당 비율보다 더 높았고(27퍼센트 대 22퍼센트), 마약 사범의 경우도 비슷한 패턴을 보였다(31퍼센트 대 19퍼센트). 수감률 차이 중 어느 정도가 인종에 따른 범죄율의 차이에 기인한 것인지(집단 책임론적 설명) 또는 형사 사법 제도의 인종 차별적 대우에 기인한 것인지는(타자 책임론적 설명) 확실히 말할 수 없다. 그럼에도 불구하고 운전자 정지, 수색, 체포 같은 경찰 행동에서 인종이 행하는 역할을 조사한 여러 연구에서 집단 책임 원인과 타자 책임 원인에 관한 몇 가지 결론을 도출할 수 있다.

2006년 DOJ 보고서에는 16세 이상 운전자 7만 6,910명을 설문 조사한 결과를 다음과 같이 요약했다.

- 16세 이상 운전자 중 약 9퍼센트가 경찰에 의해 저지당했다. 이 비율은 백인, 흑인, 히스패닉계 운전자 모두 대략 동일했다.
- 저지당한 운전자의 약 절반은 과속 때문이었다. 과속으로 저지당한 뒤 흑인 운전자(78퍼센트)와 히스패닉계 운전자(85퍼센트)가 딱지를 끊은 비율은 백인 운전자(70퍼센트)가 딱지를 끊은 비율에 비해 눈에 띄게 높았다.
- 저지당한 젊은 남성 운전자 중에서 흑인 운전자(22퍼센트)와 히스패닉계 운전자(17퍼센트)가 수색을 당한 비율은 백인 운전자(8퍼센트)에 비해 눈에 띄게 높았다.

과속으로 저지당한 횟수는 백인, 흑인, 히스패닉계 모두 동일한 것으로 나타났지만 그 후에 일어난 일은 그렇지 않았다. 흑인과 히스패닉계가 백인에 비해 과속 딱지를 끊은 횟수도, 차량을 수색당한 횟수도 더 많았다. 24세 이하 남성 운전자 중에서 합법적인 이유로 저지를 당했다고 생각하는 비율은 히스패닉계(81퍼센트) 또는 백인(역시 81퍼센트) 운전자보다 흑인(58퍼센트) 운전자가 더 낮았다.

그런데 정작 이러한 통계가 나타난 DOJ 보고서에서는 놀랍게도 차별에 대한 어떠한 결론도 찾아볼 수 없다. 보고서에서 '프로파일링'이라는 단어가 나타난 두 단락에서만 흑인 및 히스패닉계 운전자의 딱지 발행 비율과 수색 비율이 더 높은 것이 차별적 편향을 나타내는 것인지 판단할 방법은 없다고 언급되었다.

그러나 뉴저지 주립 경찰의 1994년 연구에서 심리학자 존 램버스^{John Lamberth}는 차량 저지 데이터가 차별을 보여 주었다고 지체 없이 선언했다. 램버스는 뉴저지 유료 고속도로를 이용하는 흑인 운전자가 백인 운전자에 비해 훨씬 더 자주 주립 경찰에 저지당하고 수색당한다는 것을 알아냈다. 램버스는 자신의 연구에 바탕을 둔 법정 증언에서 "둘의 차이가 크다는 점이 바로 차별적 정책이 분명히 존재한다는 무시할 수 없는 근거이다"라고 결론 내렸다.

내재적 편향에 대한 이해를 바탕으로 우리는 램버스의 결론을 수정한 버전을 내놓았다. 물론 뉴저지 주립 경찰관 중에 — 개인적인 프로파일링 기준이나 상사가 지시한 프로파일링 정책에 따라 — 의도적으로 운전자를 차별한 사람도 있을 수 있지만, 경찰관이 내재적 편향 때문에 그렇게 행동한 것으로 생각할 수도 있다. 의식적인 의도는 없었지만 숨겨진 편향(내재적 인종 태도 또는 고정관념)으로 인해 백인 운전자보다 흑인 운전자를 더 자주 저지했을 수도 있다는 얘기이다.[8]

더 많은 감사

미국인은 차를 많이 산다. 아주 부유한 사람이 아니라면 차량의 구매 가격은 누구에게나 꽤 큰 비용이다. 대중교통이 미치지 않는 직장에서 비교적 적은 임금을 받고 일하는 사람에게는 특히 큰 지출이다. 차량 구매 시 나타날 수 있는 차별을 조사하기 위해 예일 대학교의 경제학자 겸 법학과 교수인 이언 에어스Ian Ayres는 남성과 여성이 섞인 백인 실험자와 흑인 실험자에게 자동차 구매력이 동등하게 보이도록 훈련을 시켰다. 실험자들이 특정 모델을 찾아 자동차 판매점을 방문한 결과, 동일한 모델에 대해 흑인 실험자가 받은 견적은 백인 실험자가 받은 견적에 비해 한결같이 몇백 달러씩 높았다.

에어스는 훨씬 적은 액수의 화폐 거래로까지 관심을 확장시켜, 코네티컷 주 뉴헤이븐 택시 운전사들의 협력을 구했다. 택시 운전사들에게 운임과 팁을 기록해 달라고 요청한 것이다. 에어스와 그의 동료들은 흑인 택시 운전사의 팁이 백인 택시 운전사가 받은 팁에 비해 33퍼센트 낮다는 것을 알아냈다.

코넬 대학교 심리학자 마이클 린Michael Lynn의 음식점 팁 연구에서도 인종별로 비슷한 차이가 관찰되었다. 흑인 종업원이 백인 종업원에 비해 18퍼센트 더 낮은 팁을 받은 것이다. 에어스의 연구와 린의 연구 모두 흥미로운 점이 하나 더 있었다. 백인 고객만 흑인 택시 운전사나 흑인 종업원에

게 더 적은 팁을 준 게 아니다. 흑인 고객도 마찬가지였다.[9]

결론 2: 흑인 미국인이 경험하는 부당 대우는 적어도 일부는 인종 차별에서 비롯된 것이다

흑인 실험자와 백인 실험자가 한 명씩 쌍을 이루어 행한 수많은 실험은 우리가 이미 언급한, 흑인 부당 대우는 존재한다는 첫 번째 결론을 넘어서는 결론을 요구한다. 중요한 증거가 뒷받침하는 이 결론은 반론의 여지가 없다. 흑인이 부당 대우를 받는 부분적인 이유는 단지 흑인이라는 이유 때문에 흑인에 반응하는 방식에 기인한다는 것이다.

이를 뒷받침하는 증거의 다양성과 무게를 고려하면 이 결론에 도달하기까지 너무 오랜 시간이 걸린 것 아닌가 싶을 정도다. 그러나 사회과학자들 사이에 강력한 합의가 있는 결론으로만 그 범위를 제한한다는 우리의 목표를 감안하면 이 조심스러움은 적절한 전략일 것이다. 지금까지 방대한 양의 연구가 진행되었고 이 연구들은 한결같이 일관된 결과들을 보여 주었기 때문에 우리는 물론이고 이 같은 증거에 익숙한 거의 모든 사람은 이 결론을 피할 수 없을 것이다. 이러한 연구 조사는, 특히 원인에 대한 결론을 도출하고 대안적인 설명을 배제하는 데는 현재 나와 있는 과학 기법 가운데 가장 강력한 무작위 실험을 포함하여, 다양한 방법들을 채용했다.

우리는 흑인과 백인이 주택 구입, 구직, 대출에서 대체로 동등한 자격을 가지고 있다는 결론에 도달하지 못했다. 흑인과 백인이 동등하게 법을 준수한다는 결론에도 도달하지 못했다(흑인 미국인이 백인 미국인보다 법을 더 잘 지킬 수도 있고 그 반대일 수도 있다). 또 흑인과 백인 택시 운전사 또는 레스토랑 종업원이 동일한 품질의 서비스를 제공하는지 여부에 대해서도 결론을 도출하지 못했다. 거듭 말하지만 두 집단이 비슷한 수준의 서비스를 제공할 가능성이 있지만 그와 동시에 한 그룹이 다른 그룹에 비해 더 우수한 서비스를 제공할 가능성도 얼마든지 있다.

이러한 집단 책임론적 설명에 대해서는 언급하지 않겠다. 지금까지 나온 연구들이 결정적인 증거를 제시하지 못했기 때문이다. 감사 연구와 비간섭적 측정 실험에서처럼, 안정적인 연구 방법을 사용하여 인종 이외의 가능한 원인을 배제할 때 나올 수 있는 결과에 대해서는 연구가 결정적인 근거를 제시했다. 이러한 연구는 인종 이외의 원인에 대해 무작위 배정 및 제어를 사용하면 흑인에 대한 부당 대우가 일관되게 관찰된다는 점을 밝혀냈다. 이처럼 반복적으로 관찰되는 부당 대우에 대한 유일한 설명은 인종에 근거한 차별밖에 없다.[10]

그렇다면 그것이 중요한가?

이 부록에 설명된 인종 차별의 모든 결과는 통계적 의미 획득에 관한 널리 받아들여진 표준을 충족하기 때문에 심각하게 고려할 가치가 있다. '0.05 수준'이라고도 알려져 있는 이 표준은 정말로 인종이 미치는 영향이 없다면 결과가 우연히 얻어졌을 가능성이 굉장히 낮다는 것을(기껏해야 5퍼센트) 의미한다. 하지만 0.05 수준에 도달했다고 해서 결과가 중요하다는 것을 의미하지는 않는다.

통계적 의미를 중요하다고 볼 수 있는지, 즉 실질적 의미가 있는지 판단하기 위해서는 세 가지 사항을 알아야 한다. 첫째, 합리적인 사람들이 중

대한 결과라는 데 동의할 만한 요소가 포함되어 있는가? 둘째, 동일한 사람에게 반복적으로 영향을 미칠 수 있는가? 셋째, 많은 사람들에게 영향을 미치는가?

중대한 결과

무죄인 사람을 감옥에 보내거나 사지 절단을 피할 수도 있었을 치료를 제공하지 않은 것은 분명 중대한 결과다. 따라서 앞서 설명한 연구 중 일부에서 나타난 결과가 확실히 중대한 결과라는 점에서, 첫 번째 질문에 대한 대답은 "그렇다"이다.

그러나 연구에서 조사한 차별 형태 중 일부는 그보다 덜 중대한 결과를 포함하고 있다. 그렇지만 덜 중대한 결과들이 많아져서 반복적으로 마주치거나 많은 사람에게 일어난다면 중요해질 수 있다.

반복되는 작은 영향

운동선수가 반복되는 연습을 통해 하루에 1퍼센트의 100분의 1만큼 실력을 늘린다고 해 보자. 이것은 며칠 또는 몇 주 동안 연구를 계속해도 통계적으로 감지할 방법이 없을 만큼 눈에 띄지 않는 실력 향상이다. 세계적인 육상 선수가 100미터를 10초에 달린다고 하면 이 수치는 1초의 1,000분의 1, 즉 1밀리초이며 이 시간은 1센티미터를 달리는 데 걸리는 시간이다. 그럼에도 불구하고 이 연습 방법이 똑같이 작은 수치 변화로 200일 동안 반복된다면 선수의 실력은 200밀리초, 즉 1초의 10분의 2만큼 향상될 것이다. 이 정도 수치면 세계 기록 보유자로 남느냐 눈에 띄지 않는 낙오자로 남느냐를 구분 짓기에 충분하다. 남자 100미터 경주에서 0.2초는 2미터를 달리는 데 걸리는 시간이기도 하지만, 2002년까지 거슬러 올라가는 남자 100미터 경주의 최근 6개 세계 기록 사이의 합산된 차이를 포함하는 것이기도 하다.

마찬가지로 수많은 사소한 차별 행동들이 발생 당시에는 너무 작아 눈에 띄지 않지만 지속적으로 반복되면 육상 선수의 예처럼 누적되는 영향을 드러낼 수 있다. 물론 차별 행동의 경우 부정적인 영향을 드러낼 것이고 결과적으로 차별 대상에게 심각한 비용을 부담시킬 수 있다.[11]

3년 동안 전문 교육을 받고 그 후 3년 동안 회사에 고용된 A와 B라는 두 집단을 추적한다고 하자. 두 집단의 모든 사람이 매달 정기적으로 상사 등에게 업무 평가를 받는다. 또한 각 평가가 성공 가능성이 매우 높다(99퍼센트)고 가정하자. 여기서 성공이란 계속해서 경력을 이어 나간다는 의미이고 실패란 경력을 중단한다는 의미다. 각 평가의 성공 가능성을 동일한 99퍼센트로 설정하고 6년 동안 매달 평가를 실시하면 전반적인 생존율은 50퍼센트에도 미치지 못한다. 업무가 까다로운 직장에서 6년간 버티는 상황을 고려하면 크게 이해 못 할 수치는 아니다.

A 집단과 B 집단의 평가 사이에 나타나는 매우 근소한 차이가 무엇을 의미하는지 밝히기 위해 A 집단의 예상 성공률이 B 집단의 예상 성공률보다 1퍼센트만 높다고 가정하자. 말하자면 A 집단의 예상 성공률은 99.5퍼센트이고 B 집단은 98.5퍼센트라는 뜻이다. 6년 동안 매달 평가를 한다면 매월 발생하는 이 작은 차이는 엄청나게 커질 것이다. A 집단(70퍼센트)이 B 집단(34퍼센트)보다 두 배 많은 사람이 살아남을 것이라는 점을 밝히는 데는 초

등학교 수준의 대수학만 알면 된다.[12]

이 예는 신입 사원에서 조직에 더 오래 근무해야만 오를 수 있는 더 높은 직책으로 옮아감에 따라 왜 소수 집단(그리고 여성)의 비율이 해가 지날수록 급격하게 떨어지는지에 대해 어느 정도 통찰을 제시해 줄 수 있다. 여성과 소수 집단의 감소율이 높아지는 것은 반복적으로 발생하는 매우 작은 수준의 대우 차이에서 오는 결과일 수 있다.

반복적인 작은 영향들이 큰 결과로 이어질 수 있는 또 다른 예를 보자. 어떤 사람이 차별 때문에 10달러를 받지 못하는 경우 크게 우려하지 않을 수 있다. 하지만 어떤 사람이 40년의 직장 생활에서 매주 10달러씩 잃는다면 이 금액은 총 7만 달러가 된다(매달 복리로 5퍼센트 연리를 고려하는 경우). 이 액수는 일부 공립 대학교에서 4년간 대학 교육을 받기에 충분한 금액이고, 35만 달러짜리 주택이나 몇몇 신차 구입 시 계약금의 20퍼센트에 해당하는 금액이다.

많은 사람에게 미치는 영향

작은 영향들을 많은 사람이 경험한다면 이러한 영향들이 모여서 사회적으로 중요한 무엇이 될 수 있다. 차별로 인해 한 사람이 한 번 투표 기회를 거부당할 경우 이것을 크게 문제 삼지 않을 수도 있다. 하지만 차별로 인해 많은 사람이 선거에서 투표를 하지 못한다면 이것은 결과에 영향을 미칠 수 있다. 특히 후보자 간 경쟁률이 근소할 경우 더욱 그렇다.

많은 사람에게 영향을 미칠 수 있는 좀 더 실질적인 결과를 포함하는 예로서, 최근 미국에서 백인(91퍼센트)과 흑인(81퍼센트)의 고등학교 졸업률이 10퍼센트 차이 나는 데 차별이 어느 정도 기여했다고 생각해 보자. 설명을 위해, 10퍼센트의 흑인−백인 차이 중 단 10분의 1에 대해서만 차별이 원인이라고 가정하자. 다시 말해 백인과 흑인의 고등학교 졸업률 차이 10퍼센트 중 1퍼센트에만 차별이 기여한 것이다. 이 1퍼센트를 전체 미국 인구에 적용하면 그 의미를 가늠할 수 있다(한 가지 확실히 짚고 넘어가자면, 우리를 비롯한 어느 누구도 차별이 고등학교 졸업률에 미친 영향에 대한 이 1퍼센트 이론이 정확하다거나, 너무 크다거나, 너무 작다고 말할 만한 데이터를 가지고 있지 않다).

미국 통계국 보고에 따르면, 2009년 7월 기준 미국의 흑인 수는 3960만 명이고, 이 가운데 71.5퍼센트인 2830만 명이 고등학교 취학 연령(18세 이상)을 지났다. 1퍼센트라는 이론상의 수치를 이 2830만 명의 고등학교 미진학 흑인 미국인에 적용하면 이것은 그중 28만 3,000명이 차별로 인해 고등학교 졸업을 거부당했을 수 있다는 결론이 나온다. 다시 말해 차별로 인한 비교적 작은 영향(고등학교 졸업률 10퍼센트 차이)이 현재 미국에 사는 25만 명 이상의 흑인에게 매우 심각한 결과를 낳았을 것이다.[13]

결론 2에 예상되는 반대 의견

그러나 이 같은 결과를 뒷받침하는 증거에 대해 과학자들 사이에서 폭넓은 합의가 이루어졌음에도 불구하고 결론 2는 논란의 여지가 있다고 본다.

예를 들어 이런 반대 의견이 있을 수 있겠다. "X라는 사람이 흑인을 고용하기를 원하지 않는다면(혹은 흑인에게 집을 임대하거나 주택 담보 대출을 제공하기를 원하지 않는다면) 이것은 흑인인 사람을 겨냥한 차별과 아무런 관계가 없다. 그보다는 백인보다 흑인에게서 더 자주 발견되는 부적격한 특성과 전적으로 관계가 있다." 이처럼 반대하는 사람은 더 나아가, 평균적으로 흑인은 직업과 관련된 소질이 부족하고, 매달 지급해야 하는 임대료나 대출 이자를 벌 수 있을 만큼 소득이 안정적이지 않으며, 재산을 중요시하는 경향이 덜하다고 주장할 수 있다. 결정적으로 이런 주장도 있을 수 있다. "직업적 소질이나 월세나 이자를 납부하는 성실성, 재산을 중시하는 태도가 동등한 흑인과 백인을 평가할 기회가 있다면 고용, 임대 또는 대출과 관련해 흑인보다 백인을 선호할 이유는 없을 것이다."

많은 사람이 이 같은 추론을 통해 다음과 같은 결론에 도달할 것이다. "이 같은 선택의 기로에서 나는 피부색은 보지 않는다. 나는 인종으로 사람을 차별하지 않는다." 이 같은 자기 기술이 많은 경우에 사실이라는 점을 우리는 믿을 수 있다. 그러나 30년에 걸친 실험 연구를 통해 직장이나 집을 구하는 흑인과 백인이 필요한 업무 기술이나 개인적 성실성을 추론할 수 있는 모든 특징에서 동등한 모습을 보여도 백인이 흑인에 비해 약 두 배나 더 우호적인 결과를 얻는다는 것이 여지없이 드러났다.

감사 연구에서 연구원에게 훈련받은 흑인, 백인 또는 히스패닉계 대응 쌍 실험자들이 아파트, 주택 또는 직업을 찾아 부동산 중개업자나 잠재적 고용주 역할을 했던 사람들을 찾아간 일을 생각해 보자. 이 부동산 중개업자와 고용주들은 솔직한 마음에서 평등주의의 가치를 선언하고 흑인, 백인, 히스패닉계 사람이 동등한 자격을 가진 경우 모두를 동등하게 선택할 것이라고 자신 있게 주장할 것이다. 그렇다면 주택 및 고용 감사 연구에서 흑인과 히스패닉계 사람이 원하는 집이나 직장을 구할 때 동등한 자격의 백인보다 눈에 띄게 성공률이 낮은 결과가 반복적으로 나타나는 것은 어떻게 설명해야 할까? 다음 부분에서는 이 질문에 대한 답을 찾는 데 조금 더 집중할 것이다.

일곱 가지 결론

우리가 이 부록에서 설정한 과제는 대부분의 사회과학자가 유효하다고 간주하는 미국의 인종 관계에 대한 결론을 제시하는 것이었다. 다음은 이미 언급한 두 가지 결론과 함께 앞서 이 책의 본문에서 살펴본 결론을 정리한 것이다.

결론 1: 흑인 부당 대우는 존재한다. 흑인 미국인은 백인 미국인에 비해 평균적으로 공교육이나 만족스러운 의료 서비스를 덜 받고 재산을 덜 소유하고 고용 기회가 더 적고 노동에 대한 보수를 덜 받고 수감 비율이 더 높은 등 여러 중대한 부당 대우를 경험한다.

결론 2: 흑인 미국인이 경험하는 부당 대우는 적어도 일부분은 인종 차별에 기인한 것이다. 부록 2의 주된 목적은 흑인 미국인이 단지 흑인이라는 이유 때문에 발생하는 부당 대우, 즉 인종 차별을 경험한다는 사실을 의심의 여지없이 확인시켜 주는 다양한 증거들을 제시하는 것이었다.

결론 3: 사회적 차별이 존재한다. 5장에서 사람들을 특징적인 범주로, 예를 들어 흑인 여성 나이지리아 탭 댄서라든지 나이 든 백인 남성 스웨덴

가구 제작자 등으로 즉각 분류하고, 이러한 범주와 뚜렷하게 연관되는 특성을 즉시 추론할 수 있는 인간의 정신적 기교에 대해 살펴보았다. 고정관념은 인간의 다양성을 인정하고 범주화하는 이 놀랍고도 정교한 인간의 능력과 떼려야 뗄 수 없는 관계에 있다.

결론 4: 태도는 반성적 형태와 자동적 형태를 모두 가지고 있다. 태도는 사람들의 범주(변호사, 이슬람교도, 아시아인, 아기 등)에 대한 호불호를 나타낸다. 4장에서는 두 유형으로 나눌 수 있는 태도에 대해 설명했다. 반성적 혹은 명시적 태도는 우리가 확실하게 인지하는 태도인 반면(예를 들어 마자린은 자신이 〈스타 트렉Star Trek〉을 좋아한다는 것을 알고 토니는 자신이 비빔밥을 좋아한다는 것을 안다), 자동적 또는 내재적 태도는 우리가 인지하지 못할 수 있는 연상 지식으로 구성된다(예를 들어 토니와 마자린 그리고 그 밖의 모든 사람 중 80퍼센트가 '나이 듦＝나쁨'이라는 연상을 공유한다). 두 가지 형태는 일치할 필요가 없다. 이것이 분열이라고 불리는 상황이다. 예를 들어 '나는 나이 든 사람들이 좋아'라는 명시적 또는 반성적 태도와 '나이 듦＝나쁨'이라는 내재적 태도가 하나의 머릿속에 존재할 수 있다.

결론 5: 사람들은 자신의 태도와 고정관념의 반성적 형태와 자동적 형태 사이에 나타나는 불일치를 대체로 인식하지 못한다. 인종 태도를 평가할 때 관찰할 수 있는 사람의 IAT 결과(내재적)와 설문 조사 결과(명시적) 간의 불일치가 꾸준히 관찰된다는 것은 사람들이 질문지를 작성할 때 인종에 대한 시각을 의도적으로 잘못 전달한다는 것을 의미할 수 있다. 물론 이런 일이 이따금씩 일어날 수는 있지만 우리는 그것이 훨씬 더 많이 일어나지 않을까 생각한다. 우리는 대부분의 사람들이 설문 조사관의 질문에 대답할 때 정확하고 솔직하게 대답하려고 노력한다고 가정한다. 그러나 사람들은 자신에게 반성적 태도와는 다른 자동적 태도가 있다는 것을 의식하지 못할 수 있다.

결론 6: 명시적 편향은 드물지만 내재적 편향은 구석구석 배어 있다. 부록 1에서 21세기 초 미국인은 설문 조사에서 명시적(노골적) 인종 편견을 드러내는 정도가 낮다는 증거를 제시했다. 50~75년 전에 행해진 연구에서는 흔히 나타나던 노골적인 편견의 표현이 크게 줄었다는 점은 문서로도 확인할 수 있는 놀라운 결과다. 오늘날의 설문지 연구에서는 이제 대부분의 미국인이 평등주의적 인종 태도를 보이지만 IAT를 사용한 결과 미국인의 약 75퍼센트가 흑인보다는 백인을 선호하는 내재적(자동적) 편향을 보였다. IAT에서만 나타나는 인종 선호는 개인이 지지하는 인종 태도와는 상당히 다르다는 점을 이해하는 것이 중요하다. 그럼에도 불구하고 3장에서 살펴본 바와 같이 내재적 인종 태도는 실질적인 결과를 가져오고 이는 결론 7로 이어진다.

결론 7: 내재적 인종 태도(자동적 인종 선호)가 흑인 미국인에 대한 차별에 기여한다. 일곱 가지 결론 중에서 이것만이 동료들의 합의를 구하기 위한 초기 목록에 없었던 결론이다. 목록에 올리지 않았던 이유는 간단한다. 4년 전 처음 이 목록을 돌렸을 때만 해도 우리 스스로를 포함해 어느 누구도 결론 7의 증거가 얼마나 광범위하게 누적되어 있었는지 인식하지 못했다. 하지만 3장에서 설명했듯이, 2009년 학술지에 요약된 상당한 규모의 연구 자료를 통해 이제는 인종 IAT에서 측정된 자동 백인 선호로 평등주의 시각을 강력하게 주장하는 사람들 사이에서도 차별 행동을 예측할 수 있다는 실질적인 증거가 존재한다는 것이 명백해졌다. 이 증거는 무시할 수 없을 만큼 상당한 것이고 실제로 2007년 초(2009년 메타 분석 검토 학술지에 포함할 연구들을 수집하기 위한 최종 일자) 이후 꾸준히 누적되어 온 것이다.

최근 설문 조사에서는 10~15퍼센트의 미국인만이 흑인 미국인에 대한 편견을 거리낌 없이 표현하는 것으로 나타났다. 그러나 이 부록을 비롯한 본문의 여러 장에서도 자세히 다루었듯이, 경제적으로 중요한 거의 모든 삶의 영역에서 흑인 미국인을 불리한 위치에 두는 차별 행동이 굉장히 널리 퍼져 있다는 증거는 자료를 통해서도 쉽게 확인할 수 있다.

이러한 차별은 전적으로 노골적인 편견을 드러내는 소수 미국인의 행동 때문이라고 생각할 수도 있겠지만, 흑인 부당 대우가 순전히 명시적·노골적 편견 탓이라고 결론 내리기에는 내재적 편향이 수행하는 역할의 증거가 너무나 강력하다. 게다가 노골적으로 편견을 드러내는 사람들의 비율이 비교적 작고 자동 인종 선호로 차별을 예측할 수 있다는 점이 분명하게 확인되었다는 점을 감안하면, 내재적 편향이 흑인 부당 대우의 원인일 뿐 아니라 흑인 부당 대우에 기여하는 차별을 설명하는 데 명시적 편향보다 더 큰 역할을 하는 것일 수 있다는 결론을 내리기에 무리가 없어 보인다.

내재적 편향은 의식의 바깥에서 작용하는 탓에 그것을 가진 사람에게는 보이지 않지만, 내재적 편향에서 비롯된 차별은 연구원들에게 명확하게 보일 수 있으며 그로 인해 차별을 받는 사람들에게는 더더욱 확실하게 보일 수 있다.[14]

감사의 말

이 책은 지난 25년 동안 함께 일해 온 수많은 사람의 아이디어와 실험으로부터 탄생했다. 그중에서도 공동 연구자이자 한결같은 동료이자 친구인 브라이언 노섹이 가장 큰 도움을 주었다. 그는 1996년 여름 예일 대학교 대학원생으로 도착하면서부터 '내재적 사회 인지'(우리 전공의 정확한 이름이다) 연구에 힘을 보태기 시작해 지금까지도 변함없이 우리의 연구에 기여하고 있다. 깊은 고마움과 사랑을 담아 그의 아낌없는 노고에 감사의 뜻을 전한다.

1988년부터 우리는 학생 및 공동 연구자와의 파트너 관계로 많은 혜택을 받고 있다. 이들의 헌신으로 이 책의 주제에 대한 이해를 더욱 높일 수 있었다. 모든 이가 의식적 인식의 바깥에서 이루어지는 정신 작용이라는 커다란 모자이크를 완성하는 조각과 같은 역할을 해 주었다.

리처드 에이브럼스, 스콧 아칼리스, 베서니 앨버트슨, 대니얼 에임스, 주디 앤드루스, 저스틴 앵글, 젠스 아젠도르프, 레이너 반스, 요아브 바르아난, 앤드루 배런, 아이린 블레어, 티머시 브록, 프레더릭 브루넬, 후아지안 카이, 수전 카레, 다나 카니(이 책의 제목으로 '블라인드 스팟'을 제안했다), 시리 카펜터, 유진 카루소, 대니얼 첸, 에바 첸, 돌리 처그, 에밀리 코그스딜, 주안 매뉴얼 콘트레라스, 캐슬린 쿡, 리사 쿠퍼, 윌 천니그엄, 다리오 크벤스크, 닐란자나 (부주) 다스굽타, 스타니슬라스 데하에네, 티에리 데보스, 크리스토퍼 다이얼, 클라우디우 디모프트, 숀 드레인, 벤 드러리, 야로 던햄, 제프리 에버트, 셸리 파넘, 유벌 펠먼, 크리스티나 퐁, 마크 포핸드, 제리 길모어, 잭 글레이저, 니콜 글리슨, 스테파니 굿윈, 알렉스 그린, 에이든 그레그, 엘리자베스 헤인스, 커티스 하딘, 라리사 헤페츠, PJ 헨리, 아널드 호, 빌헬름 호프만, 메리 리 허머트, 존 조스트, 제리 강, 조슬린 카런, 케리 가와카미, 김도영, 테리 커비, 크리스토프 클라우어, 마크 클린저, 지히로 고바야시, 린다 해밀턴 크리거, 제니퍼 쿠보타, 케이티 랭커스터, 크리스틴 랜, 키스 리빗, 스티븐 레어, 크리스티 렘, 댄 레빈, 베카 레비, 에릭 레비, 크리스튼 린드그렌, 엘리자베스 로프터스, 도미니카 메이슨, 스티브 매컬러프, 자말 맥델, 데비 맥기, 파울 마인즈하우젠, 데보라 멜롯, 앤드루 멜초프, 제이슨 미첼, 브랜디 뉴웰, 크리스텔 니그누멘, 마크 오크스, 로이즌 오코너, 올루다미니 오구나이크, 크리스티나 올슨, 안드레아스 올슨, 브라이언 오스타피 엔, 마트 오튼, 박재현, 로라 박, 앤드루 퍼킨스, 엘리자베스 펠프스, 재클린 피크렐, 브래드 핀터, 앤드루 포엘먼, 도비 라네브, 프레더릭 리바라, 알렉스 로스먼, 로리 러드먼, 재니스 사빈, 콘라드 슈나벨, 에릭 슈, 조던 슈워츠, 페넬로페 시츠, 앨리시아 셴, 크리스틴 슈츠, 콜린 스미스, 케리 스팰딩, 에릭 스팽젠버그, 엘리자베스 스펠크, N. 스리람, 새미어 스리바스타바, 다미언 스탠리, 사브리나 선, 제인 스완슨, 크리스타인 테리, 브라이언 티에테, 에릭 울먼, 피에르카를로 발데솔로, 마크 반델캠프, 웬디 윌시, 그레그 월턴, 그레그 윌러드, 캐롤라인 윌무트, 카이유안 수, 스즈무 야마구치, 비비안 자야스, 탈레 치브에게 감사의 뜻을 전한다.

수많은 동료가 적극적인 독자로서 여기에 제시된 아이디어를 더욱 날카롭게 다듬는 데 도움을 주었다. 동료들은 토론과 서신을 통해 우리의 생각을 자극하거나, 다양한 측면에서 연구를 옹호해 주거나, 어떤 경우에는 반복적으로 초안에 대한 의견을 제시했다. 이들의 참여로 우리가 얻은 혜택은 이루 말할 수가 없다.

밥 아벨슨, 엘리엇 애런슨, 비스티 바나지, 존 바그, 벤 바레스, 캐서린 베텟, 마르크 벤딕, 마크 베넷, 대니 번스타인, 폴 블룸, 샘 볼스, 도널 칼스턴, 팜 캐시, 사프나 셰리언, 낸시 콧, 로버트 트라우더, 얀 데하우어, 퍼트리샤 데바인, 앱 디크스터후이스, 론 도치, 캐럴 드웩, 앨리스 이글리, 러셀 파지오, 수전 피스크, 빌 조지, 대니얼 길버트, 맬컴 글래드웰, 리처드 곤잘레스, 조슈아 그린, 데이비드 해밀턴, 존 헤론, 낸시 홉킨스, 얼 (버즈) 헌트, 샨토 아이엔거, 래리 자코비, 마르셔 존슨, 크리스틴 졸스, 리 저심, 셰릴 카이저, 존 킬스트롬, 미라 코마라주, 낸시 크리거, 존 크로스닉, 존 램버트, 엘렌 랜저, 래리 레시그, 얀 레우, 닐 마크래, 윌리엄 맥기어, 웬디 멘데스, 필립 머리클, 월터 미셸, 데이비드 마이어스, 켄 나카야마, 모라 오닐, 리 오스터하우트, 토머스 페티그루, 리처드 페티, 스티븐 핀커, 스콧 플라우스, 바버라 레스킨, 댄 오로프 루스, 피터 살로비, 로리 산토스, 주세페 사르토리, 일레인 스캐리, 프레더릭 샤우어, 데이비드 슈나이더, 로저 셰퍼드, 제프 셰먼, 짐 셰먼, 유이치 쇼다, 짐 시대니어스, 제인 시머니, 엘리엇 스미스, 론 스미스, 클라우드 스틸, 프리츠 스트랙, 마이클 타, 로버트 트리버스, 짐 울먼, 버지니아 밸리언, 섕커 베단텀, 기퍼드 워리, 댄 웨그너, 킵 윌리엄, 카렌 윈, 리처드 얄크, 로버트 자존크, 마이클 자레트에게 감사한다.

래드클리프 고등연구소는 책의 토대를 잡느라 가장 많은 시간이 필요했던 시기에 우리 둘에게 1년 동안 주재 교수로 연구할 수 있도록 배려해 주었다(그다음 해는 마자린만 주재 교수로 있었다). 남부 빈민법 센터는 웹사이트가 개설된 지 얼마 안 되던 초기에 보조금을 지원하고 공공 봉사 활동에 관한 많은 교육을 제공했다. 하버드 대학교 교양과학학부, 에드먼드 사프라 윤리연구소, 양적 사회과학 기관, 그리고 정신, 뇌, 행동 이니셔티브는 마자린에게 안식 기간과 금전 지원을 제공해 주었다. 마자린은 또한 록펠러 재단의 벨라지오 연구소, 심라의 인디언 고등연구소, 러셀 세이지 재단, 정신과학연구소, 윌리스 재단, 그리고 특히 이 책을 완성하기 전 마지막 단계에서 글을 쓸 안식처를 제공해 준 산타페 연구소에서 보내 준 지지에도 깊이 감사한다.

관리 직원 및 연구 보조였던 샌든 애버렛, 크리스토퍼 다이얼, 미셰 제이컵스, 윌리엄 캐플런('기계 속이기'의 관찰자), 더글러스 칼크, 제이슨 매코이, 티파니 메이트, 아만다 파슨스, 엘리자베스 러더퍼드, 로이 럴링 및 샤리 스타우트도 너무나 큰 지지를 보내 주었다.

필라델피아의 프랭클린 과학박물관, 파리의 르 라보라투아르Le Laboratoire,

하버드의 자연사 박물관과 피바디 고고학 민속학 박물관, 보스턴의 과학박물관과 어린이 박물관, 그리고 샌프란시스코의 익스플로라토리움 Exploratorium은 그림 작업, IAT의 독립 실행형 데모 제작, 적극적인 데이터 수집 및 방문객과의 즉각적인 공유에 많은 도움을 주었다. 이 장소들뿐 아니라 우리의 웹사이트를 방문한 사람들은 자신의 숨겨진 마음과 대면했을 때 스스로가 목격한 반응들에 대한 값진 경험을 제공해 주었다. 이들의 호기심과 솔직함은 다음 단계로 나아가기 위한 원동력이 되었다. 진심으로 존경을 표한다.

예상치 못한 방향으로 흐르곤 했던 대학교, 기업, 정부 기관, 비영리 단체에서의 연구를 지원하기 위해 일부러 나서 준 사람들도 있었다. 이들은 이러한 아이디어가 교육, 법률, 사업, 정부, 의료, 그리고 기타 인간이 스스로 또는 서로에 대한 결정을 내리는 모든 영역에서 삶의 형태를 규정짓는 중요한 결정에 영향을 미친다는 사실을 좀 더 직접적으로 볼 수 있게 해 주었다.

이언 에어스, 로히니 아난드, 맥스 바저먼, 제프리 뷰크스, 아이리스 보넷, 샌드라 부시비, 피터 카이로, 짐 캐리어, 리처드 코헨(처음으로 내재적 태도를 '숨은 편향'이라는 특징으로 설명했다), 에이미 에드먼슨, 모하메드 엘에리언, 드루 포스트, 팻 필리 크루셀, 제임스 핀버그, 호프 그린피 엘드, 신시아 기마라에스, 라니 기니어, 존 핸슨, 존 어윈, 미셸 카퍼, 프라이다 클라인, 제니퍼 러너, 제이 라이트, 짐 롭센즈, 카렌 밀스, 에이미 머니치엘로, 토머스 뉴커크, 니틴 노리아, 줄리 오예건, 에바 패터슨, 리사 쿼로즈, 주디스 레스닉, 루이 센티, 수전 실버먼, 주디스 싱어, 마이클 스미스, 짐 털리, 알레산드로 자넬로, 나나 집서에게 감사한다.

국립 과학재단은 우리가 IAT를 개발한 처음 5년간 연구를 지원해 주었고, 국립 정신건강연구소는 그 후 8년 동안 이 연구를 지원해 주었다. 예일 대학교와 워싱턴 대학교는 IAT가 교육 목적의 시범 테스트로 처음 널리 사용되기 시작한 웹사이트의 1998년 개설을 지원해 주었다. 이 웹사이트는 곧 예일 대학교로 완전히 이관되었고, 여기서 필 롱이 예일 컴퓨팅 센터의 자원을 투자해 웹 기반 교육 및 연구라는 우리의 꿈을 실현시켜 주었다. 2003년을 시작으로 이 진취적인 인터넷 사이트는 하버드 대학교로 이전되었고, 이후 하버드 대학교는 계속해서 implicit.harvard.edu에서 운영되는 이 교육 연구 사이트를 아낌없이 지원해 오고 있다.

2005년 우리는 브라이언 노섹과 함께 비영리 법인 프로젝트 임플리시트를 설립해 과학적 지원을 제공해 오고 있으며 이를 통해 현재 implicit.harvard.edu 주소를 사용하는 웹사이트를 계속 운영하고 있다. 숀 드레인은 수백 건의 실험에서 IAT를 빠르게 구현할 수 있도록 소프트웨어(인쿼지트Inquisit)를 개발했다. 실험 설계를 빠르게 개선하고 다른 실험실에서 쉽게 실험을 복제해 사용할 수 있도록 특수한 절차를 개발해 달라는 우리의 수많은 요청에 언제나 흔쾌히 응해 준 그에게 진심으로 감사한다.

이러한 아이디어의 가능성을 처음 알아본 랜덤하우스의 토니 버뱅크에게 특히 감사의 뜻을 전한다. 글이 지나치게 전문적인 방향으로 흘러가지 않도록 상세한 조언을 아끼지 않은 로저 르윈과 베스 래시바움에게도 감사한다. 이번 책을 담당한 랜덤하우스 편집자 윌 머피는 당시 우리가 필요하다고 생각했던 것보다 더 많은 것을 요구했는데, 최종적으로 책의 형태를 다듬는 데 도움을 준 그에게 감사한다. 우리의 초안이 완성되어 가는 사이 출판계에는 변화가 있었다. 이 변화를 통해 우리는 출판인과 편집자가 일반 독자와 과학자를 연결하는 인터페이스를 개발하기 위해 전념하는 전문 기술에 대해 알게 되었다. 우리를 대변해 주었을 뿐 아니라 그들이 없었다면 절대 실현하지 못했을, 과학을 대중에 소개하는 포럼을 열어 준 카팅카 맷슨과 존 브록먼에게 감사한다.

이 책을 집필하면서 보낸 여러 해 동안 확고한 도덕적·지적 지원을 보내준 세 사람이 있다. 언제나 한결같은 지원을 아끼지 않았던 R. 바스카, 진 그린월드, 리처드 해크먼은 더 이상 우리의 진도를 묻지 않아도 될 테니 분명 기뻐할 것이다. 이 책을 구성하는 수많은 아이디어와 심지어 단어에도 그들이 미친 영향이 고스란히 녹아 있음을 쉽게 알아볼 수 있을 것이다.

우리가 사고의 맹점에 대한 책을 내겠다고 했을 때 우리의 부모님, 쿠미 바나지와 러스텀 바나지, 버니스 그린월드와 버나드 그린월드도 분명 맹점을 가지고 있었을 것이다. 우리를 향한 부모님의 기대와 다른 가족들—파파 아야, 벨라 바나지 로다와 니틴 로다, 루크샤드 바나지와 난디타 신크르 바나지, 레아 그린월드, 데이비드 그린월드, 조너선 그린월드, 에밀리 그린월드, 로렌 그린월드, 조 웰시, 에릭 그린월드와 마조리 클리프턴, 샬럿 (찰리) 웰시, 줄리아 웰시, 벤 웰시, 앤 알렉산더와 리처드 칸리언—의 기대는 우리를 지탱하고 키워 주었다.

아이디어의 힘은 연령, 성별, 민족, 종료, 문화, 국적을 넘나들며 이 같은 범주들이 일반적으로 가지고 있는 한계를 넘어서는 더 큰 무엇인가를 찾아 지성들을 한데 모은다. 우리 두 사람은 서로에게서 비슷한 정신을 발견

하는 큰 행운을 누렸음을 충분히 인식하고 있다. 서로를 대신할 수 있는
더 뛰어난 지적 존재를 상상하기란 쉽지 않다.

옮긴이의 말

이 책을 마무리하고 난 지금, 적어도 한 가지는 확실해졌다. 지금까지 나는 스스로가 편견 없는 사람이라는 편견을 가지고 있었다는 것이다. 이 책의 저자인 마자린과 앤서니처럼, 《블링크Blink》의 저자로 잘 알려진 맬컴 글래드웰처럼, 나도 그랬다. 흑인보다는 백인이 더 착한 사람일 것 같고, 늙은 사람보다는 젊은 사람과 더 가깝게 지내고 싶었으며, 장의사보다는 의사가 미래의 남편이길 바라고, 동남아시아 사람보다는 유럽 사람과 더 친구가 되고 싶었다. 선호의 문제라고 여겼던 이런 생각들이 바로 편향된 사고이고 편견이라는 것, 이것이 나도 모르는 사이 나의 행동을 좌지우지하고 있다는 것, 그리고 이러한 나의 행동이 없어도 될 사회적 비용을 유발하고 있다는 것이 내게는 적잖은 충격이었다.

저자인 마자린과 앤서니가 개발한 내재적 연관 검사, 즉 IAT는 바로 우리가 의식하지 못하는 숨겨진 편향을 드러내 준다. 스스로를 공평한 사람이라고 생각했던 많은 이들이 IAT 결과에 충격을 받았다. 동성애자 인권 보호 운동가는 동성애자보다 이성애자를 선호한다는 IAT 결과에, 자메이카 출신 어머니를 둔 맬컴 글래드웰은 흑인보다 백인을 선호한다는 IAT 결과에 경악하고 실망했다.

우리는 태어나는 그 순간부터 특정 집단의 일원이 되면서 편향을 갖게 된다. 자기가 속하는 집단을 선호하는 경향이 생기는 것이다. 이는 자연스러운 현상으로 자신은 물론이고 그 누구도 의식적으로 막을 수 없다. 서양인이 동양인보다는 서양인의 얼굴을 더 잘 분간하고, 반대로 동양인은 서양인의 얼굴보다 동양인의 얼굴을 더 잘 분간하는 것도 바로 이런 이유에서이다. 그런데 문제는 이러한 편향이 단순히 인식의 문제로 끝나는 게 아니라 나의 집단이 아닌 다른 집단에 대한 행동에 영향을 미친다는 데 있다. 또한 더 큰 문제는 우리가 그 영향을 거의 의식하지 못한다는 데 있다.

거창하게 '내집단', '외집단'을 들먹이지 않더라도 가까운 일상생활 속에서 숨은 편향의 예를 얼마든지 찾아볼 수 있다. '5,000원'이라는 가격표가 붙은 물건보다 '10,000원'에서 '5,000원'으로 내린 가격표가 붙은 물건이 더 싸게 느껴지는 이유, 성범죄자라는 소문이 도는 이웃집 남자가 성범죄자가 아닌 것으로 밝혀졌는데도 왠지 그 사람과는 가까이 지내고 싶지 않은 이유, 비자금을 조성했다는 혐의로 고발당한 기업인이 무죄로 풀려났음에도 그 기업인은 왠지 비자금을 조성했을 것 같은 느낌이 가시지 않는 이유가 모두 우리 안에 숨어 있는 보이지 않는 편향 때문이다.

그러나 편향이 사회적으로 가장 크게 문제가 되는 부분은 무엇보다도 인종적, 민족적 편향이다. 미국인의 흑인에 대한 인종적 편향이 대표적인 예이다. 저자들이 부록에서 따로 다룰 만큼, 미국은 적어도 겉으로는 평등한 사회를 이루었지만 여전히 흑인에 대한 보이지 않은 부정적 편견이 뿌리 깊이 남아 있다.

최근 동남아시아 사람들의 이주가 많아지면서 다문화가정이 늘어난 우리 사회를 생각할 때 흑인에 대한 편견을 다룬 이 부록은 우리에게도 남다른 의미가 있다. 갑자기 몰려드는 동남아시아 사람들에 대한 우리의 반응은 일단 거부감이다. 이들과 관련된 각종 사회문제가 대두되면서 자연스레 동남아시아 이주민에 대한 부정적인 편견도 자리 잡기 시작했다.

하지만 적어도 '겉으로는' 이제 이들을 우리 사회의 일원으로 받아들여야 한다는 의식이 널리 퍼졌다. 그 일환으로 편견을 없애기 위한 다양한 노력들이 실천으로 옮겨지고 있다. 초등학교 시절부터 교과서에 줄기차게 등장했던 '단일민족국가'라는 표현은 이제 사라졌으며, 다문화가정을 배려하고 지원하기 위한 수많은 정책들이 쏟아지고 있다. 이주민과의 정서적 격차를 좁히기 위한 다양한 자리와 기회들도 마련되고 있다. 저자들의 말마따나 숨은 편향이 우리도 모르는 사이 우리의 행동에 영향을 미치지 않도록 편향을 줄이기 위한 노력을 이행하고 있는 셈이다.

편향은 사회적 존재에게 필연적으로 나타나는 경향으로, 편향을 없앤다는 것은 불가능에 가깝다. 다만 우리는 편향을 줄이기 위해 노력할 뿐인데, 이를 위해서는 무의식에 자리 잡은 숨은 편향을 의식으로 끄집어내는 과정이 선행되어야 한다.

　다른 사람들을, 더 구체적으로 말하자면 나와 다른 집단의 사람들을 편견 없이 바라보고 싶다면, 그러니까 이 책에서 말한 '좋은 사람'이 되고 싶다면 지금 자신이 가진 편향과 편견을 확인하는 작업부터 시작해 보면 어떨까.

박인균

주

1장 왜 착한 사람들이 신념과 다른 행동을 할까

1   애리조나 주립 대학교 컴퓨터 과학자 커트 반렌^{Kurt VanLehn}은 어린아이들이 산수를 배울 때 저지르는 계통 오차를 설명하기 위해 '마인드버그'라는 용어를 만들었다. 예를 들어 207에서 169를 빼라고 하면 아이들은 자주 받아내림 오류를 저질러 38이 아닌 48을 정답이라고 생각한다. 이 같은 계통 오차는 단순히 뇌의 소프트웨어에 작은 결함이 발생한 예에 지나지 않는다(VanLehn, 1990). 산술적 마인드버그는 빼기를 배우는 아이들이 발을 헛디디게 만든다. 우리는 어린이와 성인에게서 관찰되는, 그리고 과거의 혁신은 물론이고 문화적·개인적 역사에 근거를 두고 있다고 추정되는 다양한 인지적·사회적 오류의 범주를 나타내고자 마인드버그라는 용어를 사용한다. 마인드버그라는 용어를 습관적으로 남발하다 보니 결국 이것이 하나의 단어가 되고 전체 장을 구성하게 되었다.

2   3차원 세상에 사는 우리 선조들은 동굴 벽과 파피루스, 그리고 최종적으로는 개인용 태블릿 컴퓨터에 그림을 그림으로써, 스스로 만들어 내곤 하던 2차원 세상을 이해하기 위해 별도의 시각 장치를 진화시킬 필요가 거의 없었다. 6억 년 전에서 5억 년 전 사이의 어디쯤엔가 시각계의 진화는 이미 3차원 우주에서 안정기에 들어섰다(Lamb, 2007). 테이블 다리는 테이블 윗면이 바닥과 평행을 이룬 수평면의 일부임을 말해 준다. 우리의 뇌는 많은 경험으로, 어쩌면 심지어 시각계의 선천적 배선에 의해, 수평적 표면의 수직적 망막 크기가 깊이의 정도를 너무 적게 추산한 탓에 무의식적 추론이 이 치수를 확대하여 부족한 부분을 채운다는 것을 안다. 이처럼 짧아진 깊이의 정정을 통해 테이블 표면 왼쪽의 긴 치수와 테이블 표면 오른쪽의 짧은 치수가 늘어난다.

3   테이블 윗면이 동일하다는 말을 들어도 머릿속에서는 동일하게 인식되지 않는 것이 사실이긴 하지만, 우리는 전혀 예상하지 못한 이상한 경험을 했다. 두 테이블이 동일하다는 것을 수백 차례 눈으로 확인한 마자린에게 두 테이블이 이전보다 더 동일하게 보인 것이다. 두 테이블이 동일하다는 것을 수백 번 확인한 마자린은 다른 사람에게 테이블이 정말로 다르게 인식되는지 일일이 확인해야 할 정도가 되었다. 이것이 마인드버그를 극복할 수 있다는 낙관주의적 여지를 줄 수 있을까? 아무리 깊이 뿌리박힌 마인드버그도 정답에 대한 반복적 노출을 통해 바로잡을 수 있지 않을까?

4   Helmholtz, 1924.

5   에드워드 애덜슨^{Edward Adelson}의 체크무늬 그림자 착시를 비롯한 수많은 착시를 web.mit.edu/persci/people/adelson에서 확인할 수 있다.

6 Gallo, Roediger, & McDermott, 2001; Roediger & Gallo, 2002. 목격자가 사고, 강도, 살인 등의 사건에 대해 신고하는 경우와 같이 명백하고 중요한 결과를 가져오는 실제 사건이라면 이 같은 오류가 발생하지 않을 수 있다고 주장하는 사람도 있을 것이다. 뛰어난 비판 능력을 가진 사람이라면 충분히 제기할 만하다. 하지만 안타깝게도 이 경우는 해당 사항이 없는 것 같다. 연구원들은 사고 후 기억력 테스트를 통해 사고와 절도가 자연스러운 삶의 과정에서 자행되는 현실적인 기준을 마련했다. 이 기억 마인드버그가 더 골치 아픈 이유 중 하나는 사건의 기억에 대한 확신과 기억의 정확성이 일치하는 일이 굉장히 적기 때문이다. 다시 말해 기억에 대한 확신을 가지고 있다고 해서 그 기억이 반드시 정확하다고 말할 수는 없는 것이다. 나중에 기억할 수 있도록 목록의 항목들을 기억하라는 명시적 지침이 주어지고 겨우 몇 분 뒤 기억력을 테스트했던, 곤충 관련 용어를 이용한 기억력 실험과 달리, 살면서 겪는 대부분의 실제 상황에는 테스트에 대비하라는 지침이 주어지지도 않을뿐더러 기억을 테스트할 만한 일이 그렇게 빨리 생기지도 않는다. 무엇보다 실제 세상에는 기억 마인드버그를 깨울 수 있는 오염된 정보가 굉장히 많다.

7 Loftus & Palmer, 1974.

8 이노센스 프로젝트(www.innocenceproject.org/understand/Eyewitness-Misidentification.php). Garrett, 2011.

9 Tversky & Kahneman, 1973. 이 같은 연구가 흥미롭게 여겨진다면 길로비치[Gilovich], 그리핀[Griffin], & 카너먼[Kahneman](2002)을 더 살펴봐도 좋을 것이다. 대니얼 카너먼도 동료인 에이머스 트버스키와 사고라는 주제로 수행한 연구에 관해 좀 더 대중적인 책을 썼는데, 이것은 정신 및 의사 결정 과학에 지대한 영향을 미쳤다(Kahneman, 2011).

10 Ariely, 2009.

11 Tversky & Kahneman, 1974.

12 Marsat & Williams, 2009; Northcraft & Neale, 1987.

13 지금까지 다른 사람의 마음을 인식하고 이해하는 데 관여하는 것으로 알려진 뇌 영역으로는, 내측 전전두엽피질(mPFC), 후부 상측두고랑(pSTS), 인접 측두두정부(TPJ)가 있다. Frith, 2007을 참조하라.

14 Reyes, Thompson, & Bower, 1980.

15 이 결과는 노르베르트 슈바르츠[Norbert Schwarz]가 예일 대학교에서 개최된 한 강연에서 밝힌 것이다(그리고 개인적 의견 교환을 통해 확인된 것이다). 다른 유사 연구도 있다(Schwarz, Bless, Strack, Klumpp, Rittenauer-Schatka, & Simons, 1991 참조).

16 Todorov, Mandisodza, Goren, & Hall, 2005. 이 논문에서 저자들은 2004년 상원 선거에 출마한 각 출마자의 얼굴을 1초 노출시키는 것만으로 우연보다 훨씬 높은 확률(68.8퍼센트)로 승리자를 예측할

수 있었음을 보여 준다.

17 수전 피스크Susan Fiske는 두 가지 기준을 가지고 사회 집단을 어떻게 생각하는지 가늠할 수 있음을 보여 주었다. 첫째, 그들이 얼마나 따뜻한지 또는 차가운지 묻는다(예를 들어, 우리는 그들을 좋아하는가?). 둘째, 그들이 얼마나 경쟁력 있는지 또는 없는지 묻는다(예를 들어, 그들은 얼마나 효과적으로 자신의 의도에 따라 행동할 수 있는가?). Fiske, Cuddy, & Glick, 2007.

18 이러한 실험의 대다수에는 피험자들이 한 번도 만난 적 없고 아는 정보도 거의 없는 사람들에 대해 간단한 예측을 하는 동안 뇌 영상을 촬영하는 과정이 포함되었다. Mitchell et al., 2004; Mitchell et al., 2005a; Mitchell et al., 2005b.

19 버나드 매도프는 투자자들에게서 650억 달러를 사취한 대규모 폰지Ponzi 사기를 저지른 죄로 2009년 6월 유죄를 선고받았다(Creswell & Thomas, 2009). 마이클 쇼어스Michael Shores는 분석을 통해 사취당한 집단에 유대인이 그렇게 많은 이유는 집단 친밀성 때문이었다고 주장한다(Shores, 2010).

20 Powell, 2009.

21 오마르 에드워즈의 오발은 별개의 사건이 아니다. 무고한 흑인 시민과 흑인 경찰 모두 그들의 숫자에 비해 지나치게 많은 경찰관에 의해 오인 총격을 당했다. 실험실 연구의 증거에 따르면, 총기든 해롭지 않은 물건이든 어떤 것을 지니고 있는 것으로 보이는 인물에 맞서 빠르게 결정을 내려야 하는 비디오 게임과 같은 상황에서는 백인보다 흑인을 오인 '사격'할 가능성이 더 높다(Correll, Park, Judd, & Wittenbrink, 2002).

22 Levy, Zonderman, Slade, & Ferrucci, 2009.

23 Simon, 1983.

2장 왜 착한 사람들이 거짓말을 할까

1 도스토옙스키의 글은 《지하생활자의 수기Notes from Underground》에서 인용했다.

2 질문 7(하루에 술을 몇 잔이나 마십니까?)에 대답을 한다면 의학 연구에서 음주량을 측정하는 기준에 따라 하루 음주량을 평가해야 할 것이다. 의학 연구에서 정한 표준 음주량은 80프루프(즉, 알코올 40퍼센트)의 증류주 1.25액온스(1액온스는 28.35그램), 와인(알코올 12퍼센트) 5액온스, 맥주(알코올 6퍼센트) 12액온스다. 맥주병의 수를 잘못 세기는 어렵지만 와인 잔에 5액온스 이상의 와인을 따르기는 쉽고 80프루프 술의 표준인 1.25액온스의 두 배나 되는 양을 유리잔 하나에 넣고 칵테일을 만들기는 훨씬 더 쉽다. 이상한 점은, 이러한 표준 음주량을 그에 상응하는 순수(200프루프) 알코올양으로 따

졌을 때는 수치가 달라진다는 점이다. 즉 80프루프 술의 경우 0.5액온스, 24프루프 와인의 경우 0.6액온스, 12프루프 맥주의 경우 0.72액온스가 표준 음주량이 된다. 여기서 얻을 수 있는 교훈은 확실하다. 의사에게 음주량을 이야기할 때 양심적으로 솔직하게 말하면서 음주량을 최대한 늘리고 싶다면 맥주를 마시라는 것이다.

3 인간의 거짓말에 대한 진화론적 설명은 트리버스(1985)와 스미스(2004)의 책에서 찾을 수 있다. 인간 유전자가 진화를 거치면서 빠르게 변했음을 보여 주는 증거가 최근 인간 게놈을 해석할 수 있는 방법의 발전으로 밝혀졌다. 아직 행동 특성과 연관된 유전자에 대해서는 연구가 더 진행되어야 하지만, 겸상 적혈구 빈혈, 이유기 후 락타아제 생성, 탄수화물 소화로부터 몸을 보호하기 위한 유전자가 빠르게 변했음은 입증되었다(Allison, 1964; Enarrah et al., 2008; Perry et al., 2007). 인간 진화의 속도에 대한 연구에 우리를 지목해 준 존 헤런^{Jon C. Herron}, 로버트 트리버스^{Robert Trivers}, 스티븐 핑커^{Steven Pinker}에 감사한다.

4 질문 8과 관련하여 아벨슨^{Abelson}, 로프터스^{Loftus}, 그린월드^{Greenwald}(1992)는 지나치게 많은 등록 유권자가 전화 조사에서 며칠 전 선거에서 투표했다고 응답한 것을 발견했다. 하지만 후에 이루어진 공식 여론 조사 기록에서는 이 중 상당수는 투표하지 않은 것으로 드러났다.

5 인상 관리라는 용어는 테데시^{Tedeschi}, 슐렌커^{Schlenker} 및 보노마^{Bonoma}가 논문에서 처음 사용했다(1971).

6 연령, 신장, 체중, 수입, 교육 및 다양한 건강 지표를 묻는 자율 보고에서 자신을 실제보다 더 나은 모습으로 보는 편향을 입증하는 수많은 연구가 있다. Rowland, 1990; Spencer, Appleby, Davey, & Key, 2002.

7 정부 기관이 기밀문서에 접근해야 하는 잠재 직원을 선별하는 과정에서 사용하는 또 다른 정직성 확인 방법은 '거짓말 탐지기'다. 과학계에서는 거짓말 탐지기가 아무리 뛰어나도 거짓과 진실을 정확하게 구분하기는 힘들다는 것이 정설이다. 대부분의 법정에서 거짓말 탐지기 결과가 증거로 채택되지 않는 것도 이 때문이다(Saxe & Ben-Shakhar, 1999). 그럼에도 불구하고 거짓말 탐지기는 그 효과를 (잘못) 믿고 있는 많은 사람들 덕분에 일부 효과를 보이기도 한다. 거짓말 탐지기에 연결된 사람이 이 기계의 효과를 인정하는 경우 그 사람은 진실한 대답을 제시할 가능성이 훨씬 커진다. 진실을 말하게 하는 거짓말 탐지기의 이 같은 기능은 응답의 진실성을 높이고자 가짜 거짓말 탐지기를 만들어 실시한 연구에서 입증되었다(Jones & Sigall, 1971).

8 질문 14와 질문 15를 사용한 연구는 매커네이^{McConahay}, 하디^{Hardee} 및 배츠^{Batts}(1981)가 실시했다. 인종 편향 조사에서 질문하기 방법을 사용한 역사는 이 책의 부록 1에 설명되어 있다.

3장 내 안에 또 다른 내가 있다?

1   다이아몬드와 스페이드 대 클럽과 하트 과제에 약간의 변형을 주면 브리지 게임 경험이 있는 사람들은
    굉장히 쉬워하는 것으로 나타났다. 브리지 선수들은 하트와 스페이드를 '큰' 세트로 함께 묶는 법을
    배운다. 이 두 세트가 다이아몬드와 클럽의 '작은' 세트보다 점수가 더 크기 때문이다. 이 같은 지식이
    머릿속에 확립되어 있는 브리지 선수들은 다이아몬드와 클럽(스페이드가 아님)을 왼쪽에, 하트와 스페
    이드(클럽이 아님)를 오른쪽에—작은 세트는 왼쪽에, 큰 세트는 오른쪽에—정렬하는 규칙이 쉽다. 한
    번 시도해 보기 바란다. 당신이 브리지 선수라면 이 과제가 쉬울 것이다.

2   연상이라는 개념은 철학과 심리학에서 오랜 역사를 가지고 있다. 아리스토텔레스의 저술에 처음 등장
    한 이 개념은 데이비드 흄David Hume, 존 로크John Locke, 존 스튜어트 밀John Stuart Mill 등 18세기 몇
    몇 영국 철학자들의 저술에서 핵심을 이루었다. 연상은 에드워드 리 손다이크Edward Lee Thorndike, 이
    반 파블로프Ivan Pavlov, 존 왓슨John Watson, 에드윈 거스리Edwin Guthrie를 포함한 20세기 전반부 행
    동주의 심리학자들의 연구로, 현대 심리학의 핵심 개념이 되었다.

3   IAT의 두 테스트를 실시하는 순서가 미치는 영향은 작을 수 있다. 두 번째 테스트를 완료하는 데 약간
    더 시간이 걸렸다면 두 번째 과제에서 바뀐 지침을 처리하는 데 따른 것일 수 있다. 하지만 15년도 더
    전에 행해진 연구에서는 이 '과제 순서' 효과가 두 번째 과제 속도가 느린 이유를 조금밖에 설명해 주
    지 못한다고 보았다.

4   꽃에 관한 시는 라빈드라나트 타고르Rabindranath Tagore가 쓴 〈초승달The Crescent Moon〉에서 가져
    온 것이고, 곤충에 관한 시는 릭 월턴Rick Walton이 쓴 〈벌레가 입 안으로 기어 들어오면 어떻게 할 것
    인가What to Do When a Bug Climbs in Your Mouth〉에서 가져온 것이다.

5   IAT는 토니가 실험을 수행하는 데 많은 도움을 준 워싱턴 대학교 대학원생 데비 맥기Debbie McGhee
    및 조던 슈워츠Jordan Schwartz와 함께 작성한 논문에 처음 발표되었다(Greenwald, McGhee, &
    Schwartz, 1998). IAT를 처음 발표하기 몇 년 전 브라이언 노섹이 예일 대학교의 마자린 연구소에서 일
    하는 박사 과정 학생으로 도착했다. 브라이언은 1998년 9월 IAT의 인터넷 데모 사이트를 개설하는 데
    중추적인 역할을 했으며, 그 후로 사이트의 운영을 이끌고 있다. 브라이언은 또한 공동 연구자 및 동료
    로서의 보물 같은 역할은 말할 것도 없고 IAT와 관련된 중요한 연구 결과에 대한 마르지 않은 원천 같
    은 역할을 해 주었다.

6   백인 자동 선호 비율을 보여 주는 75퍼센트라는 수치는 프로젝트 임플리시트 웹사이트에서 인종 IAT
    를 마친 수많은 사람들에게서 얻은 결과이다. 하지만 이 표본의 크기는 미국 인구를 대표할 만한 표본
    은 아니기 때문에 이 수치가 미국 전체를 특징짓는다고 선언할 때는 신중을 기해야 한다. 그러나 75퍼

센트라는 수치는 근소한 차이만 있을 뿐 인종 IAT를 치른 사람들의 거의 모든 하위 인구 집단에 적용되는 것으로 나타났다. 그런데 놀라운 예외가 한 가지 있었다. 그것은 바로 스스로를 완전히 또는 부분적으로 아프리카계 미국인이라고 설명한 사람들이었다. 이 집단은 인종 IAT에서 약 3분의 1만 백인 자동 선호를 보였다.

7   여러 연구에 걸친 결과들을 통합하기 위한 한 방법으로, 의학 요법의 효과를 평가하는 다양한 연구들로부터 결론을 도출하는 데 메타 분석 값이 가장 확실하게 자리를 잡았다. 인종 IAT에 대해 최초로 '예측 타당도' 검사를 제공한 미시간 주립 대학교 연구는 매커널과 라이볼드(2001)에 의해 이루어졌다. 본문에서 간단히 설명한 다른 예측 타당도 결과는 지거트Ziegert와 행기스Hanges(2005), 그린Green et al.(2007), 허젠버그Hugenberg와 보덴하우젠Bodenhausen(2003)의 연구에서 가져온 것이다. IAT 메타 분석은 그린월드, 폴먼Poehlman, 울먼Uhlmann과 바나지(2009)에 나와 있다.

    최초의 IAT가 개발되고 얼마 지나지 않아, 나이 든 사람에 비해 젊은 사람을 자동 선호하는 성향, 동성애자보다 이성애자를 선호하는 성향, 뚱뚱한 사람보다 마른 사람을, (독일에서) 터키 사람보다 독일 사람을 자동 선호하는 성향 등을 측정하는 다른 IAT 방법들이 빠르게 개발되었다. 메타 분석에는 흑인−백인 인종 외에도 사회적으로 대조되는 범주에 대한 자동 선호를 측정하는 데 IAT를 사용한 서른 가지 연구가 포함되었다. 이러한 추가 연구 역시 IAT 측정이 차별을 예측할 수 있다는 결론을 지지했다. 메타 분석 발표 이후 보고된 연구를 바탕으로 한 인종 IAT의 예측 타당도 입증은 그린월드, 스미스, 스리람Sriram, 바르아난Bar-Anan과 노섹(2009); 린치Lynch (2010); 그리고 페너Penner et al.(2010)에 의해 보고되었다.

8   상관관계 수치를 실질적 판단 결과로 환산하는 방법은 로젠탈Rosenthal과 러빈Rubin(1982)이 처음 설명했다. 65퍼센트와 35퍼센트의 차이가 0.30(이 역시 상관관계 숫자다)이라는 것은 우연이 아니다. 신용 등급 점수의 예측 값이 더 나쁜 경우—예를 들어, 보수적으로 0.10이라는 '작은' 값을 상정하자—신용 점수를 받은 (하위 절반의 45퍼센트, 즉 0.10 차이와 비교해서) 상위 절반 중 55퍼센트만 수익을 낼 만큼 충분한 돈을 지불할 것으로 예상할 수 있다. 상관관계가 크면(0.50) 숫자는 75퍼센트와 25퍼센트가 될 것이다(차이=0.50). 상관관계를 예상 비율로 환산하는 이 방법은 예측 기준predictor measure에 따라 점수를 매기는 사람들 중 절반이 원하는 결과를 생산해 내는 상황에 적용된다.

9   1998년 인종 IAT가 도입된 이후 결과의 해석에 대한 수많은 질문을 받고 대답했다. 가장 자주 받은 질문과 그에 대한 답변은 IAT를 경험할 수 있는 인터넷 사이트에서 확인할 수 있다(implicit.harvard. edu/implicit/demo/background/faqs.html). IAT의 타당성에 대한 최신 정보는 faculty.washington. edu/agg/iat_validity.htm을 참조하라.

4장 착한 당신이 삐뚤어질 수밖에 없는 이유

1 Nisbett & Wilson, 1977.

2 Zajonc, 1980.

3 Vedantam, 2005.

4 당초 논문에 신분을 밝히겠다던 이 운동가는 검사 결과를 보고 이름을 공개하지 않기로 했다. 검사 결과를 마주했을 때 생기는 감정은 그 자체로 흥미로운 것이기에 이 장의 후반부에서 더 깊이 다루었다.

5 Chesterton, 1908. 이 영국 작가 겸 기자는 "사람이 우주는 이해할 수 있을지 몰라도 자아는 결코 이해할 수 없다. 어느 별보다 멀리 있는 것이 바로 자신이다"라는 말로 자기 인식의 어려움에 대해 이야기했다.

6 Gladwell, 2007.

7 Festinger, 1957; Trivers, 2000. 오늘날 우리는 인지 부조화라는 상태가 예측 가능한 신경 반응을 일으킨다는 것을 안다. 빈Veen이 실시한 한 연구에서는, 등쪽 전대상회dorsal anterior cingulate와 전측 뇌섬엽(서로 경쟁하는 반응들 사이에서 발생하는 갈등을 해결하는 데 관여하는 영역)이 더 많이 활성화될수록 사람의 태도가 얼마나 변할지 예측할 수 있는 것으로 나타났다(Veen et al., 2009. 이 연구에서도 많은 전형적인 부조화 연구에서처럼 참가자들에게 방금 끝낸 과제가 굉장히 지루했는데도 사실은 상당히 재미있었다고 다른 참가자에게 말하게 했다).

8 Ayan, 2008.

9 Bargh, 1997.

10 Johnson, Kim, & Risse, 1985. 이것과 관련 있는 특정 형태의 기억 상실을 선행성 건망이라고 부르며, 여기에는 뇌의 내측 측두엽 손상이 동반된다.

11 Lynch, 2010. 연구에 사용된 비디오는 www.ehbonline.org/article/PIIS1090513809000683/addOns에서 확인할 수 있다.

12 Nelson, 2002.

13 Nosek, Smyth, et al., 2007.

14 아시아 국가의 자료에 대한 분석은 아시아인이 미국인이나 유럽인에 비해 노인에 대한 존경심이 더 크다는 서구의 믿음에 일부 기인해 실시되었다.

15 〈내가 예순넷이 되면When I'm Sixty-Four〉은 폴 매카트니Paul McCartney가 열여섯 살에 작곡한 곡이다. (레넌Lennon과 매카트니의 공동 작곡, 1967, 앨범 《Sgt. Pepper's Lonely Hearts Club Band》).

16 Hummert, Garstka, et al., 2002.

17 이 웹사이트는 원래 마자린이 예일 대학교에서 교편을 잡고 있을 때 www.implicit.yale.edu라는 이름

으로 발표되었다. 2003년 이 사이트는 하버드 대학교로 옮겨졌고, 그 후 두 대학은 너무나 감사하게도 다양한 방법으로 이 사이트를 관리 및 지원해 오고 있다.

18 아쿠타가와의 일기에서 발췌.

19 '인종 차별주의자 개Racist Dawg'는 〈킹 오브 더 힐King of the Hill〉 시즌 7의 20번째 에피소드였다.

5장 호모 카테고리쿠스의 생존법

1 월터 리프먼은 1922년 저서 《여론Public Opinion》에서 'stereotype'을 처음 소개했다.

2 고정관념에 대한 실험적 연구로 볼 수 있는 최초의 출판물은 라이스Rice(1926)가 작성한 것이었다. 다트머스 대학생들에게 얼굴 사진을 보여 준 뒤 이루어진 판단을 연구한 라이스는 얼굴 사진에 대한 인식이 고정관념에 너무 많은 영향을 받아 기업에서의 인사고과 시 오류를 일으킨다는 결론을 내렸다. 프린스턴 대학교 연구(Katz & Braly, 1933)의 2001년도 복제판은 마돈Madon에 의해 수행되었다(Madon et al., 2001). 1933년도 결과와 2001년도 결과의 차이가 어떤 측면에서는 프린스턴 대학교와 2001년 연구 위치(아이오와)의 지리적·문화적 차이에서 온 것일 수도 있지만, 사회심리학자 겸 현재 프린스턴 대학교 교수로 재직 중인 수전 피스크는 오늘날의 프린스턴 학생들 또한 과거 선배들이 아무렇지 않게 규정했던 부정적 특질이 더 이상 인종적·민족적 소수 집단의 것이라고 생각하지 않는다.

3 범주의 중요성에 관한 올포트의 진술은 《편견의 본질》(1954)에 나와 있다. 올포트가 고정관념과 편견의 이해에 기여한 바에 대한 다양한 현대적 관점들의 모음집이 《편견의 본질》 출간 50주년을 기념하여 발표되었다(Dovidio, Glick, & Rudman, 2005). 오늘날 행해지는 고정관념에 대한 과학적 연구는 데이비드 슈나이더David Schneider(2004)의 광범위한 글에서 개괄적으로 확인할 수 있다.

4 세 번째 재주에 붙은 '가용 정보 넘어서기leaping beyond the available information'라는 제목은 인지심리학자 제롬 브루너Jerome Bruner의 유명한 에세이 〈주어진 정보 넘어서기Going beyond the information given〉(1957)에서 표현을 빌린 것이다.

5 1933년 프린스턴 연구에 사용된 방법으로 파악한 고정관념이 다양한 국가 집단의 남성(여성이 아님)에게서 주로 나타나는 특성들로 구성되어 있다는 추정은 후에 사회심리학자 앨리스 이글리Alice Eagly와 메리 카이트Mary Kite(1987)의 연구를 통해 실험 및 확인되었다.

6 다양한 방법으로 추산한 오리의 성비가 수컷이 다수 집단임을 보여 준다는 사실은 수많은 자료를 통해 보고되고 있다(Brown, 1982).

7 '대부분'에 적절하게 적용되는 진술이 어느 정도까지 '대부분'(이 경우 오리)에 부적절하게 적용될 수

있느냐를 설명하기 위해 "오리는 알을 낳는다"라는 표현을 사용한 부분은 인지심리학자 샘 글럭스버그Sam Glucksberg의 설명에서 빌려 왔다(Khemlani, Glucksberg, & Rubio Fernandez, 2007).

8   노인에 대한 고정관념의 자기 충족 예언 측면은 레비Levy(2009)가 설명한 것이다. 여성과 아프리카계 미국인 고정관념의 자기 충족 측면은 특히 클로드 스틸Claude Steele과 동료들이 진행한 고정관념 위협에 대한 최근 연구 대부분에서 집중 조명되었다(Steele, Spencer, & Aronson, 2002).

6장 당신은 이미 기울어져 있다

1   수수께끼로 드러난 그 불가피한 특성이 얼마나 강한지는 최근 마자린의 친구 덕에 절실하게 느낄 수 있었다. '앨리스Alice'라고 부르는 이 친구는 대형 다국적 기업에서 다양성 교육을 했다. 그녀가 임원과 교육을 진행하려고 할 때, 그는 그녀에게 우리가 5장에서 언급했던 의사 수수께끼를 냈다. 앨리스는 어떻게 남자가 사고로 죽었는데, 살아남은 아들의 의사가 자신이 그 아이의 부모라고 할 수 있는지 의아했다. 현명한 앨리스는 이게 어떻게 가능한지 곰곰이 생각하기 시작했다. 우선 그녀는 의사가 소년의 생물학적 아버지라고 생각했다(사고로 죽은 사람은 양아버지라고 말이다). 답이 틀렸다는 말을 듣고, 앨리스는 어쩌면 의사가 목사이거나 신부이며, 그런 의미에서 '내 아들'이라는 말을 했을 수도 있다고 생각했다. 앨리스는 자신이 "내 아들입니다"라고 말한 의사가 여자라는 사실을 간파하지 못했다는 생각에 분해했다. 우리에게 이 일은 고정관념에 따른 해석이 얼마나 피하기 힘든 것인지를 보여주는 아주 유용한 시간이었다. 아마 당신은 다양성에 관한 임원 교육 시간이 웃음으로 시작했을 거라고 상상할 수 있을 것이다.

2   Katz & Braly, 1933; Madon, Guyll, Aboufadel, Montiel, Smith, Palumbo, & Jussim, 2001.

3   Jacoby, Kelley, Brown, & Jasechko, 1989.

4   Zawitz & Strom, 2000.

5   Staples, 1986. 심리학자 클로드 스틸은 스테이플스의 이야기를 고정관념이 행동에 미치는 힘을 설명하기 위해 사용했고, 책의 제목으로 삼기도 했다(Steele, 2010). 스테이플스의 가슴 아픈 말은 다음과 같다. "그리고 저녁 늦게 사람이 적은 거리를 산책할 때면, 나는 이미 검증된 긴장 감소의 특효약을 사용했다. 베토벤, 비발디, 그리고 더 유명한 클래식 작곡가의 멜로디를 휘파람으로 불었다. 밤길을 재촉하는 냉담한 뉴욕 사람들도 긴장을 푸는 것 같았고, 가끔은 따라 부르는 사람도 있었다. 사실상 강도가 비발디의 〈사계〉처럼 밝고 따사로운 음악을 홍얼거릴 거라고 생각했던 사람은 아무도 없었던 것 같다. 곰 출몰 지역을 지나는 여행자들이 소지한 종 같았던 것이다."

6 Meissner & Brigham, 2001.

7 쿠르트 후겐베르크Kurt Hugenberg와 갈렌 보덴하우젠Galen Bodenhausen은 백인들이 인종적으로 모호한 찡그린 얼굴과 미소 짓는 얼굴을 인지할 때면, 보통 전자를 흑인으로 판단하고 후자를 백인으로 판단한 사실을 증명했다. 흥미롭게도, 이런 편향은 IAT 인종 편향과 관계되어 있다. 반흑인 정서가 강한 사람은 이처럼 표정을 보고 얼굴을 판단하는 인지적 편향을 보일 확률이 높았던 것이다(Hugenberg & Bodenhausen, 2003; Hugenberg & Bodenhausen, 2004)

8 여기에 더해, 인종적 고정관념으로 인해 물건의 주인을 바꿔 버리는 경우도 있다. 1945년 고든 올포트와 레오 포스트먼Leo Postman은 실험을 진행하면서 흑인 한 명과, 손에 칼을 든 백인 한 명이 지하철에 있는 사진을 보여 줬다. 사진을 본 사람은 이것을 다른 사람에게 설명해 주고, 설명을 들은 사람은 다시 다른 사람에게 전달했다. 이런 식으로 여섯 단계를 거친 뒤, 올포트와 포스트먼은 이 가운데 50퍼센트가 칼의 주인을 백인에서 흑인으로 바꿔 놨다고 설명했다(Allport & Postman, 1947 참조).

9 Correll, Park, Judd, & Wittenbrink, 2002; Greenwald, Oakes, & Hoffman, 2003; Payne, 2006.

10 최근 마을의 자경단으로부터 피격당한 젊은 흑인 청년 트레이번 마틴Trayvon Martin의 사건은 아직 재판에도 가지 않았지만, 이 사건 역시 발포자가 비무장 상태(가방에는 젤리 과자 한 봉지와 아이스티 하나가 있던 것으로 밝혀졌다)였던 마틴을 위험인물로 착각하는 착오가 있었다(Barry, Kovaleski, Robertson, & Alvarez, 2012 참조).

11 Rich, 1999.

12 사건의 세부 사항은 〈타임〉(2000년 9월호)과 댄 스토버Dan Stober와 이언 호프먼Ian Hoffman의 책 《편리한 스파이A Convenient Spy》(2001)를 참조하라.

13 Gilbert, 1991.

14 이런 이유로 '무죄 추정의 원칙'은 반드시 의식적으로 지켜야만 한다. 그냥 지켜지지는 않는다.

15 Steele, 1997; Steele, 2010.

16 오늘날 노동 인구의 성별 차이가 없어진 데에는, 2008년 불황과 함께 남성 고용 인구가 많던 건설 및 제조 분야 일자리 감소 등의 수많은 잠재적 요인이 있지만, 그래도 직장에서의 성별 균형이 이루어진 것처럼 보인다. 노동통계국Bureau of Labor Statistics의 보고 자료(http://www.bls.gov/cps/wlf-intro-2009.htm과 http://www.bls.gov/cps/wlf-databook-2006.pdf)를 참조하라. 여성이 남성보다 시간제로 일하는 경우가 많다는 것도 알아 두자. 같은 혜택을 받지도 못하고, 남성 임금의 80퍼센트를 받는다. 급여의 성별 격차에 관해서는 여성 정책 연구소Institute for Women's Policy Research의 보고서(www.iwpr.org)를 참조하라.

17 성별-사회생활 IAT는 자동적 고정관념을 측정하는 검사로, 남성 및 여성과 좋음 및 나쁨을 연결하는

성별에 대한 선호도(또는 태도) 검사와는 다르다. 후자에서 여성은 나쁨보다는 주로 좋음과 연관되는데(남성들에 비해), 특히 여성들의 응답에서 더욱 그렇다.

18 Nosek, Hanaji, & Greenwald, 2002a.

19 성별–사회생활 검사 같은 몇몇 IAT에서 젊은 응답자들이 나이 든 응답자보다 편견에 덜 영향을 받는 모습을 보이면서 문화적인 고정관념이 변화하고 있다는 신호를 보내는데, 정신적 연상에서의 평등이 실제 행위의 평등으로 나아가는 길이라고 믿는다면 이는 고무적인 신호일 수 있다. 하지만 젊은 사람들이 인종 문제에 관해 보다 덜 편향된 시각을 표현하고, 부모들도 자신들보다 자녀들이 인종 중립적인 것 같다고 말함에도, 인종 IAT에서 연령에 따른 차이가 보이지 않는다는 것은 놀라운 일이다. 그렇다면 왜 나이 든 미국인이나 젊은 미국인의 인종 선호도가 똑같아 보이는 것일까? 왜 젊은 층의 중립성이 더 크지 않은 것일까? 한 가지 가능한 대답은 노동계에 진출한 여성의 수가 크게 증가하면서, 이에 따른 일상적 경험이 젊은 사람들이 가진 자동적 고정관념의 저하로 이어졌다는 것이다. 하지만 미국에서 서로 다른 인종 집단은 아직 주거와 직업, 친교 방식 등에서 사실상 분리되어 있다. 그렇다면 젊은 미국인들이라고 하더라도 인종 선호, 최소한 내재적 선호도의 평등을 이룰 만큼, 충분히 서로를 경험하지 못한 것이다.

20 Rudman & Heppen, 2003.

21 루드먼은 이 연관 관계에서 그 반대 가능성도 조심스럽게 열어 두고 있다. 개인적인 힘과 직업적 만족에 덜 끌리는 여성일수록 반려자에 대한 환상을 키운다는 것이다.

22 Caruso, Rahnev, & Banaji, 2009

23 돌리 처그[Dolly Chugh]는 '고정관념 세금[stereotype tax]'이라는 용어를 통해 고정관념을 가진 사람에게 부과되는 비용을 표현하고자 했다(Chugh, 2004).

24 Jost & Banaji, 1994. 또한 Jost, Banaji, & Nosek, 2004도 참조하라.

25 Nosek, Banaji & Greenwald, 2002b

26 Smith, Greenwald & Nosek, 2009.

27 Kay, Gaucher, Peach, Zanna & Spencer, 2008.

28 1943년 캐너[Kanner]가 소규모의 자폐 증후군 아이들을 대상으로 한 연구에는 남자아이들이 여자아이들보다 네 배 많았다. 1993년 스웨덴의 주요 학파가 했던 보다 큰 규모의 아스퍼거 증후군 연구에서도 엘러스[Ehlers]와 길버그[Gillberg]는 남아 대 여아 비율이 똑같이 4:1이라는 사실을 발견했다.

29 Goldstein & Stocking, 1994.

30 Spelke, 2005. Ceci & Williams, 2007도 참조하라.

31 Nosek et al., 2009.

7장 우리와 그들

1   Bowles & Gintus, 2011. 또한 스티븐 핑커는 세계에서 폭력이 감소하고 있다는 증거를 제시하지만, 오
     늘날 폭력의 수준이 견딜 만한 것인지는 말하지 않는다. 사실 그의 책을 읽으면 끔찍했던 과거와 여전
     히 실망스러운 작금의 현실과 정중함을 위해 싸울 필요성이 더 강하게 느껴질 뿐이다.

2   Hoffman, 1996.

3   Grier, Counter, & Shearer, 1967.

4   Breger, 1974.

5   Pascalis & Kelly, 2009. 아기들의 얼굴 처리 과정 연구에 관한 좋은 리뷰가 있다.

6   Quinn, Yahr, Kuhn, Slater, & Pascalis, 2002; Banaji & Heiphetz, 2010.

7   Park & Rothbart, 1982.

8   Sangrigoli & de Schonen, 2004.

9   보는 시간은 아기들을 연구할 때 사용되는 일반적인 기준이다. 판츠[Fantz](1964)가 발전시켰고, 일부 비
     판에도 불구하고 스펠크(Spelke, 1985)부터 광범위하게 활용됐다.

10   Kinzler, Dupoux, & Spelke, 2007.

11   Devine, 1995

12   Baron, Dunham, Banaji, & Carey, 2009.

13   Thomson, 1975

14   Olsson, Ebert, Banaji, & Phelps, 2005.

15   Öhman, 2005.

16   Tajfel, 1970.

17   Tajfel, Billig, Bundy, & Flament, 1971; 하지만 Gaertner & Insko, 2001도 참조하라.

18   첫 번째 최소 집단 실험이 이루어진 뒤, 최소 집단 차별을 확증하려는 수백 가지 실험이 뒤따랐다. 어
     떤 이들에게는 칸딘스키[Kandinsky] 취향이라 말하고, 다른 이들에게는 클레[Klee] 취향이라고 말하는 것
     만으로도 다른 집단에 대한 차별이 이루어지기에 충분했다. 교사들은 반 학생들을 그저 왼쪽 줄과 오른
     쪽 줄로 나눔으로써 일상적으로 아이들을 두 집단으로 나눌 수 있다.

19   Abrams, Frings, & De Moura, 2005.

20   Mitchell, Macrae, & Banaji, 2006.

21   Kelley, Macrae, Wyland, Caglar, Inati, & Heatherton, 2002.

8장 공정한 판단은 가능한가?

1 이번 장의 제목이 된 윌리엄 캐플런[William Kaplan]의 통찰력에 감사한다.

2 네덜란드 웹사이트 www.muziekljistjes.nl/100players.htm에 100명의 최고 연주자 목록이 나와 있다. 상위 10명은 모두 남자로, 본문에 나온 이들이다. 상위 25명 가운데 23명이 남자다. 상위 50명 가운데는 44명이 남자다. 100명에 포함된 15명의 여성 가운데 9명은 하위 30명에 사이에 속한다.

3 교향악단에 관한 예는 자동적인 정신 처리 과정을 다룬 맬컴 글래드웰의 《블링크》(2005)에도 나온다. 보스턴 교향악단에서 가림막을 도입한 것은 1952년으로, 다른 교향악단들보다 훨씬 앞선다. 교향악단 여성 고용의 시대적 흐름을 다룬 역사적 통계 분석은 골딘[Goldin]과 라우스[Rouse]의 논문(2000)에 나와 있다. 골딘과 라우스는 또한 음악학교 졸업생의 여성 비율이 고용 증가와 더불어 증가했음을 지적했지만, 가림막을 사용한 심사의 도입으로 인한 여성의 약진을 설명하기에는 그 비율이 너무 낮았다.

4 존경할 만한 흑인 미국인과 존경할 만한 노인들을 접하게 한 연구는 다스굽타와 그린발트가 발표했다(Dasgupta & Greenwald, 2001). IAT의 설계 방식에 따라 '백인=좋음' 연관의 약화는 '흑인=좋음' 연관의 강화, '백인=나쁨' 연관의 강화, 그리고/혹은 '흑인=나쁨' 연관의 약화로 설명할 수 있다. 3장에서 설명했듯이 이것은 IAT가 해당 연관의 절대적 강도보다 연관들끼리의 상대적 강도를 측정하기 때문이다.

5 아이린 블레어[Irene Blair]의 연구는 블레어, 마[Ma], 렌턴[Lenton]의 논문(2001)에 실렸다. 또한 블레어는 다른 이들의 연구에서 나타난, 그와 유사한 간단한 조정을 통해 암시적 태도와 고정관념을 효과적으로 교정한 사례들도 다루고 있다(Blair, 2002).

6 거미 공포증 연구는 티치먼[Teachman]과 우디[Woody](2003)가 진행했다.

7 여성의 '여성=지도자' 연관과 '자신=지도자' 연관이 대학 교정에서 여성 역할 모델을 만남으로써 강화될 수 있다는 사실을 보여 주는 이 연구들은 다스굽타와 아스가리[Asgari](2004), 그리고 아스가리, 다스굽타, 코트[Cote](2010)의 것이다. 여성의 '여성=수학' 연관과 '자신=수학' 연관이 여성 수학자와 여성 기술자를 지속적으로 접합으로써 강화될 수 있다는 연구는 스타우트[Stout], 다스굽타, 헌싱어[Hunsinger], 맥마너스[McManus]의 것(인쇄 중)이다. 펠런[Phelan](2010)은 최근 여고생들의 '여성=과학' 연관과 '자신=과학' 연관이 포함된 유사한 연구를 마쳤다. 인종 IAT를 비롯한 위스콘신의 연구는 더바인[Devine], 포서[Forscher], 오스틴[Austin], 콕스[Cox]의 것(2011)이다.

8 '핏불'은 다양한 종을 아우르고 있으며, 다양한 혼종견들을 가리키기도 한다. 핏불의 지칭에 대한 이러한 유동성은 그 자체로 핏불에 대한 보도에 영향을 미칠 수 있다. 50:50으로 아메리칸 핏불 테리어와 래브라도 리트리버가 섞인 개를 생각해 보자. 이 개가 어떤 위협적인 사람에게 쫓기는 아이를 구했

다고 했을 때, 지역 뉴스에서 이 개에게 있는 핏불 혈통은 언급되지 않을 것이다. 하지만 그 개가 아이를 물었다면, 뉴스에서는 다른 50퍼센트의 비율은 언급되지 않고 그저 핏불로 보도될 가능성이 높다. 미국 내 핏불의 정확한 수와 개에게 물린 사고에서 핏불이 차지하는 비율을 정확히 구하기는 어렵다. 시애틀에 있는 핏불에 대한 정보는 hwwright.pbworks.com/f/1,6,08PitBullPopulationgraph.doc와 www.kirotv.com/news/14354189/detail.html에서 얻을 수 있다.

9   2007년, 프로 미식축구 선수 쿼터백인 마이클 빅[Michael Vick]이 불법 개싸움으로 떠들썩하게 체포되고 기소되면서, 최근 핏불의 공격성 검사에 관한 관심이 커졌다. 빅의 사건에서는 체포 당시 발견된 49마리의 핏불에게 초점이 맞춰졌다. 이 개들은 연방 법원과 미국 동물학대방지협회[ASPCA]의 감독 아래 공격성 검사를 받았다. 49마리 가운데, 공격성 때문에 안락사시켜야 할 개는 단 한 마리뿐이었다. 다른 48마리는 구조 및 재활 판정을 받았다. 결국 그중 반이 분양 적합 판정을 받았고, 대부분의 개가 결국 여러 가정으로 보내져 귀여운 애완동물로 살고 있다. 남은 개들은 빅이 기르는 동안 심각한 학대를 받은 것으로 판단되어, 분양되어 잘 살 수 있을지 의구심이 제기되어 보호소에 남았다. 이 핏불들의 검사와 분양에 관한 자세한 사항은 www.badrap.org/vick-dogs에서 확인할 수 있다.

10 다른 스포츠 경기들도 최근 심사 과정에서 주관적인 면을 최소화하기 위해 노력하고 있다. 테니스, 아이스하키, 미식축구, 농구 등에서 비디오 판독이 도입되어 판단이 어려운 상황에 존재하는 주관성을 최소화하고 있다. 스케이팅 종목 스캔들에 관해서는 en.wikipedia.org/wiki/2002_Olympic_Winter_Games_figure_skating_scandal에서 더 자세한 내용을 볼 수 있다.

11 게르트너와 도비디오의 회피적 인종주의 개념과 내집단 선호의 연관성은 게르트너(Gaertner et al., 1977)에서 찾아볼 수 있다. 브루어[Brewer](1999)도 이와 유사하게 차별에 있어 내집단 선호의 중대한 역할을 확인한 바 있다. 머턴[Merton](1968)이 매슈 효과에 대해 설명한다. 성경의 마태복음에 참조한 구절이 있다(25:29). "누구든지 있는 사람은 더 받아 넉넉해지고 없는 사람은 있는 것마저 빼앗길 것이다." 〈하버드 비즈니스 리뷰[Harvard Business Reviews]〉에 실린 바나지, 배저먼[Bazerman], 처그(2003)의 논문은 내집단으로 연결된 사람에게만 선택적인 도움을 제공하는 행위를 주요 윤리적 문제로 제시하고 있다.

12 노인 건강에 관한 레비(2009)의 연구와, 아프리카계 미국인을 위협하는 고정관념에 대한 스틸, 스펜서[Spencer], 애런슨[Aronson](2002)의 연구를 보라(5장에서 소개).

13 Cheryan, Plaut, Davies, Steele, 2009.

부록 1_미국은 인종 차별주의 국가인가?

1   "1959 Tuskegee Institute Lynch Report," Montgomery Advertiser, April 26, 1959, reprinted in 100 Years of Lynching by Ralph Ginzburg(1962, 1988).

2   인종 편향을 측정하는 이 절차들의 원래 출처는 보거더스Bogardus(1925, 1928), 서스톤Thurstone (1928) 및 힝클리Hinckley(1932)다.

3   인종 태도에 대한 조사는 전국여론조사센터National Opinion Research Center, 갤럽 폴Gallup Poll, 조사 연구기관Institute for Survey Research에 의해 정기적으로 실시되고 있다. 시간에 따른 응답 추세의 변화는 슈먼Schuman, 스티Steeh, 보보Bobo, 크리선Krysan의 책(1997)에서 확인할 수 있다. 20세기의 지난 50년 동안 주택 및 교육 부문 차별과 관련하여 나타나는 인종 편향 감소(그림 5)는 공공장소와 상업 시설에서의 차별을 묻는 질문에 대한 대답에서는 물론이고 흑인 대통령 후보자의 용인, 타 인종과의 결혼 인정, 고용 시 동등한 기회 지원을 묻는 질문에 대한 대답에서도 관찰되었다. 소수 집단 복지를 위한 정부 개입에 대한 꾸준한 반대를 나타내는 편향한 패턴(그림 6)은 대학 입학 및 고용 시 흑인에 대한 차별 철폐 조치를 묻는 설문에서도 추가로 나타난다. 그림 6에 나타난 두 질문의 경우, 설문 조사 응답자는 대답하지 않는 쪽을 선택할 수도 있었다. 무응답의 절반은 그림에 나타난 거부 비율에 포함되었다.

4   부록 2에서 우리는 미국의 고용, 교육, 의료 및 사법 제도에서 경쟁의 장이 상당히 불균형하다는 다양한 증거를 고려한다.

5   여기서 설명하는 조사 실험은 레이나(Reyna et al., 2005)가 발표한 것이다. 소수 집단을 대신한 정부 개입에 반대하는 원칙주의적이고 보수주의적인 관점은 스나이더먼Sniderman과 텟록Tetlock(1986)에 의해 발전되었다. 은밀한 편향 관점의 다양한 형태가 상징적 인종 차별(Sears, 1988), 현대적 인종 차별(McConahay, Hardee, & Batts, 1981), 혐오적 인종 차별(Gaertner & Dovidio, 1977 및 Dovidio, 2001), 미묘한 편견(Pettigrew & Meertens, 1995)이라는 이름하에 발전되었다.

6   1930년대의 실험은 라피애르LaPiere(1934, 중국인 여행객 이용)와 클라크Clark와 클라크Clark(1947, 흑인 인형과 백인 인형 이용)에 의해 실시되었다. 인형 연구를 인용한 1954년 대법원 판결문은 수석 재판관 얼 워런Earl Warren에 의해 작성되었다(Brown v. Board of Education, 347 U.S. 483).

7   인종 편향을 드러낸 잘못 걸린 전화 실험은 게르트너와 빅먼(1971)에 의해 보고되었다. 흥미로운 점은 이 실험에서 전화를 받은 사람이 흑인인 경우에도 흑인(60퍼센트)보다는 백인(67퍼센트)이 전화를 걸었을 때 요구에 더 잘 응해 주었다는 것이다. 편지 분실 실험은 벤슨Benson, 카라베닉Karabenick, 러너Lerner(1976)가 발표했다. 이를 비롯한 다른 실험에 대한 검토가 크로스비Crosby, 브롬리Bromley 및 색스Saxe(1980)에 의해 수행되었다. 최근의 비간섭적 측정 연구에서 쿤스트먼Kunstman과 플랜트

Plant(2008)는 백인과 흑인이 사고로 부상당한 것으로 보이는 경우 백인이 더 많은 도움을 받는다는 것을 발견했다.

8   예비 선거 및 출구 조사 데이터는 각각 퓨 리서치 센터Pew Research Center와 cnn.com에서 얻은 것이다. 인종적 태도가 2008년 대통령 선거에서 중요한 역할을 했다는 추가적인 증거는 공식 연구에서도 나타났다(Greenwald, Smith, Sriram, Bar-Anan, & Nosek, 2009).

부록 2_미국인의 인종 편향 실태에 대한 일곱 가지 결론

1   폭력적 성향은 유전적으로 타고난다는 이론을 공개적으로 지지할 학자는 거의 없다. 그러나 '흑인의 유전적 폭력 성향(또는 일부 유사한 다른 의문)'에 대해 인터넷에서 조사를 실시한다면 이 같은 집단 책임 이론의 타당성을 주장하는 수많은 비학문적 사이트가 생겨날 것이다.

2   2000년 미국 대선을 판가름할 마지막 결정적 주로 남은 플로리다는 개표 시 나타난 제도적 인종 차별에 대한 다양한 예를 제시했다. 미국 인권위원회Commission on Civil Rights에서 〈Voting Irregularities in Florida During the 2000 Presidential Election〉이라는 제목으로 발표한 2001년 7월 보고서에 따르면, "특히 소수 집단 인구수가 많은 가난한 동네일수록 백인 인구수가 많은 부유한 동네에 비해 무효 표(예: 폐기 표) 비율이 더 높은 투표 시스템을 사용하는 경향이 있다. 예를 들어 플로리다에서 아프리카계 미국인 소수 집단이 있는 유일한 동네인 개즈던 카운티에서는 여덟 명의 투표자 중 약 한 명이 투표권을 잃었다. 반면 번영한 주도의 고향이자 두 개의 주립 대학이 위치한 레온 카운티는 개표 수에 포함되지 않은 표가 1,000건당 2건도 되지 않았다. 무효 투표 용지의 수가 가장 많은 100개의 플로리다 선거구 중에서 83퍼센트가 흑인이 많이 거주하는 선거구였다(www.usccr.gov/pubs/pubsndx. htm).

3   감사 연구는 시작부터 흑인 또는 히스패닉계 실험자에 행해진 부당 대우의 가능한 설명으로 인종 이외의 요소를 배제하는 데 목표를 두었다. 주택 구입 적격성에 영향을 미칠 수 있는 다른 요소로는 수입, 자산, 부채 수준, 가정환경, 현재와 과거의 고용 상태, 교육 및 학력, 선호 주택, 직장 경력, 신용 기록, 깔끔한 외모 등이 포함된다. 이 같은 요소는 모두 지원자마다 다를 수 있지만, 여러 가지 측면에서 이것이 각각의 대응 쌍을 이루는 두 명의 실험자 중 한 사람에게 더 많은 적격성을 부여할 만큼 체계적인 차이점을 드러내지는 않았다.

제대로 수행된 감사 연구에서처럼 실험 통제가 적용되면 쌍을 이룬 흑인 실험자와 백인 실험자가 얻은 결과의 인종 차이를 설명할 수 있는 원인은 두 가지만 남는다. 이 중에서 좀 더 그럴듯한 설명은 인종 차별이다. 덜 그럴듯한 설명은 통계상의 우연인데, 이것은 동전을 던져 열 번 연속 앞면이 나오는 경우처럼 발생 가능성이 극히 드문 일로 1,024번의 시도 중 한 번 일어날까 말까 하는 수치다. 통계상의 우연을 결코 완벽하게 배제할 수는 없다고 해도 적절한 실험 통제와 많은 수의 관찰이 결합하면 통계상의 우연이 극도로 낮아질 수 있다. 지금까지 수행된 감사 연구에서도 나타났듯이, 수많은 연구가 비슷한 결과를 보고하면 결과가 통계상의 우연일 가능성은 훨씬 더 낮아진다.

4   1950년대부터 시작된 주택 감사의 역사는 잉거Yinger(1998)의 보고서에 설명되어 있다. 이 보고서에는 백인이 비백인 거주 지역에 주택을 구입하려고 할 때 주택 보험에 가입하기가 어려운 경우 등 인종 역차별의 예를 포함하여 특별 경계 지역 지정에 관한 문건이 포함되어 있다. 2000년도 주택 차별 연구 Housing Discrimination Study에 인용된 내용은 이 보고서에서 가져온 것이다(Turner, Ross, Galster, & Yinger, 2002, p. i). 우리가 차별의 '순 추정치'라고 설명한 수치들은 이 보고서의 증거 자료 3-5와 3-16에 나타난 '계층적' 추정치다. 히스패닉계 사람이 아파트와 주택을 구하는 경우 나타나는 이와 같은 차별 추정치는 15퍼센트와 5퍼센트였다.

5   본문에 요약된 고용 차별에 관한 연구는 벤딕(2004), 버트런드와 멀레이너선(2004), 그리고 페이저(2003)가 실시한 것이다.

6   의료 격차의 가능한 원인으로서의 내재적 편향에 관한 IOM의 결론은 이들의 보고서 178쪽에 나와 있다(Institute of Medicine, 2002).

7   Green et al., 2007; Penner et al., 2010; Cooper et al., 2012.

8   인종별 수감자 수에 관한 통계는 제임스James의 연구 결과다(2006). 도로에서의 저지 횟수에 관한 법무부 연구(Smith & Durose, 2006)는 '2002 Police-Public Contact Survey'에 근거를 두고 있다. 법무부 보고서는 이 조사가 "미국 전역의 7만 6,910명을 대상으로 실시되었으며 도로에서 경찰에 저지당한 개인적 경험을 포함하되 이에 국한하지 않고 경찰과 직접적으로 대면한 경험에 대해 응답자에게 질문했다"고 언급하고 있다.

램버스가 (1994년) 뉴저지 유료고속도로에서 주립 경찰관이 보이는 행동에 관한 연구를 실시한 뒤 이어진 뉴저지 법무청에 의한 연구에 따르면, "뉴저지 주립 경찰은 인종 프로파일링이나 기타 어떠한 차별적 법 집행을 이행하라는 공식 정책을 발표한 적이 없지만 소수 집단 운전자는 경찰에 저지당하는 다양한 단계에서 비소수 집단 운전자와 다른 대우를 받았다"(Verniero & Zoubek, 1999, p.112).

이와 유사한 결과를 확인할 수 있는 수많은 다른 보고서 중에서 두 가지만 더 언급하자면, 먼저 뉴욕시 경찰의 체포 행위에 관한 보고서를 들 수 있다. '정지 신체 수색권stop and frisk'을 행사하는 뉴욕시 경찰의 체포 행위에 관한 보고서에 따르면, 관찰한 관할 구역에서 명백한 범죄 행위 비율보다 더 많은 비율의 흑인이 체포되었다(Office of the Attorney General, 1999). 그리고 최근 일리노이 전역 경찰

부대의 행동에 관한 보고서를 보면 소수 집단 운전자, 특히 아프리카계 흑인과 히스패닉계 사람들에 더 가혹한 법 집행이 이루어진 것을 알 수 있다(Weiss & Rosenbaum, 2009).

9 택시 운전사 팁 연구는 에어스Ayres, 바스Vars, & 자카리야Zakariya(2005)를, 음식점 팁 연구는 린 Lynn, 스터먼Sturman, 갠리Ganley, 애덤스Adams, 더글러스Douglas, & 맥닐McNeal(2006)을, 제시된 자 동차 판매 가격에 대한 연구는 에어스 & 시겔먼Siegelman(1995)을 참조하라.

10 집단 책임 설명은 설득력 있는 연구 증거를 수립하는 문제 앞에서는 확실히 불리한 입장에 있다. 유일 하게 사용할 수 있는 전략은 상상할 수 있는 모든 타자 책임 해석을 배제할 수 있음을 보여 주는 것인 데, 이는 거의 불가능한 작업이다.

11 작은 차별 행동들의 누적 영향에 대한 사회과학자들의 관심은 그 같은 행동에 이름을 붙이기 위해 세 가지 용어를 만든 데서도 확인된다. 당시 MIT의 행정감찰관이었던 메리 로Mary Rowe는 1973년 처음 '작은 불평등microinequities' 이라는 단어를 사용했다. 워싱턴 대학교의 바버라 레스킨Barbara Reskin은 '작은 차별 행동micro acts of discrimination' 이라는 개념을 소개했다(2002). '작은 공격 microaggressions' 이라는 개념은 데럴드 윙 수Derald Wing Sue 등이 개발했다(2007). 버지니아 밸리언 Virginia Valian은 사소한 차별 행동들이 축적되어 여성의 직장 경력에 중요한 영향을 미칠 수 있다는 주장을 내놓았다(1998). 사회학자 로버트 머턴은 매슈 효과를 "수많은 사회 계층화 제도 속에서 부유 한 사람은 가난한 사람이 상대적으로 가난해지는 속도보다 더 빨리 부유해지는 똑같은 결과를 생산하 기 위해 작동"하는 "누적되는 이점"이라고 설명했다(1968).

12 생존율을 계산하는 공식은 pk다. 여기서 p는 각 평가에서 살아남을 확률이고 k는 확률이 적용되는 횟수다. p=0.995이고 k=72인 예에서 결과는 0.697(70퍼센트)이다. p=0.985이고 k=72일 때의 결 과는 0.337(34퍼센트)이다.

13 고등학교 졸업률에 관한 수치는 Mishel & Roy의 연구(2006)에서 가져온 것이다. 인구 통계는 2012 Statistical Abstract of the United States Census Bureau를 인용했으며 www.census.gov/ compendia/statab/cats/population/estimates_and_projections_by_age_sex_raceethnicity.html에 서 확인할 수 있다. 우리는 3964만 명(2009년 7월 기준 흑인 미국인 수)의 71.5퍼센트(고등학교 취학 연령을 넘긴 흑인 미국인 비율) 중 1퍼센트(이론적 차별 수치)를 가져와서 영향력을 계산했다. 결과는 0.01 × 0.715 × 39,641,000 = 283,433이었다.

14 미국인의 10~15퍼센트가 흑인에 대한 노골적 편견을 드러낸다는 추정은 백인과 흑인 간 결혼은 불법 화해야 한다든지, 흑인은 선천적으로 자질이 부족하다는 식의 관점을 옹호하는 것으로 밝혀진 비율에 근거한 것이다(Schuman, Steeh, Bobo, & Krysan, 1997). 슈먼 등이 쓴 책의 개정판인 크리선(2008)의 책도 참고하라.

참고 문헌

1장 왜 착한 사람들이 신념과 다른 행동을 할까

Adelson, E. (n.d.). *Checkershadow illusion*. Retrieved July 10, 2010, from web.mit .edu/persci/people/ adelson.

Ariely, D. (2009). *Predictably irrational: The hidden forces that shape our decisions*. New York: HarperCollins.

Correll, J., Park, B., Judd, C. M., & Wittenbrink, B. (2002). The police officer's dilemma: Using ethnicity to disambiguate potentially threatening individuals. *Journal of Personality and Social Psychology, 83,* 1314–1329.

Creswell, J., & Thomas, L., Jr. (2009, January 24). The talented Mr. Madoff. *New York Times.*

Fiske, S. T., Cuddy, A. J., & Glick, P. (2007). Universal dimensions of social perception: Warmth and competence. *Trends in Cognitive Science, 11,* 77–83.

Frith, C. D. (2007). The social brain? *Philosophical Transactions of the Royal Society B 362,* 671–678.

Gallo, D. A., Roediger, H. L., III, & McDermott, K. B. (2001). Associative false recognition occurs without liberal criterion shifts. *Psychonomic Bulletin & Review, 8,* 579–586.

Garrett, B. L. (2011). *Convicting the innocent: Where criminal prosecutions go wrong*. Cambridge, MA: Harvard University Press.

Gilovich, T., Griffi n, D., & Kahneman, D. (2002). *Heuristics and biases: The psychology of intuitive judgment*. New York: Cambridge University Press.

Helmholtz, H. V. (1924). *Helmholtz's treatise on physiological optics*, vol. 1. New York: Optical Society of America.

Janis, I. L. (1972). *Victims of groupthink*. New York: Houghton Mifflin.

Kahneman, D. (2011). *Thinking fast and slow*. New York: Farrar, Straus & Giroux.

Lamb, T. D. (2007). Evolution of the vertebrate eye: Opsins, photoreceptors, retina and eye cup. *Nature Reviews Neuroscience, 8,* 960–975.

Levy, B. R., Zonderman, A. B., Slade, M. D., & Ferrucci, L. (2009). Age stereotypes held earlier in life predict cardiovascular events in later life. *Psychological Science, 20,* 296–298.

Loftus, E. F., & Palmer, J. C. (1974). Reconstruction of automobile destruction: An example of the interaction between language and memory. *Journal of Verbal Learning and Verbal Behavior, 13*, 585–589.

Malpass, R. S., & Devine, P. G. (1980). Realism and eyewitness identification research. *Law and Human Behavior, 4,* 347–358.

Malpass, R. S., & Devine, P. G. (1981). Guided memory in eyewitness identification. *Journal of Applied Psychology, 66,* 343–350.

Marsat, S., & Williams, B. (2009). *Does the price infl uence the assessment of fundamental value? Experimental evidence.* Paper presented at the European Financial Management Association annual meeting, Milan, Italy.

Mitchell, J. P., Banaji, M. R., & Macrae, C. N. (2005). The link between social cognition and self-referential thought in the medial prefrontal cortex. *Journal of Cognitive Neuroscience, 17,* 1306–1315.

Mitchell, J. P., Macrae, C. N., & Banaji, M. R. (2004). Encoding-specifi c effects of social cognition on the neural correlates of subsequent memory. *Journal of Neuroscience, 24,* 4912–4917.

Mitchell, J. P., Macrae, C. N., & Banaji, M. R. (2005). Forming impressions of people versus inanimate objects: Social-cognitive processing in the medial prefrontal cortex. *NeuroImage, 26,* 251–257.

Mussweiler, T., & Englich, B. (2003). Adapting to the euro: Evidence from bias reduction. *Journal of Economic Psychology, 24,* 285–292.

Northcraft, G., & Neale, M. (1987). Experts, amateurs, and real estate: An anchoring and adjustment perspective on property pricing decisions. *Organizational Behavior and Human Decision Processes, 39,* 84–97.

Powell, M. (2009, May 31). On diverse force, blacks still face special peril. *New York Times.*

Reyes, R. M., Thompson, W. C., & Bower, G. H. (1980). Judgmental biases resulting from differing availabilities of arguments. *Journal of Personality and Social Psychology, 39,* 2–12.

Roediger, H. L., III, & Gallo, D. A. (2002). Processes affecting accuracy and distortion in memory: An overview. In M. L. Eisen, J. A. Quas, & G. S. Goodman (eds.), *Memory and suggestibility in the forensic interview* (pp. 3–28). London: Lawrence Erlbaum.

Schwartz, N. (2009, January 3). Personal communication.

Schwartz, N., Bless, H., Strack, F., Klumpp, G., Rittenauer-Schatka, H., & Simons, A. (1991). Ease of retrieval as information: Another look at the availability heuristic. *Journal of Personality and Social Psychology, 61,* 195–202.

Shores, M. (2010). *Informal networks and white collar crime: An extended analysis of the Madoff scandal.* Unpublished manuscript, Cornell University.

Simon, H. A. (1983). *Reason in human affairs.* Stanford, CA: Stanford University Press.

Sporer, S. L., Penrod, S., Read, D., & Cutler, B. (1995). Choosing, confidence, and accuracy: A meta-analysis of the confidence-accuracy relation in eyewitness identification studies. *Psychological Bulletin, 118,* 315–327.

Todorov, A., Mandisodza, A. N., Goren, A., & Hall, C. C. (2005). Inferences of competence from faces predict election outcomes. *Science, 308,* 1623–1626.

Tversky, A., & Kahneman, D. (1973). Availability: A heuristic for judging frequency and probability. *Cognitive Psychology, 5,* 207–232.

Tversky, A., & Kahneman, D. (1974). Judgment under uncertainty: Heuristics and biases. *Science, 185,* 1124–1130.

VanLehn, K. (1990). *Mindbugs: The origins of procedural misconceptions.* Cambridge, MA: MIT Press.

Wells, G. L., Olson, E. A., & Charman, S. D. (2002). The confidence of eyewitnesses in their identifications from lineups. *Current Directions in Psychological Science, 11,* 151–154.

2장 왜 착한 사람들이 거짓말을 할까

Abelson, R. P., Loftus, E. F., & Greenwald, A. G. (1992). Attempts to improve the accuracy of self-reports of voting. In J. M. Tanur (ed.), *Questions about survey questions: Meaning, memory, expression, and social interactions in surveys* (pp. 138–153). New York: Russell Sage Foundation.

Allison, A. C. (1964). Polymorphism and natural selection in human populations. *Cold Spring Harbor Symposium in Quantitative Biology, 29,* 137–149.

Enattah, N. S., et al. (2008). Independent introduction of two lactase-persistence alleles into human populations reflects different history of adaptation to milk culture. *American Journal of Human Genetics, 82,* 57–72.

Jones, E. E., & Sigall, H. (1971). The bogus pipeline: A new paradigm for measuring affect and attitude. *Psychological Bulletin, 75,* 349–364.

McConahay, J. B., Hardee, B. B., & Batts, V. (1981). Has racism declined in America? It depends on who is asking and what is asked. *Journal of Conflict Resolution, 25,* 563–579.

Perry, G. H., et al. (2007). Diet and the evolution of human amylase gene copy number variation. *Nature Genetics, 39,* 1256–1260.

Rowland, M. L. (1990). Self-reported weight and height. *American Journal of Clinical Nutrition, 52,* 1125–1133.

Saxe, L., & Ben-Shakhar, G. (1999). Admissibility of polygraph tests: The application of scientific standards post-Daubert. *Psychology, Public Policy, and Law, 5,* 203–223.

Smith, D. L. (2004). *Why we lie.* New York: St. Martin's Press.

Spencer, E. A., Appleby, P. N., Davey, G. K., & Key, T. J. (2002). Validity of self-reported height and weight in 4808 EPIC-Oxford participants. *Public Health Nutrition, 5,* 561–565.

Tedeschi, J. T., Schlenker, B. R., & Bonoma, T. V. (1971). Cognitive dissonance: Private ratiocination or public spectacle? *American Psychologist, 26,* 685–695.

Trivers, R. (1985). *Social evolution.* Menlo Park, CA: Benjamin/Cummings.

Trivers, R. (2000). The elements of a scientific theory of self-deception. *Annals of the New York Academy of Sciences, 907,* 114–131.

3장 내 안에 또 다른 내가 있다?

Green, A. R., Carney, D. R., Pallin, D. J., Ngo, L. H., Raymond, K. L., Iezzoni, L. I., & Banaji, M. R. (2007). The presence of implicit bias in physicians and its prediction of thrombolysis decisions for black and white patients. *Journal of General Internal Medicine, 22,* 1231–1238.

Greenwald, A. G., McGhee, D. E., & Schwartz, J. L. K. (1998). Measuring individual differences in implicit cognition: The Implicit Association Test. *Journal of Personality and Social Psychology, 74,* 1464–1480.

Greenwald, A. G., Poehlman, T. A., Uhlmann, E., & Banaji, M. R. (2009). Understanding and using the Implicit Association Test: III. Meta-analysis of predictive validity. *Journal of Personality and Social Psychology, 97,* 17–41.

Greenwald, A. G., Smith, C. T., Sriram, N., Bar-Anan, Y., & Nosek, B. A. (2009). Race attitude measures predicted vote in the 2008 U.S. presidential election. *Analyses of Social Issues and Public Policy, 9,* 241–253.

Hugenberg, K., & Bodenhausen, G. V. (2003). Facing prejudice: Implicit prejudice and the perception of facial threat. *Psychological Science, 14*, 640–643.

Lynch, R. (2010). It's funny because we think it's true: Laughter is augmented by implicit preferences. *Evolution and Human Behavior, 31*, 141–148.

McConnell, A. R., & Leibold, J. M. (2001). Relations among the Implicit Association Test, discriminatory behavior, and explicit measures of racial attitudes. *Journal of Experimental Social Psychology, 37*, 435–442.

Penner, L. A., Dovidio, J. F., West, T. V., Gaertner, S. L., Albrecht, T. L., Dailey, R. K., & Markova, T. (2010). Aversive racism and medical interactions with black patients: A field study. *Journal of Experimental Social Psychology, 46*, 436–440.

Rosenthal, R., & Rubin, D. B. (1982). A simple general purpose display of magnitude of experimental effect. *Journal of Educational Psychology, 74*, 166–169.

Ziegert, J. C., & Hanges, P. J. (2005). Employment discrimination: The role of implicit attitudes, motivation, and a climate for racial bias. *Journal of Applied Psychology, 90*, 554–562.

4장 착한 당신이 삐뚤어질 수밖에 없는 이유

Ayan, S. (2008, October). Speaking of memory: Q&A with neuroscientist Eric Kandel. *Scientific American Mind.*

Bargh, J. (1997). Reply to the commentaries. In R. J. Wyer (ed.), *The automaticity of everyday life: Advances in social cognition,* vol. 10 (pp. 231–246). Mahwah, NJ: Erlbaum.

Begnaud, D. (2010, March 8). Senator Roy Ashburn says "I am gay." Retrieved September 5, 2010, from bs13.com/local/ashburn.admits.gay.2.1545432.html.

Chesterton, G. K. (1908) *Orthodoxy.* archive.org/stream/orthodoxy16769gut/16769.txt.

DiMartino, M. D. (director). (2003). *King of the Hill,* 7, 20: "Racist Dawg" [motion picture].

Festinger, L. (1957). *A theory of cognitive dissonance.* Evanston, IL: Row, Peterson.

Gladwell, M. (2007, June 6). [Interview, O. Winfrey, interviewer].

Harvey, E. (2010, May 20). Labor MP David Campbell resigns for "personal reasons." Retrieved September 5, 2010, from www.smh.com.au/nsw/labor-mp-david-campbell-resigns-for-personalreasons -20100520-vm58.html.

Hummert, M. L., Garstka, T. A., O' Brien, L. T., Greenwald, A. G., & Mellott, D. S. (2002). Using the implicit association test to measure age differences in implicit social cognitions. *Psychology and Aging, 17,* 482–495.

Hungary's far right makes strong gains in parliamentary elections. (2010, April 12). Retrieved September 5, 2010, from www.inthenews.co.uk/news/world/europe/hungary-s-far-right-makes-strong-gains-in-parliamentary-elections-$1370724.htm.

Johnson, M., Kim, J., & Risse, G. (1985). Do alcoholic Korsakoff's syndrome patients acquire affective reactions? *Journal of Experimental Psychology: Learning, Memory, and Cognition, 11,* 22–36.

Lynch, R. (2010). It's funny because we think it' s true: Laughter is augmented by implicit preferences. *Evolution and Human Behavior, 31,* 141–148.

Lynch, R. (2010). Videos for "It's funny because we think it's true: Laughter is augmented by implicit preferences." Retrieved September 5, 2010, from www .ehbonline.org/article/ PIIS1090513809000683/addOns.

Nelson, T. D. (2002). *Ageism: Stereotypes and prejudice against older persons.* Cambridge, MA: MIT Press.

Nisbett, R., & Wilson, T. (1977). Telling more than we can know: Verbal reports on mental processes. *Psychological Review, 84,* 231–259.

Nosek, B. A., Smyth, F. L., Hansen, J. J., Devos, T., Lindner, N. M., Ranganath, K. A., et al. (2007). Pervasiveness and correlates of implicit attitudes and stereotypes. *European Review of Social Psychology, 18,* 36–88.

Trivers, R. (2000). The elements of a scientific theory of self-deception. *Annals of the New York Academy of Sciences, 907,* 114–131.

van Veen, V., Krug, M. K., Schooler, J. W., & Carter, C. S. (2009). Neural activity predicts attitude change in cognitive dissonance. *Nature Neuroscience, 12, 11,* 1469–1475.

Vargas, J. A. (2007, September 4). The most feared man on the hill? *Washington Post.* Retrieved September 5, 2010, from www.washingtonpost.com/wp-dyn/content/article/2007/09/03/ AR2007090301396.html.

Vedantam, S. (2005, January 23). See no bias. *Washington Post.*

Zajonc, R. (1980). Feeling and thinking: Preferences need no inferences. *American Psychologist, 35,* 151–175.

5장 호모 카테고리쿠스의 생존법

Allport. G. W. (1954). *The nature of prejudice*. Cambridge, MA: Perseus.

Brown, D. E. (1982). Sex ratios, sexual selection and sexual dimorphism in waterfowl. *American Birds,* *36,* 259–260.

Bruner, J. S. (1957). Going beyond the information given. In H. Gruber et al. (eds.), *Contemporary* *approaches to cognition* (pp. 41–69). Cambridge, MA: Harvard University Press.

Dovidio, J. F., Glick, P., & Rudman, L. A. (eds.) (2005). *On the nature of prejudice: Fifty years after Allport.* Malden, MA: Blackwell.

Eagly, A. H., & Kite, M. E. (1987). Are stereotypes of nationalities applied to both women and men? *Journal of Personality and Social Psychology, 53,* 451–462.

Katz, D., & Braly, K. (1933). Racial stereotypes of one hundred college students. *Journal of Abnormal* *and Social Psychology, 28,* 280–290.

Khemlani, S., Glucksberg, S., & Rubio Fernandez, P. (2007). Do ducks lay eggs? How people interpret generic assertions. In D. S. McNamara & J. G. Trafton (eds.), *Proceedings of the 29th Annual Cognitive* *Science Society,* 64–70. Austin, TX: Cognitive Science Society.

Levy, B. (2009). Stereotype embodiment: A psycho-social approach to aging. *Current Directions in* *Psychological Science, 18,* 332–336.

Lippmann, W. (1922). *Public opinion.* New York: Harcourt, Brace.

Madon, S., et al. (2001). Ethnic and national stereotypes: The Princeton trilogy revisited and revised. *Personality and Social Psychology Bulletin, 27,* 996–1010.

Rice, S. A. (1926). "Stereotypes" : A source of error in judging human character. *Journal of Personnel* *Research, 5,* 267–276.

Schneider, D. J. (2004). *The psychology of stereotypes.* New York: Guilford.

Steele, C. M., Spencer, S. J., & Aronson, J. (2002). Contending with group image: The psychology of stereotype and social identity threat. In M. P. Zanna (ed.), *Advances in experimental social psychology,* vol. 34 (pp. 379–440). San Diego, CA: Academic Press.

6장 당신은 이미 기울어져 있다

Allport, G., & Postman, J. (1947). *The psychology of rumor*. New York: Rinehart & Wilson.

Aronson, E. (1968). Dissonance theory: Progress and problems. In R. Abelson, E. Aronson, W. McGuire, & T. Newcomb, *Theories of cognitive consistency: A sourcebook*. Chicago: Rand McNally.

Barry, D., Kovaleski, S. F., Robertson, C., & Alvarez, L. (2012, April 2). Race, tragedy and outrage collide after a shot in Florida. *New York Times*.

Caruso, E., Rahnev, D., & Banaji, M. (2009). Using conjoint analysis to detect discrimination: Revealing covert preferences from overt choices. *Social Cognition, 27,* 128–137.

Ceci, S., & Williams, W. (2007). *Why aren't more women in science: Top researchers debate the evidence*. Washington, DC: American Psychological Association.

Chugh, D. (2004). Societal and managerial implications of implicit social cognition: Why milliseconds matter. *Social Justice Research, 17,* 2, 203–222.

Correll, J., Park, B., Judd, C., & Wittenbrink, B. (2002). The police officer's dilemma: Using ethnicity to disambiguate potentially threatening individuals. *Journal of Personality and Social Psychology, 83,* 6, 1314–1329.

Ehlers, S., & Gillberg, C. (1993). The epidemiology of Asperger syndrome. *Journal of Child Psychology and Psychiatry, 34,* 8, 1327–1350.

Gilbert, D. (1991). How mental systems believe. *American Psychologist, 46,* 2, 107–119.

Goldstein, D., & Stocking, V. (1994). TIP studies of gender differences in talented adolescents. In K. Heller & E. Hany (eds.), *Competence and responsibility*, vol. 2 (pp. 190–203). Ashland, OH: Hofgreve.

Greenwald, A., Oakes, M., & Hoffman, H. (2003). Targets of discrimination: Effects of race on responses to weapons holders. *Journal of Experimental Social Psychology, 39,* 4, 399–405.

Hartmann, H., Hegewisch, A., Liepmann, H., & Williams, C. (2010, March). *The gender wage gap: 2009*. Retrieved September 7, 2010, from www.iwpr.org/pdf/C350 .pdf.

Hugenberg, K., & Bodenhausen, G. (2003). Facing prejudice: Implicit prejudice and the perception of facial threat. *Psychological Science, 14,* 6, 640–643.

Hugenberg, K., & Bodenhausen, G. (2004). Ambiguity in social categorization: The role of prejudice and facial affect in race categorization. *Psychological Science, 15,* 5, 342–345.

Jacoby, L., Kelley, C., Brown, J., & Jasechko, J. (1989). Becoming famous overnight: Limits on the ability to avoid unconscious infl uences of the past. *Journal of Personality and Social Psychology, 56,* 326 –338.

Jost, J., & Banaji, M. (1994). The role of stereotyping in system-justification and the production of false consciousness. *British Journal of Social Psychology, 33,* 1–27.

Jost, J., Banaji, M., & Nosek, B. (2004). A decade of system justification theory: Accumulated evidence of conscious and unconscious bolstering of the status quo. *Political Psychology, 25,* 881–919.

Kanner, L. (1943). Autistic disturbances of affective contact. *Nervous Child, 2,* 217–250.

Katz, D., & Braly, K. (1933). Racial stereotypes of one hundred college students. The Journal of Abnormal and *Social Psychology, 28,* 280–290.

Kay, A., Gaucher, D., Peach, J., Zanna, M., & Spencer, S. (2008). Towards an understanding of the naturalistic fallacy: System justification and the shift from is to ought. *Under review.*

Madon, S., Guyll, M., Aboufadel, K., Montiel, E., Smith, A., Palumbo, P., et al. (2001). Ethnic and national stereotypes: The Princeton trilogy revisited and revised. *Personality and Social Psychology Bulletin, 27,* 996–1010.

Meissner, C., & Brigham, J. (2001). Thirty years of investigating the own-race bias in memory for faces: A meta-analytic review. *Psychology, Public Policy, and Law, 7,* 3–35.

Nosek, B., Banaji, M., & Greenwald, A. (2002a). Harvesting intergroup attitudes and stereotypes from a demonstration website. *Group Dynamics, 6,* 101–115.

Nosek, B., Banaji, M., & Greenwald, A. (2002b). Math=male, me=female, therefore math≠me. *Journal of Personality and Social Psychology, 83,* 44–59.

Nosek, B., Smyth, F., Sriram, N., Lindner, N., Devos, T., Ayala, A., et al. (2009). National differences in gender-science stereotypes predict national sex differences in science and math achievement. *Proceedings of the National Academy of Sciences of the United States of America, 106, 26,* 10593–10597.

Payne, B. (2006). Weapon bias: Split-second decisions and unintended stereotyping. *Current Directions in Psychological Science, 15, 6,* 287–291.

Rahnev, D. (2007). *Conjoint analysis: A new method of investigating stereotypes.* Unpublished undergraduate thesis. Cambridge, MA: Harvard University.

Rich, A. (1999). *Midnight salvage, poems 1995–1998.* New York: W. W. Norton.

Rudman, L., & Heppen, J. (2003). Implicit romantic fantasies and women's interest in personal power: A glass slipper effect? *Personality and Social Psychology Bulletin, 29, 11,* 1357–1370.

Smyth, F., Greenwald, A. G., & Nosek, B. (2009). *Implicit gender-science stereotype outperforms math scholastic aptitude in identifying science majors.* Unpublished manuscript. University of Virginia.

Spelke, E. (2005). Sex differences in intrinsic aptitude for mathematics and science?: A critical review. *American Psychologist, 60, 9,* 950–958.

Staples, B. (1986, December). Black men and public space. *Harper's.*

Steele, C. M. (1997). A threat in the air: How stereotypes shape intellectual identity and performance. *American Psychologist, 52,* 613–629.

Steele, C. (2010). *Whistling Vivaldi: And other clues to how stereotypes affect us.* New York: W. W. Norton.

Stober, D., & Hoffman, I. (2001). *A convenient spy: Wen Ho Lee and the politics of nuclear espionage.* New York: Simon & Schuster.

Women in the labor force: A databook. (2006). Retrieved September 7, 2010, from www.bls.gov/cps/wlf-databook-2006.pdf.

Women in the labor force: A databook (2009 edition). (2009). Retrieved September 7, 2010, from www.bls.gov/cps/wlf-intro-2009.htm.

Zawitz, M.,&Strom, K. (2000, October). *Firearm injury and death from crime (1993–1997).* Retrieved September 7, 2010, from U.S. Department of Justice: bjs.ojp.usdoj.gov/content/pub/pdf/fidc9397.pdf.

7장 우리와 그들

Abrams, D., Frings, D., & Moura, G. R. (2005). Group identity and self definition. In S. Wheelen, *Handbook of Group Research and Practice.* Thousand Oaks, CA: Sage.

Banaji, M. R., & Heiphetz, L. (2010). Attitudes. In S. T. Fiske, D. T. Gilbert, & G. Lindzey G. (eds.) *Handbook of Social Psychology,* (pp. 348–388). New York: John Wiley & Sons.

Baron, A., Dunham, Y., Banaji, M. R., & Carey, S. (2009). Examining the effect of labels and visual cues on social categorization. Unpublished manuscript, Harvard University.

Bowles, S., & Gintus, H. (2011). *A cooperative species: human reciprocity and its evolution.* Princeton, NJ: Princeton University Press.

Breger, L. (1974). *From instinct to identity: The development of personality.* Prentice Hall.

Devine, P. G. (1995). Distinguished scientific award for an early career contribution to psychology. *American Psychologist, 50, 4,* 227–229.

Fantz, R. L. (1964). Visual experience in infants: Decreased attention to familiar patterns relative to novel ones. *Science, 146,* 668–670.

Gaertner, L., & Insko, C. A. (2001). On the measurement of social orientations in the minimal group paradigm: norms as moderators of the expression of intergroup bias. *European Journal of Social Psychology, 31,* 143–154.

Grier, J. B., Counter, S. A., & Shearer, W. M. (1967). Prenatal auditory imprinting in chickens. *Science, 155,* 1692–1693.

Hoffman, H. (1996). *Amorous turkey and addicted ducklings: A search for the causes of social attachment.* Authors Cooperative.

Kelley, W. M., Macrae, C. N., Wyland, C. L., Caglar, S., Inati, S., & Heatherton, T. F. (2002). Finding the self? An event related fMRI study. *Journal of Cognitive Neuroscience, 14,* 785–794.

Kinzler, K. D., Dupoux, E., & Spelke, E. S. (2007). The native language of social cognition. *Proceedings of the National Academy of Sciences of the United States of America, 104,* 12577–12580.

Mitchell, J. P., Macrae, C. N., & Banaji, M. R. (2006). Dissociable medial prefrontal contributions to judgments of similar and dissimilar others. *Neuron, 50,* 655–663.

Öhman, A. (2005). Conditioned fear of a face: A prelude to ethnic enmity? *Science, 309,* 711–713.

Olsson, A., Ebert, J. P., Banaji, M. R., & Phelps, E. A. (2005). The role of social groups in the persistence of learned fear. *Science, 309,* 785–787.

Park, B., & Rothbart, M. (1982). Perception of out-group homogeneity and levels of social categorization: Memory for the subordinate attributes of in-group and out-group members. *Journal of Personality and Social Psychology, 42,* 1051–1068.

Pascalis, O., & Kelly, D. (2009). Origins of face processing in humans: Phylogeny and ontogeny. *Perspectives on Psychological Science, 4,* 200–209.

Pinker, S. (2011). *The better angels of our nature: Why violence has declined.* New York: Viking.

Quinn, P. C., Yahr, J., Kuhn, A., Slater, A. M., & Pascalis, O. (2002). Representations of the gender of human faces by infants: A preference for female. *Perception, 31,* 1109–1121.

Sangrigoli, S., & de Schonen, S. (2004). Recognition of own-race and other-race faces by three-month-old infants. *Journal of Child Psychology and Psychiatry, 45, 7,* 1219–1227.

Smyth, F. L., Greenwald, A. G., & Nosek, B. A. (2009). *Implicit gender—science stereotype outperforms math scholastic aptitude in identifying science majors.* Unpublished manuscript, University of Virginia.

Spelke, E. S. (1985). Preferential-looking methods as tools for the study of cognition in infancy. In G. Gottlieb & N. Krasnegor (eds.), *Measurement of audition and vision in the first year of postnatal life* (pp. 323–363). Norwood, NJ: Ablex.

Tajfel, H. (1970). Experiments in intergroup discrimination. *Scientific American, 223,* 96–102.

Tajfel, H., Billig, M. G., Bundy, R. P., & Flament, C. (1971). Social categorization and intergroup behaviour. *European Journal of Social Psychology, 1, 2,* 149–178.

Thomson, S. K. (1975). Gender labels and early sex role development. *Child Development, 46,* 339–347.

8장 공정한 판단은 가능한가?

Asgari, S., Dasgupta, N., & Cote, N. G. (2010). When does contact with successful in-group members change self-stereotypes? A longitudinal study comparing the effect of quantity vs. quality of contact with successful individuals. *Social Psychology, 41,* 203–211.

Banaji, M. R., Bazerman, M., & Chugh, D. (2003). How (un)ethical are you? *Harvard Business Review, 81,* 56–64.

Blair, I. V. (2002). The malleability of automatic stereotypes and prejudice. *Personality and Social Psychology Review, 6,* 242–261.

Blair, I. V., Ma, J. E., & Lenton, A. P. (2001). Imagining stereotypes away: The moderation of implicit stereotypes through mental imagery. *Journal of Personality and Social Psychology, 81,* 828–841.

Brewer, M. B. (1999). The psychology of prejudice: Ingroup love or outgroup hate? *Journal of Social Issues, 55,* 429–444.

Cheryan, S., Plaut, V. C., Davies, P. G., & Steele, C. M. (2009). Ambient belonging: How stereotypical cues impact gender participation in computer science. *Journal of Personality and Social Psychology, 97, 6,* 1045–1060.

Dasgupta, N., & Asgari, S. (2004). Seeing is believing: Exposure to counterstereotypic women leaders and its effect on the malleability of automatic gender stereotyping. *Journal of Experimental Social Psychology, 40,* 642–658.

Dasgupta, N., & Greenwald, A. G. (2001). Exposure to admired group members reduces automatic intergroup bias. *Journal of Personality and Social Psychology, 81,* 800−814.

Devine, P. G., Forscher, P. S., Austin, A. J., & Cox, W. T. L. (2011). Long-term reduction in implicit racial prejudice: A prejudice habit-breaking intervention. Unpublished manuscript, University of Wisconsin, Madison.

Gaertner, S. L., Dovidio, J. F., Banker, B., Rust, M., Nier, J., Mottola, G., & Ward, C. M. (1997). Does racism necessarily mean anti-blackness? Aversive racism and prowhiteness. In M. Fine, L. Powell, L. Weis, & M. Wong (eds.), *Off white* (pp. 167−178). London: Routledge.

Gladwell, M. (2005). *Blink: The power of thinking without thinking.* New York: Little Brown.

Goldin, C., & Rouse, C. (2000). Orchestrating impartiality: The impact of "blind" auditions on female musicians. *American Economic Review, 90,* 715−741.

Levy, B. (2009). Stereotype embodiment: A psycho-social approach to aging. *Current Directions in Psychological Science, 18,* 332−336.

Merton, R. K. (1968). The Matthew effect in science. *Science, 159,* 56−63.

Phelan, J. E. (2010). The effect of role models on implicit cognitions. Doctoral dissertation, Rutgers University.

Steele, C. M., Spencer, S. J., & Aronson, J. (2002). Contending with group image: The psychology of stereotype and social identity threat. In M. P. Zanna (ed.), *Advances in experimental social psychology,* vol. 34 (pp. 379−440). San Diego, CA: Academic Press.

Stout, J. G., Dasgupta, N., Hunsinger, M., & McManus, M. (in press). STEMing the tide: Using ingroup experts to inoculate women's self-concept and professional goals in science, technology, engineering, and mathematics (STEM). *Journal of Personality and Social Psychology.*

Teachman, B., & Woody, S. (2003). Automatic processing in spider phobia: Implicit fear associations over the course of treatment. *Journal of Abnormal Psychology, 112,* 100−109.

부록 1_미국은 인종 차별주의 국가인가?

Benson, P. L., Karabenick, S. A., & Lerner, R. M. (1976). Pretty pleases: The effects of physical attractiveness, race, and sex on receiving help. *Journal of Experimental Social Psychology, 12,* 409−415.

Bogardus, E. S. (1925). Measuring social distance. *Journal of Applied Sociology, 9,* 299–308.

Bogardus, E. S. (1928). *Immigration and race attitudes.* Boston: D. C. Heath.

Clark, K. B., & Clark, M. P. (1947). Racial identification and preference in Negro children. In T. N. Newcomb et al. (eds.), *Readings in Social Psychology* (pp. 169–178). New York: Henry Holt.

Crosby, F., Bromley, S., & Saxe, L. (1980). Recent unobtrusive studies of black and white discrimination and prejudice: A literature review. *Psychological Bulletin, 87,* 546–563.

D' Souza, D. (2002). *What's so great about America?* New York: Penguin Books.

Gaertner, S., & Bickman, L. (1971). Effects of race on the elicitation of helping behavior: The wrong number technique. *Journal of Personality and Social Psychology, 20,* 218–222.

Gaertner, S. L., & Dovidio, J. F. (1977). The subtlety of white racism, arousal, and helping behavior. *Journal of Personality and Social Psychology, 35, 10,* 691–707.

GAO (1993). *Homosexuals in the military: Policies and practices of foreign countries.* Washington, DC: GAO, NSIAD-93-215.

Greenwald, A. G., Smith, C. T., Sriram, N., Bar-Anan, Y., & Nosek, B. A. (2009). Race attitude measures predicted vote in the 2008 U.S. presidential election. *Analyses of Social Issues and Public Policy, 9,* 241–253.

Hinckley, E. D. (1932). The influence of individual opinion on construction of an attitude scale. *Journal of Social Psychology, 3,* 283–296.

Kier, E. (1998). Homosexuals in the military: Open integration and combat. *International Security, 23,* 5–39.

Kier, E. (2006). Declaration of Professor Elizabeth Kier in Case C06-cv-05195-RBL. United States District Court, Western District of Washington.

Kunstman, J. W., & Plant, E. A. (2008). Racing to help: Racial bias in high emergency helping situations. *Journal of Personality and Social Psychology, 95,* 1499–1510.

LaPiere, R. T. (1934). Attitudes versus actions. *Social Forces, 13,* 230–237.

McConahay, J. B., Hardee, B. B., & Batts, V. (1981). Has racism declined in America? It depends upon who is asking and what is asked. *Journal of Conflict Resolution, 25,* 563–579.

McMichael, W. R., & McGarry, B. (2010, February 15). "Exclusive militarywide survey: How troops really feel about gays serving openly." *Military Times.*

Moradi, B., & Miller, L. (2010). Attitudes of Iraq and Afghanistan war veterans toward gay and lesbian service members. *Armed Forces & Society, 36,* 397−419.

Pettigrew, T. F., & Meertens, R. W. (1995). Subtle and blatant prejudice in Western Europe. *European Journal of Social Psychology, 25,* 57−75.

Reyna, C., Henry, P. J., Korfmacher, W., & Tucker, A. (2005). Examining the principles in principled conservatism: The role of responsibility stereotypes as cues for deservingness in racial policy decisions. *Journal of Personality and Social Psychology, 90,* 109−128.

Rule, N. O., Macrae, C. N., & Ambady, N. (2009). Ambiguous group membership is extracted automatically from faces. *Psychological Science, 20,* 441−443.

Schuman, H., Steeh, C., Bobo, L., & Krysan, M. (1997). *Racial attitudes in America.* Cambridge, MA: Harvard University.

Sears, D. O. (1988). Symbolic racism. In P. Katz & D. Taylor (eds.), *Eliminating racism: Profiles in controversy* (pp. 53−84). New York: Plenum Press.

Sidanius, J., & Pratto, F. (1999). *Social dominance.* Cambridge: Cambridge University Press.

Sniderman, P. M., & Tetlock, P. E. (1986). Symbolic racism: Problems of motive attribution in political analysis. *Journal of Social Issues, 42,* 129−150.

Thurstone, L. L. (1928). An experimental study of nationality preferences. *Journal of General Psychology, 1,* 405−425.

부록 2_미국인의 인종 편향 실태에 대한 일곱 가지 결론

Ayres, I., & Siegelman, P. (1995). Race and gender discrimination in bargaining for a new car. *American Economic Review, 85,* 304−321.

Ayres, I., Vars, F. E., & Zakariya, N. (2005). To insure prejudice: Racial disparities in taxicab tipping. *Yale Law Journal, 114,* 7.

Bendick, M. (2004, June). Using paired-comparison testing to develop a social psychology of civil rights. Paper presented at the biennial conference of the Society for the Psychological Study of Social Issues.

Bertrand, M., & Mullainathan, S. (2004). Are Emily and Greg more employable than

Lakisha and Jamal? A field experiment on labor market discrimination. Chicago: University of

Chicago Business School.

Cooper, L. A., Roter, D. L., Beach, M. C., Sabin, J. A., Carson, K. A., Greenwald, A. G., & Inui, T. S. (2012). Implicit racial bias among clinicians, communication behaviors, and clinician and patient ratings of interpersonal care. *American Journal of Public Health, 102,* 979–987.

Green, A. R., Carney, D. R., Pallin, D. J., Ngo, L. H., Raymond, K. L., Iezzoni, L. I., & Banaji, M. R. (2007). The presence of implicit bias in physicians and its prediction of thrombolysis decisions for black and white patients. *Journal of General Internal Medicine, 22,* 1231–1238.

Institute of Medicine (2002). *Unequal treatment: Confronting racial and ethnic disparities in health care.* Washington, DC: National Academy of Sciences.

James, D. J. (2006). Profi le of jail inmates, 2002. Washington, DC: U.S. Department of Justice, Bureau of Justice Statistics.

Krysan, M. (2008). Racial attitudes in America: A brief summary of the updated data. Institute of Government and Public Affairs, University of Illinois. Retrieved from www.igpa.uillinois.edu/programs/racial-attitudes/brief.

Lamberth, J. (1994). Revised statistical analysis of the incidence of police stops and arrests of black drivers/travelers on the New Jersey Turnpike between Exits or Interchanges 1 and 3 from the years 1988 through 1991. Unpublished report, Temple University.

Lynn, M., Sturman, M., Ganley, C., Adams, E., Douglas, M., & McNeal, J. (2006). Consumer racial discrimination in tipping: A replication and extension. Unpublished manuscript, Cornell University.

Merton, R. K. (1968). The Matthew effect in science. *Science, 159,* 56–63.

Mishel, L., & Roy, J. (2006). *Rethinking high school graduation rates and trends.* Washington, DC: Economic Policy Institute.

Office of the Attorney General (1999). The New York City Police Department's "stop & frisk" practices: A report to the people of the State of New York. Retrieved from www.oag.state.ny.us/bureaus/civil rights/pdfs/stp_frsk.pdf.

Pager, D. (2003). The mark of a criminal record. *American Journal of Sociology, 108,* 937–935.

Penner, L. A., Dovidio, J. F., West, T. V., Gaertner, S. L., Albrecht, T. L., Dailey, R. K., & Markova, T. (2010). Aversive racism and medical interactions with black patients: A field study. *Journal of Experimental Social Psychology, 46,* 436–440.

Reskin, B. F. (2002). Rethinking employment discrimination and its remedies. In M. Guillen, R. Collins, P. England, & M. Meyer (eds.), *The new economic sociology: Developments in an emerging field* (pp. 218–244). New York: Russell Sage Foundation.

Schuman, H., Steeh, C., Bobo, L., & Krysan, M. (1997). *Racial attitudes in America*, rev. ed. Cambridge, MA: Harvard University.

Smith, E. L., & Durose, M. R. (2006). Characteristics of drivers stopped by police, 2002. Washington, DC: U.S. Department of Justice, Bureau of Justice Statistics.

Sue, D. W., Capodilupo, C. M., Torino, G. C., Bucceri, J. M., Holder, A. M. B., Nadal, K. L., & Esquilin, M. (2007). Racial microaggressions in everyday life: Implications for clinical practice. *American Psychologist, 62,* 271–286.

Turner, M. A., Ross, S. L., Galster, G. C., & Yinger, J. (2002). *Discrimination in metropolitan housing markets: National results from Phase I HDS 2000.* Washington, DC: Urban Institute.

Valian, V. (1998). *Why so slow? The advancement of women.* Cambridge, MA: MIT Press.

Verniero, P., & Zoubek, P. H. (1999). Interim report of the state police review team regarding allegations of racial profi ling. Paper presented at the Race, Police and the Community Conference sponsored by the Criminal Justice Institute of Harvard Law School, December 7–9, 2000, Cambridge, MA.

Weiss, A., & Rosenbaum, D. P. (2009). *Illinois traffic stops statistics study: 2008 annual report.* Center for Research in Law and Justice, University of Illinois at Chicago. Downloaded from www.dot.state. il.us/travelstats/ITSS 2008 Annual Report.pdf.

Yinger, J. (1998). Testing for discrimination in housing and related markets. In M. Fix & M. A. Turner (eds.), *A national report card on discrimination in America: The role of testing* (pp. 27–68). Washington, DC: Urban Institute.

마인드버그

공정한 판단을 방해하는 내 안의 숨겨진 편향들

1판 1쇄 인쇄 2014년 1월 3일
1판 1쇄 발행 2014년 1월 10일

지은이 앤서니 G. 그린월드, 마자린 R. 바나지
옮긴이 박인균
펴낸이 고영수
기획·편집 노종한 허태영 박나래 **경영기획** 고병욱
외서기획 우정민 **마케팅** 유경민 김재욱 **제작** 김기창
총무 문준기 노재경 송민진 **관리** 주동은 조재언 신현민

펴낸곳 추수밭
등록 제406-2006-00061호(2005.11.11)
주소 135-816 서울시 강남구 논현동 63번지 청림출판 추수밭
        413-756 경기도 파주시 교하읍 문발리 파주출판도시 518-6번지 청림아트스페이스
전화 02)546-4341
팩스 02)546-8053

www.chungrim.com
cr2@chungrim.com

ISBN 979-11-5540-010-4(03180)